DAS PENAS PRIVATIVAS DE LIBERDADE ÀS PENAS ALTERNATIVAS

TERESINHA DE JESUS MOURA BORGES CAMPOS

DAS PENAS PRIVATIVAS DE LIBERDADE ÀS PENAS ALTERNATIVAS

Dissertação apresentada ao Departamento de Direito da Universidade Autônoma de Lisboa, para obtenção do grau de mestre em Direito, área de Ciências Jurídico-Criminais.

Orientador:
PROFESSOR DOUTOR FERNANDO JOSÉ SILVA

ALMEDINA

DAS PENAS PRIVATIVAS DE LIBERDADE ÀS PENAS ALTERNATIVAS

AUTORA
TERESINHA DE JESUS MOURA BORGES CAMPOS

EDITOR
EDIÇÕES ALMEDINA, SA
Av. Fernão Magalhães, n.º 584, 5.º Andar
3000-174 Coimbra
Tel.: 239 851 904
Fax: 239 851 901
www.almedina.net
editora@almedina.net

ALMEDINA BRASIL, LTDA
Alameda Lorena, 670
Jardim Paulista
01424-000 São Paulo
Tel./Fax: +55 11 3885 6624 / 3562 6624
Mob: +55 11 6963 1739
brasil@almedina.com.br

PRÉ-IMPRESSÃO
G.C. GRÁFICA DE COIMBRA, LDA.
producao@graficadecoimbra.pt

Junho, 2010

DEPÓSITO LEGAL
313618/10

Biblioteca Nacional de Portugal – Catalogação na Publicação

CAMPOS, Teresinha de Jesus Moura Borges

Das penas privativas de liberdade às penas
alternativas. – (Teses de mestrado)
ISBN 978-972-40-4292-3

CDU 343

Dedico este trabalho aos meus pais, José Borges de Moura e Irene de Sousa Moura (in memoriam) *pela inestimável contribuição na minha formação pessoal e profissional.*

Ao meu marido, Osvaldo Campos, pela paciência, compreensão, seriedade, amizade e companheirismo.

Aos meus filhos Jefferson, Ênio e Hélio, meus grandes tesouros, que me proporcionam alegria, entusiasmo, motivação e orgulho.

AGRADECIMENTOS

Ao meu orientador Professor Doutor Fernando José Silva, pela dedicação, paciência e ensinamentos transmitidos, com o qual tive a honra de compartilhar as minhas pesquisas e de aprimorar meus conhecimentos.

Ao Professor Doutor Emmanuel Maria Carlos Borrego Sabino, presidente do Forum (Centro de Formação, Estudos e Pesquisas) / APROCEFEP (Associação dos Profissionais do Centro de Formação, Estudos e Pesquisas) pela oportunidade, colaboração, atenção, incentivo e apoio nos momentos necessários.

Aos funcionários do Forum pelo carinho e confiança que demonstraram no meu trabalho.

À Universidade Autónoma de Lisboa, por ter contribuído, de forma efetiva, através da Direção e da Coordenação do curso de Direito e dos professores que de lá vieram ministrar nossas aulas, para a realização deste objetivo.

"É melhor prevenir os crimes do que ter de puni-los; e todo legislador sábio deve procurar antes impedir o mal do que repará-lo, pois uma boa legislação não é senão a arte de proporcionar aos homens o maior bem estar possível e preservá-los de todos os sofrimentos que se lhes possam causar, segundo o cálculo dos bens e dos males da vida."

Cesare Beccaria

RESUMO

A pena sempre existiu entre os homens, inicialmente como mera vingança de ordem privada e, posteriormente, como um instrumento público garantidor da soberania e da ordem social. Sempre teve como finalidade precípua punir o delinqüente pelo mal praticado. Em sua remota história, era aplicada através de castigos corporais que agrediam fisicamente o infrator, não existindo uma relação proporcional entre o mal realizado e o castigo. Em seguida, surgiu a Lei do Talião, onde a punição era vista como forma de resgate, a infração ganhou aspecto de proporcionalidade, presente nas antigas civilizações, e, posteriormente, a privação da liberdade, que se consagrou como a principal modalidade punitiva até as últimas décadas. Com o passar do tempo, novas formas de punições surgiram, com o propósito de diminuir o aumento da criminalidade. As Penas Alternativas surgiram como uma possibilidade de reabilitar e ressocializar o infrator para o seu retorno à sociedade e de amenizar o problema da criminalidade, haja vista a pena de prisão não ter demonstrado eficácia no tocante à recuperação do preso. Apesar das dificuldades de fiscalização pela justiça, foi eficazmente executada no Estado do Piauí, no período em que a Coordenação de Penas Alternativas funcionava devidamente. Todavia, no dia 29 de agosto de 2008 foi instalada pelo Governador do Estado do Piauí a Central de Penas Alternativas: atualmente duas centrais estão funcionando: uma em Teresina, no Fórum Criminal e outra na cidade de Parnaíba. Tais penas são muito importantes no processo de inserção social do cidadão e uma alternativa para a superlotação dos presídios. Com o propósito de amenizar os males do encarceramento, diminuir a superlotação e contribuir para o processo de ressocialização do delinqüente, várias Nações tem estudado, adotado e aplicado nos seus ordenamentos jurídicos as Penas Alternativas.

Palavras-chaves: Pena. Punição. Infrator. Sociedade. Criminalidade. Recuperação. Preso. Penas alternativas. Ressocialização.

ABSTRACT

Penalties have always existed in society. Initially they were applied as mere vengeance of a private order and, subsequently, as a public instrument to guarantee a nation's sovereignty and its public order. Its purpose has always been to punish transgressors. In its remote history it was applied through physical punishment which could lead, as it sometimes did, to the mutilation of the infractor and a proportional relation between the illicit deed and its respective punishment was non existent. Following this period there was the Law of Retaliation in which punishment was considered a means of rescue. Now transgressions gained proportionality, which already existed in ancient civilizations and, at a later moment, privacy of freedom, which was to become its main punitive measure until the last few decades. With the passing of time new forms of punishment emerged, all aiming at holding back crime rate. Alternative penalties emerged as a possibility to rehabilitate and to resocialize transgressors when they were released into society and also, to reduce criminality, considering that prisons had proved to be inefficient concerning detainees' recuperation. In spite of difficulties by justice to inspect, alternative penalties were carried out efficiently in our State (Piauí) during the period in which the *Coordenação de Penas Alternativas* (Co-ordination of Alternative Penalties) worked normally. However, on August 29, 2008, the Governor of the State of Piauí installed the Headquarters of Alternative Penalties: presently two headquarters are operational: one in Teresina, in the Criminal Forum, the other in the city of Parnaíba. Such penalties are very important for the process of social reinsertion of citizens and also, constitute an alternative for overcrowded penitentiaries. Aiming at appeasing the pains of internment, diminishing excess population in prisons and contributing towards the resocialization of delinquents, various nations have studied, adopted and applied Alternative Punishment in their legal systems.

Key words: Penalty. Punishment. Offender. Society. Crime rate. Recovery. Convict. Alternative Penalties. Resocialization.

ÍNDICE

NOTA DA AUTORA:

Este trabalho, que terá como nosso objetivo primordial a obtenção do grau de mestre em Direito, área de Ciências Jurídico-Criminais, pela Universidade Autônoma de Lisboa, está escrito no Português do Brasil.

INTRODUÇÃO

Temos como objetivo primordial discutir a importância das penas alternativas na ressocialização do condenado durante o cumprimento da pena e contribuir para o processo de implementação das mesmas por parte dos magistrados do Brasil e de alguns outros países, dentre eles: Bolívia, Uruguai, Canadá, Paraguai, Portugal e Espanha.

O que nos motivou a escolher e escrever este trabalho foi o fato de termos, como Promotora de Justiça, titular da Vara de Execuções Penais, na cidade de Teresina-PI, acompanhado, desde o início até o final, nos anos de 2004 e 2005, trinta e dois apenados que cumpriam penas alternativas junto àquela Vara. Demonstraremos os efeitos a eles causados e os resultados obtidos através da nossa pesquisa, realizada sob diversos focos. Pretendíamos averiguar in loco se essa modalidade de pena efetivamente surtia o efeito esperado na ressocialização do apenado, o seu preparo para reintegrar à sociedade e as vantagens que poderiam proporcionar ao sistema carcerário, no tocante a diminuição da criminalidade, da violência, da reincidência e da superlotação carcerária.

Inicialmente nos reportaremos sobre a evolução da pena, transformada ao longo da história, analisando-a cronologicamente segundo os períodos e finalidades classificados por Gilberto Ferreira[1], em: período da vingança privada, período da vingança divina, período da vingança pública, período humanitário, período científico e período atual ou período da nova defesa social.

Pena é a sanção que o Estado impõe ao autor de uma infração penal. Quase sempre teve caráter retributivo, de castigo. Inicialmente manifestou-se como mera vingança privada e, posteriormente, como um instrumento garantidor da soberania e da ordem nacional. Para os povos primitivos surgiu com o sentimento de vingança, de forma ilimitada, objetivando

---

[1] Ferreira, Gilberto. *Aplicação da Pena*. Rio de Janeiro: Forense, 2004, p. 07.

revidar a agressão sofrida. Posteriormente, surgiu a "Lei do Talião", passando então a vingança da forma ilimitada para a forma limitada "olho por olho dente por dente". Com a influência da religião, a vingança privada transformou-se em vingança divina. E em seguida, com a maior organização social, a civilização ocidental substituiu a vingança divina pela pública. O crime deixava de ser aos poucos uma ofensa privada e divina, e tentava chegar a um equilíbrio social e político.

Influenciado pela corrente iluminista, para a qual a pena deve ser proporcional ao crime, surgiu o período humanitário, que teve como um dos seus principais representantes Beccaria, cuja obra *"Dos Delitos e das Penas"*, foi inspirada nas condições desumanas que eram aplicadas no sistema penal de sua época. Utilizando a idéia de Rousseau do contrato social, revela que a finalidade da pena era evitar que o criminoso repetisse aquela infração e inibir a infração da lei por todos os cidadãos. Defendia o princípio da proporcionalidade das penas aos delitos.

O período subseqüente, denominado período científico, considera o crime como fenômeno social e a pena como meio de defesa da sociedade e de recuperação do indivíduo.

Analisaremos a história, a classificação e fins da pena; os principais sistemas penitenciários propostos na execução das penas privativas de liberdade, os objetivos da execução penal; as formas de prisões no direito penal da antiguidade e no direito penal da atualidade; em vários aspectos e dimensões; até mesmo como forma de demonstrar que, até o momento, os referidos sistemas não têm apresentado soluções e resultados concretos à sociedade, no sentido de reduzirem a criminalidade a um grau menor ou, pelo menos, aceitável.

As finalidades das penas foram apresentadas por várias teorias, sendo as mais importantes e mais mencionadas pela maioria dos doutrinadores as seguintes: teoria absolutista ou da retribuição, que vê na pena uma retribuição do mal injusto praticado pelo criminoso, pune porque delinqüiu; teoria relativista ou de prevenção, que defende ter a pena um caráter retributivo, pune para que não volte a delinqüir; teoria mista ou eclética, para a qual a pena tem dupla função, ou seja, pune porque delinqüiu e para que não volte a delinqüir. A pena tem um fim prático e imediato, com relação a todos, prevenção geral e especial, com relação ao condenado do crime. Para Jorge de Figueiredo Dias[2], só finalidades relativas de

---

[2] DIAS, Jorge de Figueiredo. *Direito Penal. Questões Fundamentais. A Doutrina Geral do Crime.* 2.ª ed. Coimbra: Coimbra Editora, 2005, p. 72.

prevenção geral e especial podem justificar a intervenção do sistema penal e conferir fundamento e sentido às suas reações específicas, assumindo, assim, a prevenção geral o primeiro lugar como finalidade da pena; não como prevenção geral negativa, de intimidação do delinqüente e de outros potenciais criminosos, mas como prevenção positiva ou de integração. Por outro lado, apresentaremos outras finalidades, como: reparação do dano, interesse da vítima e da sociedade.

Dentre os princípios relativos as penas, destacaremos os que consideramos mais importantes, tais como: legalidade, anterioridade, personalidade, individualidade, necessidade, proporcionalidade, humanidade, inderrogabilidade e culpabilidade.

Abordaremos um pouco sobre os obstáculos da pena de prisão na ressocialização do condenado, demonstrando a necessidade de lutarmos cada vez mais pela reintegração do condenado ao convívio social, discutindo ainda a questão penitenciária, o respeito aos encarcerados e de nos atentarmos mais para as chamadas penas alternativas, que sem dúvida são fundamentais para a redução da população carcerária e apresentam grandes benefícios para os delinqüentes de baixa periculosidade. Tais penas deveriam ser mais utilizadas para os casos em que a lei das diferentes nações prevê, reservando a pena de prisão para os criminosos periculosos, que causam perigo à sociedade. Os percentuais de reincidência são menores para aqueles que cumpriram ou cumprem penas alternativas; em relação aos punidos com reclusão. Veremos que a pena de prisão, quando mal aplicada, representa mais uma forma de exclusão social e de desrespeito aos direitos fundamentais, em especial, à dignidade humana. As penitenciárias revelam graves problemas como a criminalidade, as rebeliões, as condições subumanas em que vivem os detentos, a promiscuidade, a revolta em relação à situação da superlotação dos presídios, dentre muitos outros. Faremos uma análise sobre a evolução das penas no Brasil e em Portugal, desde a época das Ordenações: Afonsinas, Manuelinas e Filipinas até os dias atuais.

Em seguida, discorreremos sobre as penas alternativas no contexto social, enfatizando de maneira sucinta os antecedentes históricos, a sua introdução no sistema penal brasileiro e em outros sistemas penais, dentre eles: português, espanhol, argentino, uruguaio, boliviano, seus objetivos, suas vantagens e desvantagens no Estado Democrático de Direito e as novas soluções penais ou outras tendências apresentadas pelo Direito Penal Moderno.

Penas Alternativas são sanções autônomas, de natureza criminal, que substituem a pena de prisão, desde que cumpridos os requisitos objetivos e subjetivos. Tais penas tiveram origem nos ideais liberais dos filósofos iluministas e dos princípios mencionados nas Regras de Tóquio, que procuraram estabelecer um modelo pormenorizado de um sistema de medidas não privativas de liberdade, oferecendo uma nova oportunidade aos condenados e garantindo regras mínimas para as pessoas submetidas a medidas substitutivas da prisão, que deve ser vista como a última medida do direito penal, portanto, reservada aos criminosos perniciosos. As Penas Alternativas têm sido um capítulo importante na história das penas. Sua aplicabilidade e efeitos constituem um desafio para a sociedade como um todo; uma vez que a pena de prisão não tem surtido efeito no tocante a recuperação e ressocialização do preso. Vários países estão defendendo e adotando nos seus ordenamentos jurídicos tais penas.

No último capítulo discorreremos sobre os Direitos humanos, as Regras de Tóquio, que tem como finalidades essenciais promover o emprego de medidas não privativas de liberdade e estimular entre os delinqüentes o senso de responsabilidade em relação à sociedade; as penas alternativas no contexto social, suas vantagens e desvantagens, sua aplicabilidade no Estado do Piauí, com base em dados concretos e sua importância no processo de inserção social do cidadão, evitando que os pequenos delitos e contravenções fiquem impunes e que as pessoas sejam encaminhadas para a prisão desnecessariamente.

Analisaremos ainda as penas alternativas em algumas legislações; suas espécies e situação atual. E por fim, evidenciaremos a nossa posição, oriunda de uma vasta análise sobre as formas de punições até então existentes e de observações obtidas através de pesquisa e análises em outras legislações, no que tange aos efeitos causados aos sentenciados.

Capítulo I

CONSIDERAÇÕES GERAIS SOBRE AS PENAS

1.1. Origem da Pena

A origem da pena é remota, tão antiga quanto a humanidade, coincide com o surgimento do Direito Penal, em virtude da constante necessidade de existência de sanções penais em todas as épocas e em todas as culturas. Tem o direito penal como objetivo primordial, no âmbito da ordem social proteger bens jurídicos, como: vida, liberdade, honra, propriedade, dentre outros e reintegrar o indivíduo na sociedade. O sistema penitenciário tem que estar preparado para exercer esta função. Ele está na concepção de Paulo Ferreira da Cunha "essencialmente voltado à distribuição dos castigos, que são o seu, o direito dos criminosos, aquilo de que se tornam credores mercê de actos nocivos à sociedade".[3] Relatos antropológicos, oriundos de fontes diversas, supõem que a pena, como tal, tenha tido, originariamente, um caráter sacral. Nos povos primitivos a idéia da pena nasceu do sentimento de vingança, inicialmente na forma privada, e, posteriormente, foi elevada à categoria de direito. A pena tinha como significado maior a vingança com o propósito de revidar a agressão sofrida. "Nas sociedades primitivas, os fenômenos naturais maléficos eram recebidos como manifestações divinas ("totem"), revoltadas com a prática de atos que exigiam reparação. Nesta fase, punia-se o infrator para desagravar a divindade".[4] É possível que as primeiras penas se encontrem vinculadas às relações totêmicas. Grupos primitivos aliaram o poder temporal ao poder divino. Deus era o juiz, pela voz de seus representantes na terra.

---

[3] Cunha, Paulo Ferreira da. *A Constituição do Crime. Da Substancial Constitucionalidade do Direito Penal.* Coimbra: Coimbra Editora, 1998, p. 69.

[4] Bitencourt, Cezar Roberto. *Tratado de direito penal:* parte especial. Vol. 2. 8.ª ed. ver. e ampl., São Paulo: Saraiva, 2003, p. 21.

"Os totens eram objeto de grande respeito e de obrigações por parte daqueles que com eles se relacionavam. Violar esse respeito ou descumprir as obrigações devidas para com o totem acarretava graves prejuízos".[5]

Os castigos, na maioria das vezes, apresentavam um caráter coletivo. Tal fato ocorria segundo Manoel Pimentel[6] porque o homem primitivo acreditava que a infração totêmica ou a desobediência *tabu* atraiam a ira da entidade sobrenatural ofendida sobre todo o grupo, caso este não punisse o infrator, para desagravar a entidade; razão pela qual todos participavam do ato de castigar o infrator, com o propósito de eximirem-se da vingança sobrenatural. Neste caso, a função da pena era reparatória. Na relação totêmica, a punição era instituída quando ocorria quebra de *tabu* (proibição sagrada).

Não obstante algumas teses formuladas, grande parte dos juristas entendem que a pena não tem uma definição genérica, válida para qualquer lugar e qualquer momento; pois cada código penal tem o seu próprio conceito legal, onde são elencadas sanções, cujas variações refletem as mudanças vividas pelo Estado. A pena é a conseqüência jurídica principal que deriva da infração penal. Para René Ariel Dotti "... a idéia da pena como instituição de garantia foi obtendo disciplina através da evolução política da comunidade (grupo, cidade, Estado) e o reconhecimento da autoridade de um chefe a quem era deferido o poder de castigar em nome dos súditos. É a pena pública que, embora impregnada pela vingança, penetra nos costumes sociais e procura alcançar a proporcionalidade através das formas do talião e da composição. A expulsão da comunidade é substituída pela morte, mutilação, banimento temporário ou perdimento de bens".[7] No entendimento dele, é generalizada a opinião de que a pena deixa raízes no instinto de conservação individual movimentado pela vingança. Tal conclusão, porém, é contestada diante da afirmação segundo a qual tanto a vingança de sangue como a perda da paz não caracterizavam reações singulares, mas a revolta coletiva.

Na visão de Cláudia Pinheiro da Costa o termo vingança não é sinônimo de pena, o que ocorre é uma primeira manifestação da pena que é a vingança privada, não caracterizando espécie de pena esta modalidade

---

[5] PIMENTEL, Manoel Pedro. *O crime e a pena na atualidade*. São Paulo: RT, 1983, p. 118.

[6] PIMENTEL, *op. cit.*, p. 119.

[7] DOTTI, René Ariel. *Bases e alternativas para o sistema de penas*. 2.ª ed., São Paulo: RT, 1998, p. 31.

de reação punitiva. Para ela, o adequado seria relacionar a vingança e a pena como estágios do fenômeno reação social, por ser a pena uma manifestação lógica de defesa contra o mal, fundada na necessidade de manutenção da ordem e da paz; e a vingança manifestação irracional de reação da natureza humana no momento do sofrimento de um dano.[8]

As penas impostas aos transgressores das normas, entretanto, conforme dados históricos, evoluíram com o passar dos anos, procurando dar um sentido maior de humanização. Era comum a prática de torturas, penas de morte, prisões desumanas, banimentos, acusações secretas. Beccaria revoltou-se contra essa situação, invoca a razão e o sentimento, estabelece limites entre a justiça divina e a justiça humana, condena o direito de vingança. Sua obra "Dos delitos e das Penas" foi um avanço para a humanidade, muito elogiada por intelectuais e nobres. Argumentava que, para não ser um ato de violência, a pena deve ser essencialmente pública, necessária, proporcional ao delito e determinada por lei. Portanto, as penas desumanas aos poucos foram sendo substituídas por outras mais humanas, que tivessem por finalidade a recuperação do delinqüente.

Há duas espécies de sanção penal: **1 – a pena**, aplicada aos agentes imputáveis, por tempo determinado e **2 – a medida de segurança**, aplicada aos agentes inimputáveis por doença mental ou desenvolvimento mental incompleto ou retardado, por tempo indeterminado. Como o sistema penal brasileiro adota a teoria mista, o entendimento doutrinário predominante é que: 1 – enquanto a pena tem caráter retributivo preventivo (retribuição ao delito praticado e a prevenção a novos crimes), a medida de segurança "é uma forma de sanção penal, com caráter preventivo e curativo visando a evitar que o autor de um fato havido como infração penal, inimputável ou semi-inimputável, mostrando periculosidade, torne a cometer outro injusto e receba tratamento adequado".[9] 2 – outra diferença consiste no fundamento de sua aplicação, que para a pena baseia-se na culpabilidade e a medida de segurança na periculosidade. Aos semi-inimputáveis poderão ser aplicados pena ou medida de segurança. "No entendimento de Carlota Pizarro de Almeida a pena tem como fundamento, medida e limite, a culpa do indivíduo; enquanto a medida de segurança se funda na perigosidade, revelada nos actos praticados e avaliada, a partir deles, na

---

[8] Costa, Cláudia Pinheiro da. *Sanção Penal:* sua gênese e tendências modernas. Rio de Janeiro: Lúmen Júris, 2001, p. 05.

[9] Nucci, Guilherme de Souza. *Manual de direito penal: parte geral: parte especial.* São Paulo: Editora Revista dos Tribunais, 2005, p. 498.

personalidade do agente".[10] Destaca ainda[11] que o crime ou a inclinação para o crime, aparece como resultado de uma "anomalia de caráter", uma aberração; e a inclinação para o mal é fruto de elementos que impedem o desenvolvimento "normal" da personalidade. Por outro lado, sob a ótica do Código Penal Português, "a medida de segurança só pode ser aplicada se for proporcionada à gravidade do facto e à perigosidade do agente".[12] A culpa constitui um pressuposto necessário da pena. Não pode haver pena sem culpa e a medida da pena nunca pode ultrapassar a medida da culpa.

1.2. Conceitos de Pena

Heleno Fragoso conceitua pena como, "a perda de bens jurídicos imposta pelo órgão da justiça a quem comete crime".[13]

Para Basileu Garcia "pena é o sofrimento imposto pelo Estado, em execução de uma sentença, ao culpado de infração penal".[14]

Fernando Capez conceitua pena como "uma sanção penal de caráter aflitivo, imposta pelo Estado, em execução de uma sentença, ao culpado pela prática de uma infração penal, consistente na restrição ou privação de um bem jurídico, cuja finalidade é aplicar a retribuição punitiva ao delinqüente, promover a sua readaptação social e prevenir novas transgressões pela intimidação dirigida à coletividade".[15]

Em relação ao direito de punir, declara que o Estado, como ente dotado de soberania, detém, exclusivamente, o direito de punir (*jus puniendi*), sendo tal direito exclusivo e indelegável.[16]

Segundo Giuseppe Bettiol, "pena é a conseqüência jurídica do crime, isto é, a sanção prevista para a violação de um preceito penal".[17]

---

[10] ALMEIDA, Carlota Pizarro de Almeida. *Modelos de Inimputabilidade: da teoria à prática*. Lisboa: Almedina, 2000, p. 119.

[11] *Op. cit.,* p. 240.

[12] *Op. cit.*

[13] FRAGOSO, Heleno Cláudio. *Lições de Direito Penal – Parte Geral*. Rio de Janeiro: Forense, 1994, p. 279.

[14] GARCIA, Basileu. *Instituições de Direito Penal*, vol. I, tomo II, 4.ª ed., 39.ª tiragem, São Paulo: Editora de Livros de Direito, 1977, p. 404.

[15] CAPEZ, Fernando. *Curso de direito penal:* parte geral. Vol. 1, 4.ª ed. ver. e atual., São Paulo: Saraiva, 2002, p. 319.

[16] CAPEZ, Fernando. *Execução Penal*. 8.ª ed. São Paulo: Paloma, 2001, p. 15.

[17] GIUSEPPE BETTIOL apud GILBERTO FERREIRA. *Aplicação da Pena*. Rio de Janeiro: Forense, 2004, p. 04.

Para Platão, "pena é a medida da alma". Andreucci conceitua pena, apenas, como sanção penal aplicável aos agentes inimputáveis.[18]

No entendimento de Gilberto Ferreira "pena é a conseqüência jurídica; o mal que se impõe, que implica a diminuição de bens jurídicos, ao autor imputável de fatos descritos na lei como crime".[19]

Franz Von Liszt definia pena "como sendo o mal, que, por intermédio dos órgãos da administração da justiça criminal, o Estado inflige ao delinqüente em razão do delito".[20]

Ernest Von Beling conceituava pena "como o sofrimento que o ordenamento jurídico impõe ao autor de um determinado fato ilícito".[21]

Germano Silva assim se posiciona: "as sanções penais consistem num sofrimento imposto ao agente do crime como conseqüência do facto ilícito praticado e nessa medida constituem um mal".[22]

De acordo com Edmundo Mezger pena "é a retribuição, isto é, a privação de bens jurídicos que recai sobre o autor de um fato culpável".[23]

Sob a ótica de Filippo Grispgni, pena "é a diminuição de um ou mais bens jurídicos, infligido ao autor de um ilícito jurídico pelos órgãos jurisdicionais adequados[24]".

Hans-Jescheck e Thomas Weigend conceituam pena da seguinte forma: "La pena es la respuesta a una consederable infracción jurídica a través de la imposición de um mal adecuado a la gravedad del injusto y la culpabilidad del autor, que expressa una desaprobación pública del hecho y que, por ello, supone uma confirmación del Derecho. Además, la pena debe desarrolar para el autor misto un efecto positivo, puesto que aquélla debe favorecer su socialización o, por lo menos, no debe obstaculizarla.[25]".

---

[18] Lazarini Neto, Pedro. *Código Penal Comentado e Leis Penais Especiais Comentadas*. São Paulo: Editora Primeira Impressão, 2007.

[19] *Op. cit.*, p. 05.

[20] Franz Von Liszt apud Gilberto Ferreira. *Aplicação da Pena*. Rio de Janeiro: Forense, 2004, p. 03. (Ver *Tratado de Direito Penal Alemão*, trad. De José Hygino Duarte Pereira, Rio de Janeiro, F.Briguiet e Cia. Editores, 1899, Tomo I, p. 400).

[21] Ernest Von Beling apud Gilberto Ferreira. *Aplicação da Pena*. Rio de Janeiro: Forense, 2004, p. 03. (Ver *Esquema de Derecho Penal, La Doctrina del Delito – Tipo*, Buenos Aires, Ed. Depalma, 1944, Tomo II, p. 3).

[22] Silva, Germano Marques da. *Direito Penal Português. Parte Geral, III. Teoria das Penas e das Medidas de Segurança.* 1.ª ed. Lisboa: Editorial Verbo, 1999 p. 41.

[23] Edmundo Mezger apud Ferreira. *Op. cit.*, p. 04. (Ver *Tratado de Derecho Penal*, Madrid, Ed. Revista de Derecho Privado, 1933, tomo II, p. 381).

[24] Filippo Grispgni apud Ferreira. *Op. cit.*, p. 04.(Ver *Derecho Penal Italiano,* Trad. De Isidoro de Benedetti. Buenos Aires, Editorial Depalma, 1949, vol. I, p. 6)

[25] Jescheck, Hans-Heinrich; Weigend, Thomas. *Tratado de Derecho Penal, Parte General.* trad. da 5.ª ed. por Miguel Olmedo Cardenete. Granada: Comares Editorial, 2001, p. 14.

Na definição de Jeremias Bentham, "a pena é um mal legal que deve recair acompanhado das formalidades jurídicas, sobre indivíduos convencidos de terem feito algum ato prejudicial, proibido pela lei, e com o fim de se prevenirem semelhantes ações para o futuro".[26]

Sobre a prisão-pena, Tourinho Filho assevera o seguinte: "a prisão-pena é o sofrimento imposto pelo Estado ao infrator, em execução de uma sentença penal, como retribuição ao mal praticado, a fim de reintegrar a ordem jurídica injuriada. Por mais que se queira negar, a pena é um castigo".[27]

Segundo ele, embora digam que a finalidade precípua da pena é reeducar para ressocializar, reinserir, reintegrar o condenado na comunidade; o cárcere não tem função educativa; é simplesmente um castigo; os condenados vivem ali como farrapos humanos, castrados até a esperança. Em face disso, a tendência no mundo de hoje é reservar a pena privativa de liberdade para os delitos mais graves.

Com muita precisão, assegura Germano Silva "o conceito de sanção penal no direito penal moderno abrange as penas e as medidas de segurança, que, sendo ambas as conseqüências da prática de um facto objectivamente ilícito, se distinguem na medida em que a pena traduz a reacção jurídica à culpabilidade do delinqüente pelo mal do crime enquanto a medida de segurança traduz a reacção à perigosidade do delinqüente. Só as penas são sanções no seu sentido próprio e seguem-se à culpabilidade do agente pelo crime praticado; sem culpa não pode ser aplicada uma pena. As medidas de segurança não têm verdadeiramente carácter sancionatório, mas são medidas de tutela jurídica que têm como pressuposto a perigosidade do agente revelada ou indiciada pela prática do facto típico".[28]

Pena é a retribuição imposta pelo Estado em razão da prática de um ilícito penal e consiste na privação de bens jurídicos determinada pela lei, que visa à readaptação do criminoso ao convívio social e à prevenção em relação à prática de novas transgressões.[29]

Na nossa concepção, pena é o castigo imposto pelo Estado a uma pessoa que infringiu as normas estabelecidas em lei, que praticou uma

---

[26] Jeremias Bentham apud Gilberto Ferreira. *Op. cit.*, p. 04.

[27] Tourinho Filho, Fernando da Costa. *Manual de processo penal.* 8.ª ed. ver. e atual. São Paulo: Saraiva, 2006, p. 582.

[28] *Op. cit.*, p. 17.

[29] Gonçalves, Victor Eduardo Rios. *Direito Penal: parte geral.* 9.ª ed. São Paulo: Saraiva, 2004, p. 103.

infração penal. Tal castigo, que deve ser proporcional ao crime praticado, tem como objetivo primordial dar oportunidade ao criminoso pensar sobre o crime cometido, sobre a conduta praticada; reeducá-lo e readaptá-lo ao convívio social.

1.3. Evolução Histórica das Penas

Conforme mencionamos na introdução, ao referir-se sobre a história da pena, Gilberto Ferreira[30] enfatiza que os autores costumam afirmar ter esta atravessado seis períodos; período da vingança privada, período da vingança divina, período da vingança pública, período da humanização, período científico e período atual ou da Nova Defesa Social; no entanto, declara ser tal classificação arbitrária, elaborada para fins didáticos e que em um mesmo momento histórico poderiam estar presentes características de períodos diversos.

Na Idade Antiga[31], que começa por volta de 3200 antes de Cristo (a.C), no Egito e na Mesopotâmia, e termina em 476 depois de Cristo (d.C), com a queda de Roma, a pena atribuía sacrifícios e castigos desumanos ao condenado. Quase sempre prevalecia o interesse do mais forte e tinha um cunho coletivo. Apresentava um caráter puramente religioso. Os encarregados do culto ditavam punições severas àqueles que violavam regras totêmicas ou tabus. Na relação totêmica, instituía-se a punição quando houvesse a quebra de algum tabu (algo sagrado e misterioso). Não houvesse a sanção, acreditava-se que a ira dos deuses atingiria todo o grupo.[32] A peste, a seca e todos os fenômenos maléficos eram vistos como resultantes das forças divinas. O castigo se cumpria com o sacrifício da própria vida ou com a oferenda de objetos valiosos aos deuses. A pena, nada mais significava do que vingança, com o intuito de revidar a agressão sofrida. "A função da pena era, pois, reparatória e tinha como finalidade aplacar a ira da entidade ofendida, visando a que esta, satisfeita não se vingasse castigando todo o grupo".[33] Nessa época, a noção de

---

[30] FERREIRA, *op. cit.*, p. 07.

[31] KOSHIBA, Luiz. *História: origens, estruturas e processos.* São Paulo: Atual, 2000, p. 13.

[32] NUCCI, Guilherme de Souza. *Manual de direito penal: parte geral: parte especial.* São Paulo: Editora Revista dos Tribunais, 2005, p. 45.

[33] PIMENTEL, *op. cit.*, p. 119.

crime e pecado se confundia; os costumes determinavam o que ofendiam a divindade; e o gestor dos negócios divinos aplicava a pena.

Destarte, como observa Newton Fernandes, "a pena tem que ser observada e interpretada, tanto em cada cultura, como em cada fase histórica, de acordo com a respectiva forma do grupo político. Assim como em nossos dias ninguém confunde a vingança com a pena, da mesma forma em todos os tempos elas coexistiram, sem se confundirem".[34]

1.3.1. Período da Vingança Privada

A vingança, segundo Oswaldo Marques "tinha por finalidade a destruição simbólica do crime, como forma de purificar a comunidade contaminada pela transgressão".[35] É a fase mais primitiva da história da pena; a punição é imposta exclusivamente como vingança.[36] A vítima ou seus familiares reagiam a prática de um crime de forma desumana, sem observar a proporção da ofensa sofrida.

Na fase da vingança privada, que teve início nos tempos primitivos e prolongou-se até o século XVIII, era incluído não só o indivíduo como também o seu grupo social, com sangrentas batalhas, ocasionando muitas vezes a eliminação do grupo como um todo. O chefe da tribo ou clã assumia a tarefa punitiva. "A princípio a reação era de indivíduo para indivíduo, depois transformou-se do indivíduo e de seu grupo, mais tarde da comunidade contra o agressor".[37] Em razão das divergências entre as tribos, surgiram duas espécies de penas: a perda da paz ou banimento e a vingança do sangue, sendo a primeira aplicada a membro da própria tribo e a segunda a pessoa estranha ao grupo. Caso fosse condenado à perda da paz, o infrator era expulso do grupo sem armas e alimentos, ficava exposto a todos os riscos, o que certamente o levaria à morte. O período da vingança privada representou a fase mais primitiva da pena; a punição fundada na vingança do sangue era a cobrança pelo sangue da falta cometida, verdadeira guerra grupal, imposta apenas como vingança; prevalecendo, assim a lei do mais forte.

---

[34] FERNANDES, Newton. *A falência do sistema prisional brasileiro*. São Paulo: RG Editores, 2000, p. 72.

[35] MARQUES, Oswaldo Henrique Duek. *Fundamentos da pena.* São Paulo: Juarez de Oliveira, 2000, p. 09.

[36] FERREIRA, *op. cit.,* p. 07.

[37] FERNANDES, *op. cit.,* p. 67.

Posteriormente ocorreu a passagem da **vingança ilimitada** para a **vingança limitada**; quando a idéia de punição já começava a apresentar um limite; uma diminuição nos excessos da primeira e a ficar mais clara a separação entre pena e vingança. "Com a evolução social, para evitar a dizimação das tribos, surgiu a Lei de Talião, determinando a reação proporcional ao mal praticado: *olho por olho, dente por dente*, que foi o maior exemplo de tratamento igualitário entre infrator e vítima, representando de certa forma, a primeira tentativa de humanização da sanção criminal."[38] Esta lei, como o próprio nome indica limita a reação à ofensa a um mal idêntico ao praticado. Foi adotada no Código de Hamurábi, séc. XVIII a.C. (Babilônia), nos cinco livros da Bíblia (Pentateuco), de Moisés (séc. XIV), no Código de Manu, Séc. XI a.C., no Êxodo (hebreus) e na Lei das XII Tábuas, séc. V a.C. (romanos) e sem dúvida, representou um avanço na direção de um castigo racional. "O princípio que preside a lei de talião é a proporção entre o prejuízo causado e o castigo imposto ao culpado, evitando-se, desta maneira, faturas perigosas e intermináveis reações. Esta pena assinala um progresso na história do direito penal".[39] Ademais, foi quando surgiu pela primeira vez a idéia de proporcionalidade para dosagem da pena, entre o mal praticado e o respectivo castigo. A reação do ofendido poderia limitar não apenas o indivíduo, mas também ao grupo de indivíduos ligados por laços de sangue.

Na opinião de Álvaro Costa é de supor que os princípios que datam de 2000 a.C. aparecem escritos, pela primeira vez, no Código de Hamurabi onde o Direito Penal é todo sancionado na base do Talião.[40]

Ao referir-se à lei de talião, Mário Giordini tece as seguintes considerações "a pena de talião era usual entre diversos povos do Oriente, mesmo entre os hebreus, em época bem anterior à Legislação Mosaica; embora pareça cruel e desumana a nossos sentimentos civilizados e cristãos, esta lei supõe um princípio de rigorosa justiça: a pena não deverá ser menor nem maior do que o crime; em muitos casos, entre os hebreus foi substituída por uma compensação pecuniária".[41]

---

[38] BITENCOURT, Cezar Roberto. *Tratado de direito penal: parte especial.* Vol. 2. 8.ª ed. ver. e ampl., São Paulo: Saraiva, 2003, p. 22.

[39] GIORDANI, Mário Curtis. *História do Direito Penal. Entre os Povos Antigos do Oriente* Próximo. Rio de Janeiro: Lúmen Júris Editora, 2004, p. 02.

[40] MAYRINK DA COSTA, Álvaro. *Direito Penal*: *Volume I – parte geral.* 7.ª ed. Rio de Janeiro: Forense, 2005, p. 135.

[41] *Op. cit.*, p. 49.

Por outro lado, em virtude da quantidade de infratores, ocorriam constantes mortes ou mutilações, muitos perdiam membros, sentidos ou funções, ficavam inválidos. Castigos como amputação de membros, forca, e de outros tipos, eram exibidos à população na forma de espetáculo, como forma de intimidação. Todavia, esta situação nunca foi bem aceita entre os homens, como afirma Michel Foucault... "assim, não havia aceitação pública, pelo caráter de espetáculo da execução das penas, sendo que as pessoas eram estimuladas e compelidas a seguir o cortejo até o local do sacrifício, e o preso era obrigado a proclamar sua culpa, atestar seu crime e a justiça de sua condenação".[42]

Então, embora mais racional do que a vingança ilimitada, o direito talional não poderia ser uma solução adequada e ideal para imposição de castigo aos membros do grupo. "Assim, evoluiu-se para a ***composição***, sistema através do qual o infrator comprava sua liberdade, livrando-se do castigo".[43] Este sistema, em que a pena podia ser substituída pelo pagamento e reparação do dano, foi adotado pelo Código de Hamurabi, pelo Pentateuco e pelo Código de Manu. No Pentateuco estão os primeiros cinco livros atribuídos a Moisés: o Gênesis sobre a origem do povo hebreu; o Êxodo, narrando a libertação do Egito; o Levítico, descrição dos rituais judaicos; o livro dos Números, uma espécie de censo da população hebraica; e o Deuteronômio, que conta a história de Israel.[44] O Estado aqui, teria a função de atuar como intermediário entre vítima e ofensor. A composição deu origem a pena de multa e ao ressarcimento dos danos. Neste período, as características da vingança tiveram diferentes enfoques: vingança limitada, vingança coletiva, vingança do sangue e composição.

1.3.2. Período da Vingança Divina

No período anterior, a pena era aplicada segundo a vontade do ofensor ou de seu grupo, como vingança ao mal praticado, passa a ter, como bem enfatiza Gilberto Ferreira,[45] como fundamento uma entidade superior, a divindade – *omnis postestas a Deo*". A punição tinha como objetivo primordial regenerar ou purificar a alma do delinqüente. No entanto,

---

[42] Foulcault, Michel. *Vigiar e Punir*. Tradução de Lígia Ponde Vassalo. Petrópolis, RJ: Vozes, 1977, p. 58.

[43] Costa, Cláudia Pinheiro da. *Sanção Penal:* sua gênese e tendências modernas. Rio de Janeiro: Lúmen Júris, 2001.

[44] Vicentino, Cláudio. *História geral*. São Paulo: Scipione, 1997, p. 43.

[45] Ferreira, *op. cit.*, p. 08.

continuava ocorrendo atos cruéis, perversos, observados por ser visto, por exemplo, no Código de Manu, na Índia (Séc. XI a.C), que determinava amputações de membros dos ladrões, sob o fundamento de que a pena purificava o infrator; o espírito revoltado; ocorria um verdadeiro flagelo desumano, como o corte de parte da língua da mulher adúltera. Utilizando o nome de Deus praticaram uma série de maldades e atos desumanos; a vingança era controlada pelos sacerdotes. A vingança divina era exercida proporcionalmente ao pecado cometido pelo acusado contra Deus. "A repressão ao crime é satisfação dos deuses; a repressão ao delinqüente nessa fase tinha por fim aplacar a "ira" da divindade ofendida pelo crime, bem como castigar o infrator; a administração da sanção penal ficava a cargo dos sacerdotes que, como mandatários dos deuses, encarregavam-se da justiça; aplicavam-se penas cruéis, severas, desumanas. A "vis corpolis" era usada como meio de intimidação. No Antigo Oriente, pode-se afirmar que a religião confundia-se com o Direito, e, assim, os preceitos de cunho meramente religioso ou moral, tornavam-se leis em vigor; legislação típica dessa fase é o Código de Manu, mas esses princípios foram adotados na Babilônia, no Egito (Cinco Livros), na China (Livro das Cinco Penas), na Pérsia (Avesta) e pelo povo de Israel".[46]

Como sustenta Magalhães Noronha "o princípio que domina a repressão é a satisfação da divindade, ofendida pelo crime; pune-se com rigor, antes com notória crueldade, pois o castigo deve estar em relação com a grandeza do deus ofendido".[47] Menciona ainda que tais preceitos teocráticos são as bases dos Códigos da Índia (Manava, Dharma, Sastra), onde se busca a punição da alma do criminoso; também seguidos na Babilônia, Israel, Pérsia, China etc.[48]

Ao abordar sobre a evolução histórica do Direito Penal, Maércio Duarte[49] ressalta que as fases da vingança não se sucedem umas às outras com precisão matemática, sendo a separação entre elas feita por idéias;

---

[46] Duarte, Maércio Falcão. *Evolução histórica do Direito Penal. Jus Navigandi*, Teresina, ano 3, n. 34, ago. 1999. Disponível em: <http://jus2.uol.com.br/doutrina/texto.asp?id=932>. Acesso em: 29 nov. 2007.

[47] Noronha, Magalhães apud Capela, Fábio Bergamin. *Pseudo-evolução do Direito Penal. Jus Navigandi*, Teresina, ano 6, n. 55, mar. 2002. Disponível em: <http://jus2.uol.com.br/doutrina/texto.asp?id=2795>. Acesso em: 15 ago. 2003.

[48] Ibid, Ibidem.

[49] Duarte, Maércio Falcão. *Evolução histórica do Direito Penal. Jus Navigandi*, Teresina, ano 3, n. 34, ago. 1999. Disponível em: <http://jus2.uol.com.br/doutrina/texto.asp?id=932>. Acesso em: 01 dez. 2007.

tendo o período da vingança iniciado nos tempos primitivos, nas origens da humanidade até o século XVIII. Na sua opinião nos tempos primitivos não se pode admitir a existência de um sistema orgânico de princípios gerais, já que grupos sociais dessa época eram envoltos em ambiente mágico e religiosos. Fenômenos naturais como a peste, a seca, e erupções vulcânicas eram considerados castigos divinos, pela prática de fatos que exigiam reparação.

1.3.3. Período da Vingança Pública

Na vingança pública, o Estado chamou para si a incumbência de punir, visando principalmente assegurar o poder do soberano.

Neste contexto, assim declara Júlio Mirabete, "a vingança pública surgiu no sentido de se dar maior estabilidade ao Estado, visou-se a segurança do príncipe ou soberano através da aplicação da pena, ainda severa e cruel, como na Lei das XII Tábuas, mas já se responsabilizando o autor do fato, e não outras pessoas".[50] "Na Grécia, Platão preconizava a pena como meio de defesa social, pela intimidação que dela poderia decorrer. Aristóteles também a defendia".[51]

Segundo Fábio Bergamin Cela[52] Roma não fugiu às imposições das vinganças tanto privadas quanto divinas, na Lei das XII Tábuas e no período da Realeza, respectivamente; com o tempo foram tentando separar o direito da religião. Posteriormente, as penas passam a ter em regra o caráter de públicas.

Em termos humanitários pouca coisa mudou; preservaram a lei do talião, o instituto da composição pecuniária e a vingança; embora sem submeter a vontade do ofendido.

Nas antigas civilizações, a pena de morte era a mais aplicada; todavia, aplicavam também os castigos corporais, as mutilações, os açoites e os espancamentos.

No direito egípcio, assevera Oswaldo Marques que "em face do seu caráter religioso, a Justiça era administrada pelos sacerdotes, escolhidos

---

[50] MONTEIRO, Marcelo Valdir. *Penas Restritivas de Direito*. Campinas: Impactus, 2006, p. 19.

[51] FERNANDES, *op. cit.*, p. 69.

[52] CAPELA, Fábio Bergamin. *Pseudo-evolução do Direito Penal. Jus Navigandi*, Teresina, ano 6, n. 55, mar. 2002. Disponível em: <http://jus2.uol.com.br/doutrina/texto.asp?id=2795>. Acesso em: 15 ago. 2003.

pelas principais cidades das três regiões em que se dividia; no Egito antigo (3200 a. C) a prática de vários crimes era punida com a morte".[53] "O Faraó era considerado o deus-rei e o regime era teocrático, baseando-se na união entre a Igreja e o Estado". Os impérios, surgidos na Mesopotâmia (por volta de 3200 a 3500 a. C), possuíam um caráter teocrático; neles, como no Egito antigo, havia um entrelaçamento entre a política e a religião. O Código de Hamurabi foi a principal realização no campo do Direito e a religião era politeísta; tinha em Marduk sua maior divindade".[54]

Segundo Cezar Bitencourt [55] "os vestígios que nos chegaram dos povos e civilizações mais antigos (Egito, Pérsia, Babilônia, Grécia etc.) coincidem com a finalidade que atribuíam primitivamente à prisão: lugar de custódia e tortura". A Grécia não conheceu a privação de liberdade como pena. "Na Grécia vigorou a pena de morte, principalmente em Esparta, bem como o açoitamento, as mutilações, os inúmeros suplícios físicos, o desterro".[56] A China e a Índia conheceram a pena de morte e de desterro, o espancamento, e a tortura.

A lei penal romana conheceu, no auge de seu desenvolvimento, três espécies de pena: corporais, infamantes e pecuniárias A pena tornou-se, em regra, pública. Inicialmente, manteve seu caráter sacral. Os reis eram também sacerdotes e aplicavam este direito divino contra o transgressor considerado maldito. A religião separou-se do Estado com o advento da República. "Até então, existia a vingança privada, que veio a ser limitada pelo surgimento da Lei das XII Tábuas".[57] Esta lei resultou da luta entre patrícios e plebeus e foi o primeiro código romano escrito. O Direito Romano contribuiu para a evolução do Direito Penal, através da criação de princípios penais. Dominavam institutos como o dolo e a culpa, agravantes e atenuantes na medição da pena.

Na antiguidade clássica, termo adotado segundo Luiz Koshiba[58] para as civilizações grega (do século VIII ao VI a.C) e romana (século II a.C.), a custódia constituía a principal finalidade de punição; ela tinha como

---

[53] MARQUES, *op. cit.,* p. 13.

[54] MELLO, Leonel Itaussu; COSTA, Luís César Amad. *História Antiga e Medieval.* Da Comunidade Primitiva ao Estado Moderno. 4.ª ed. São Paulo: Scipione, 1999, p. 39.

[55] BITENCOURT, Cezar Roberto. *Falência da pena de prisão: causas e alternativas.* 3.ª ed. São Paulo: Saraiva, 2004, p. 05.

[56] FERREIRA, *op. cit.,* p. 09.

[57] COSTA, Cláudia Pinheiro da. *Sanção Penal:* sua gênese e tendências modernas. Rio de Janeiro: Lúmen Júris, 2001, p. 14.

[58] KOSHIBA, Luiz, *op. cit.,* p. 13.

propósito impedir que o culpado esquivasse ao castigo ou o devedor ao pagamento das dívidas. Tanto na Grécia quanto em Roma existia a prisão por dívidas, de onde o devedor só saía quando a dívida fosse paga por ele ou por outra pessoa. A lei penal romana adotava três tipos de pena: corporais, infamantes e pecuniárias. A antiguidade não conheceu a pena de prisão.

O Direito Germânico primitivo caracterizou-se como um direito consuetudinário. De início, ocorriam dois tipos de penas: expiação religiosa e vingança de sangue, como reação imposta pelo dever familiar. O crime era sujeito à vingança e à composição. A composição apresentava um caráter misto de ressarcimento e pena. "Nela distinguiam-se Wergeld ou Manngeld, que era soma em dinheiro a ser paga à família da vítima, em caso de homicídio e crimes a ele assimilados, e a Busse, que era a indenização aplicável aos crimes de menor gravidade. Alem desses pagamentos feitos ao ofendido ou à sua Sippe, era devido ao tribunal ou ao rei, como mediadores, o preço da paz e aos que não podiam pagar eram aplicadas penas corporais".[59] O Direito Germânico só adotou a pena do talião muito tempo depois, influenciado pelo direito romano e pelo cristianismo. "A igreja contribuiu para o abrandamento da vingança privada e para o fortalecimento do poder central, reagindo contra o individualismo do Direito Germânico".[60]

Na Idade Média vigorou o Direito Penal Comum, constituído pelo Direito Romano, Direito Canônico e Direito Germânico. A pena também tinha caráter custodial. O sistema punitivo era desumano; não havia idéia de pena privativa de liberdade. "A Idade Média caracterizou-se por um direito ordálico, que também foi utilizado pelo direito espanhol".[61] A Idade Média teve início em 476 d.C, com a queda de Roma e perdurou até 1453, ano da tomada de Constantinopla pelos turcos".[62]

Em razão das dificuldades criadas pela crise que atingiu a Europa Ocidental no final da Idade Média, a centralização do poder dos reis surgiu como uma alternativa capaz de restabelecer a ordem e a segurança. O apoio dado ao rei pela burguesia contribuiu para o fortalecimento do poder real, que almejava um poder centralizado e forte. "Surgiram por

---

[59] Fragoso, Heleno Cláudio. *Lições de direito penal*: parte geral. 2.ª ed. rev. por Fernando Fragoso. Rio de Janeiro: Forense, 2003, p. 39.

[60] Marques, *op. cit.*, p. 30.

[61] Bitencourt, Cezar Roberto. *Falência da pena de prisão, op. cit.*, p. 11.

[62] Koshiba, Luiz, *op. cit.*, p. 13.

toda a Europa Ocidental, monarquias fortalecidas, como as de Portugal, Espanha, França e Inglaterra. Senhor absoluto do poder, foi o rei o principal agente na construção do Estado Moderno".[63]

Diversos fatores contribuíram para a formação dos Estados Nacionais na Europa Ocidental, entre os quais cita o historiador Alceu Pazzinato[64]: o impulso dado ao comércio, a partir da Baixa Idade Média; as lutas constantes entre os senhores feudais e as permanentes tentativas dos reis para consolidarem seu poder; o desenvolvimento das línguas nacionais, somado à expansão da cultura, a partir da invenção da imprensa; a idéia de que os reis, catalisadores das aspirações nacionais, eram figuras sagradas, imbuídas de uma autoridade concedida por Deus; a organização de um corpo burocrático-administrativo, subordinado à autoridade real. Segundo ele, o conjunto dessas condições permitiu a formação das nações centralizadas que politicamente assumiram a forma de monarquias nacionais; cada Nação conquistou a delimitação de seu respectivo território, sobre o qual o rei exercia um poder nacional.

Em relação a formação da monarquia inglesa, entendemos pertinente fazer alusão a alguns fatos que deram origem à Magna Carta de 1215, que é considerado o primeiro texto constitucional do mundo. A mesma traduziu um acordo entre o rei inglês e seus súditos; no qual fixaram regras e regulamentaram o exercício do poder político. O rei se comprometeu em não lançar impostos sem o consentimento do conselho consultivo; não há imposição de impostos, sem que o povo, através de seus representantes legitime.

Segundo o historiador Alceu Pazzinato[65], a desastrosa política externa do Rei João Sem Terra (1199-1216) acabou por levar a Inglaterra a perder a maior parte dos feudos que possuía na França, conservando apenas a Gasconha e a Guiena. Ocorreram perdas territoriais e militares e aumento de impostos. "Aproveitando-se dos insucessos do rei, a nobreza feudal obrigou João Sem Terra, em 1215, a assinar a Magna Carta que, pela primeira vez, limitou o poder de um monarca, submetendo-o à lei. A monarquia, porém, desrespeitou a Magna Carta, exigindo novos tributos. Após uma guerra civil vitoriosa dos barões, cavaleiros e burgueses contra

---

[63] Figueira, Divalte Garcia. *História. Série Novo Ensino Médio*. São Paulo: Ática, 2002, p. 98.

[64] Pazzinato, Alceu Luiz; Senise, Maria Helena Valente. *História Moderna e Contemporânea*. 6.ªed. São Paulo. Ática, 1997, p. 16.

[65] Pazzinato, *op. cit.*, p. 22.

a monarquia, fundou-se em 1265 o Parlamento nacional que passou, a partir de então, a regular a cobrança de impostos".[66]

Na opinião de Leonel Mello e Luis César Costa, "a interpretação dada à Magna Carta é normalmente errônea. Argumentam que ela não foi uma carta de defesa das liberdades de todos os habitantes da Inglaterra. Com caráter essencialmente feudal, o documento limitava a autoridade da realeza. Por ele, o soberano não podia estabelecer novos impostos nem aumentar os anteriores sem a prévia autorização do Grande Conselho, do qual participavam apenas a nobreza e membros da alta hierarquia do clero. Estabelecia ainda que o monarca não poderia decretar a prisão de nenhum "homem livre" (nobres ou habitantes das cidades) sem que este tivesse sido julgado e condenado por um tribunal composto por outros nobres, ou por representantes das cidades".[67] "A Constituição inglesa (ou o constitucionalismo inglês para alguns) começa a nascer simbolicamente com a Magna Carta de 1215. Três são as instituições protagonistas da histórica constitucional inglesa: o Rei, a Câmara dos Lordes e a Câmara dos Comuns".[68]

O Direito Medieval adotava a pena de morte, executada pelas formas mais cruéis (fogueira, afogamento, soterramento, enforcamento), como forma de intimidação. A punição foi inspirada pelos Tribunais de Inquisição, período em que a pena ensejava o arrependimento do infrator. As sanções penais eram desiguais, dependiam quase sempre da condição social e política do réu. Ocorriam com freqüência o confisco, a mutilação, os açoites, a tortura e as penas infamantes. O arbítrio judiciário criou em torno da justiça penal uma atmosfera de incerteza, insegurança e medo. "Na Idade Média, a prisão não era utilizada para punir, o acusado estava preso para responder às justiças, o condenado estava preso para cumprir a sentença, isto é, sendo este perigoso para a sociedade, ser enforcado ou degolado, na melhor das soluções para seguir para o degredo".[69]

O Direito Canônico, também chamado de Direito Penal da Igreja, recebeu uma influência decisiva do Cristianismo. A liberdade de culto foi

---

[66] Ibid, Ibidem.

[67] MELLO, Leonel Itaussu; COSTA, Luís César Amad. *História Antiga e Medieval*. Da Comunidade Primitiva ao Estado Moderno. 4.ª ed. São Paulo: Scipione, 1999, p. 293.

[68] MAGALHÃES, José Luiz Quadros de. *O constitucionalismo inglês*. *Jus Navigandi*, Teresina, ano 8, n. 452, 2 out. 2004. Disponível em: <http://jus2.uol.com.br/doutrina/texto.asp?id=5768>. Acesso em: 06 jul. 2007.

[69] ROCHA, João Luís de Moraes. *Ordem Pública e Liberdade Individual: um estudo sobre a prisão preventiva*. Coimbra: Almedina, 2005, p. 23.

proclamada pelo Imperador Constantino, em 313 DC, e, depois, em 379, declarada a única religião do Estado, sob o Imperador Teodósio I. Tem origem disciplinar, sendo sua fonte mais antiga os *Libri poenitenciales*. Contribuiu de forma relevante para a humanização do Direito Penal.

Proclamou a igualdade entre os homens, acentuando os aspectos subjetivos do crime. As penas passaram a ter não só o fim da expiação, mas também a regeneração do criminoso pelo arrependimento e purgação da culpa, o que, paradoxalmente, levou à Inquisição. De certa forma, o direito canônico contribuiu para a humanização do Direito Penal e para o surgimento da prisão moderna, principalmente em relação às primeiras idéias sobre a reforma do delinqüente. "A prisão canônica era mais humana que a do regime secular, baseado em suplícios e mutilações, porém é impossível equipará-la à prisão moderna".[70] Nas sociedades ocidentais, o direito canônico é a lei das igrejas católica e anglicana.

Eduardo Correia [71] considera que o direito canônico tem a sua mais forte influência no processo onde projetou o princípio inquisitório, o procedimento oficioso dos tribunais na investigação dos crimes.

Santo Agostinho contribuiu com a evolução histórica das penas; afirmava em sua obra "Cidade de Deus" que o castigo não deve ajustar-se à destruição do culpado e sim ao seu melhoramento. Santo Tomáz de Aquino também teve a sua parcela de contribuição nesse campo; suas idéias estão descritas na obra "Sumo Teológico".

Para Oswaldo Marques, "o papel desempenhado pela Igreja e pelo poder secular, principalmente no que se refere aos reflexos no âmbito punitivo, sofreu grande influência da filosofia cristã, cuja primeira fase foi marcada pelo pensamento de Santo Agostinho; que em sua obra "A Cidade de Deus", pregava a retribuição divina, segundo a qual a Justiça feita na Terra não significa nada mais do que uma parcela mínima da Justiça absoluta".[72] Para ele, a retribuição deveria ser proporcional ao mal praticado pelo infrator. Já para Santo Tomás de Aquino, a justiça penal deveria ser retributiva e comutativa.

Por sua vez, a Thomas More é atribuída uma das primeiras concepções da pena com finalidade reeducativa do delinqüente. Naquela época, já tinha esta concepção de pena visando a recuperação do delinqüente,

---

[70] *Op. cit.*, p. 10.

[71] CORREIA, Eduardo. *Direito Criminal, volume 1*. Coimbra-Portugal: Almedina, 2004, p. 82.

[72] *Op. cit.*, p. 31.

uma visão, no nosso entendimento, bastante adiantada para o período. Em sua obra "Utopia", do ano de 1516, "propõe evitar a prática de determinados crimes, combatendo suas causas principais, porquanto a punição não possui a eficácia de afastar o autor da conduta delituosa, quando ele não dispõe de outros meios de sobrevivência". Já antecipava aos substitutivos penais da atualidade sugerindo, por exemplo, a prestação de serviços à comunidade para os ladrões que não praticassem o crime de forma violenta.[73]

Adverte Gilberto Ferreira que "esses períodos não aconteceram de modo estanque, com o encerramento de um e o início de outro. O período da vingança divina conviveu por muito tempo com o período da vingança pública, o mesmo tendo ocorrido com o período da vingança privada".[74]

No decorrer dos séculos XVI e XVII, a pobreza cresceu de forma assustadora na Europa, fato este que levou a um aumento grande da violência e da delinqüência. Muitos delinqüentes subsistiam de esmolas, roubos e assassinatos. A pena de morte não era o meio adequado de solucionar o problema da delinqüência, do aumento da criminalidade. Teve início na segunda metade do século XVI um grande movimento no desenvolvimento das penas privativas de liberdade, na criação e construção de prisões organizadas visando a correção dos apenados.

Eugênio Cuello Calón ressalta que: "a pedido de alguns integrantes do clero inglês que se encontravam muito preocupados pelas proporções da mendicância em Londres, o Rei lhes autorizou a utilização do Castelo de Bridwell para que nele se recolhessem os vagabundos, os ociosos, os ladrões e os autores de delitos menores".[75] Esta instituição tinha como propósito a reforma dos delinqüentes através do trabalho e da disciplina; bem como relata o referido jurista, conseguir que o preso, com as suas atividades pudesse autofinanciar-se e alcançar alguma vantagem econômica, com o trabalho desenvolvido no ramo têxtil. Este tipo de experiência, de casa de correção, denominada houses of correction, se espalhou por toda a Inglaterra, tendo atingido seu auge na segunda metade do século XVII.

No entendimento de Cezar Bitencourt "uma das mais duras modalidades de pena de prisão surgidas no século XVI foi a pena de galés. Ela

---

[73] MARQUES, *op. cit.*, p. 39.

[74] FERREIRA, *op. cit.*, p. 11.

[75] CUELLO CALÓN apud BITENCOURT, Cezar Roberto. *Falência da pena de prisão: causas e alternativas*. 3.ª ed. São Paulo: Saraiva, 2004, p. 16.

foi uma das mais cruéis dentre as aplicadas nesses tempos. As galés eram uma espécie de prisão flutuante; o condenado era acorrentado em um banco de um barco e obrigado a remar, sob ameaça de chicote".[76]

Destaca Luigi Ferrajoli "com a necessidade de redução da barbárie cometida até então, surge a pena privativa de liberdade, ou seja, a prisão, como alternativa às penas ferozes e como o principal veículo do processo de mitigação e racionalização das penas aplicadas à época".[77]

1.3.4. Período Humanitário

Após os excessos da fase anterior, surgiu o Período Humanitário, sob a influência de Beccaria, fundamentado na razão e na humanidade. "Este período transcorreu durante o lapso de tempo compreendido entre 1750 e 1850; foi marcado pela atuação de pensadores que contestavam os ideais absolutistas e pregavam a reforma das leis, da administração da justiça penal no fim do século XVIII".[78] Ocorreu uma mudança radical nos meios de punição dos infratores da lei; uma reação contra o sistema repressivo, desumano e cruel.

Como relata Germano Silva[79], a fase moderna do Direito Penal surge com o movimento Iluminista, tendo sido Beccaria o seu iniciador; o qual partindo do contrato social como fundamento do direito de punir, assenta na idéia central de que os homens cederam ao poder a mínima punição possível da sua liberdade para manter os laços da sociabilidade; todo castigo que vá além do indispensável para conservar esses laços é desnecessário, logo injusto. "É inequívoco que o processo de modernização do direito penal somente teve início com o Iluminismo, a partir das contribuições de Bentham (Inglaterra), Montesquieu e Voltaire (França), Hommel e Feuerbach (Alemanha), Beccaria, Filangieri e Pagano (Itália)".[80]

O Iluminismo foi um movimento de idéias que originou-se no século XVII e atingiu seu apogeu no século XVIII. Foi o nome com que

---

[76] Bitencourt, *op. cit.,* p. 18/19.

[77] Ferrajoli apud Monteiro, Marcelo Valdir. *Penas Restritivas de Direito.* Campinas: Impactus, 2006, p. 29.

[78] Duarte, Maércio Falcão. *Evolução histórica do Direito Penal. Jus Navigandi,* Teresina, ano 3, n. 34, ago. 1999. Disponível em: <http://jus2.uol.com.br/doutrina/texto.asp?id=932>. Acesso em: 29 nov. 2007.

[79] Silva, *op. cit.,* p. 180.

[80] Nucci, Guilherme de Souza. *Manual de direito penal: parte geral: parte especial.* São Paulo: Editora Revista dos Tribunais, 2005, p. 48.

se tornou conhecida a revolução intelectual que se efetivou na Europa, especialmente na França. "Para os iluministas só através da razão o homem poderia alcançar o conhecimento, a convivência harmoniosa em sociedade, a liberdade individual e a felicidade". As idéias iluministas surgiram como resposta aos problemas enfrentados pela burguesia.[81]

O Movimento Iluminista teve uma importância significativa para o processo de humanização do homem, que iniciou-se com o Renascimento e a Reforma. Seus pensadores viam a si mesmos como portadores da luz contra a tradição cultural e institucional; para eles somente a razão poderia trazer a luz, e o conhecimento aos homens. O século XVIII ficou conhecido como "século das luzes". Afirmavam que o uso da razão era a única saída. "Centro das preocupações do pensamento renascentista, o ser humano passou a ser considerado a obra mais perfeita do Criador, capaz de compreender, modificar e até dominar toda a natureza. Gestado nessa época, o humanismo se tornará referência para muitos pensadores nos séculos seguintes, inclusive para os iluministas do século XVIII".[82]

A corrente iluminista, a qual teve como principais representantes **Voltaire**, que criticava bastante os privilégios da nobreza e da Igreja e defendia as liberdades individuais, motivo que ocasionou o seu exílio na Inglaterra, defendeu a monarquia esclarecida; um governo baseado na idéia dos filósofos; **Montesquieu**: publicou sua grande obra "O Espírito das Leis", em 1748, na qual analisou as formas de governo, a necessidade do Estado separar as funções em três poderes: Executivo, Legislativo e Judiciário e **Jean Jacques Rousseau**, que criticava a sociedade burguesa, em defesa das camadas mais populares e de uma sociedade baseada na justiça, na igualdade e na soberania do povo. Suas obras mais importantes foram: "*Discurso sobre a origem da desigualdade entre os homens e Contrato Socia*l". Entendia que a pena deve ser proporcional ao crime, devendo ser observadas as condições do delinqüente, a sua eficácia e o espírito dos homens, menos cruel. Já começava a pensar na dignidade do ser humano e na integridade de sua pessoa. Com esta corrente nasceu e propagou uma grande reação contra o barbarismo das penas, contra as penas corporais em sentido próprio. Tinham como meta substituí-las por outros tipos de sanções, como a pena de prisão.

---

[81] PAZZINATO, Alceu Luiz; SENISE, Maria Helena Valente. *História Moderna e Contemporânea.* 6.ª ed. São Paulo. Ática, 1997, p. 98.

[82] ARRUDA, José Jobson de A. PILETTI, Nelson. *Toda a História. História Geral e História do Brasil.* 9.ª ed. São Paulo: Ática, 1999, p. 163.

Os historiadores Alceu Luiz Pazzinato e Maria Helena Senise, afirmam que as bases do pensamento iluminista: o racionalismo (uso da razão), o liberalismo e o desenvolvimento do pensamento científico foram estabelecidos a partir das idéias dos pensadores do século XVII: René Descartes; John Locke e Isaac Newton.[83] Descartes defendeu a universalidade da razão como único caminho para o conhecimento. Já Newton, com seu princípio da gravidade universal, contribuiu para reforçar o fundamento de que o Universo é governado por leis físicas e não submetido a interferência de cunho divino. John Locke (crítica mais razão) formulou a concepção da bondade material humana e sua capacidade de construir a própria felicidade, idéias que confrontavam com as bases teóricas do Estado Absolutista. Locke definiu as bases da democracia liberal individualista.

Divalte Figueira define Renascimento como a renovação cultural que teve início na península Itálica no decorrer do século XIV.[84] Foi o primeiro grande movimento cultural burguês dos tempos modernos; a eclosão de manifestações artísticas, filosóficas e científicas do mundo moderno. Enfatiza uma cultura não-eclesiástica, racional e científica, não feudal. O Renascimento teve como elemento central o humanismo, o homem como centro do Universo (antropocentrismo), a valorização da vida terrena e da natureza.

A Reforma Protestante do século XVI foi um movimento de transformação religiosa, que pretendia acabar com a hegemonia política e espiritual da Igreja, que contestava a vida luxuosa dos papas, a venda de cargos eclesiásticos, os conflitos em Roma. Foi um processo de divisão do Cristianismo, que abalou a autoridade do papa. Ela queria adequar os novos tempos ao desenvolvimento capitalista. Seus principais reformadores foram: Lutero, para o qual a salvação dependia da fé, das obras, de boas ações, das graças, das peregrinações, do jejum e João Calvino, que defendia a tese de que o homem está predestinado a morrer ou a salvar-se, dependendo da vontade de Deus.

Além do Iluminismo, a Revolução Francesa e a Declaração dos Direitos do Homem também apresentaram outras mudanças históricas e sociais, em relação à reforma do sistema punitivo. A Revolução Francesa pregava a *liberté*, *egalité*, *fraternité*, características que estavam ausentes no direito penal. A Declaração dos Direitos do Homem e do Cidadão, de 26 de agosto

[83] Pazzinato, *op. cit.*, p. 98.

[84] Figueira, Divalte Garcia. *História. Série Novo Ensino Médio*. São Paulo: Ática, 2002, p. 104.

de 1789, em seu art. 6.º diz, "A lei é a expressão da vontade geral. Todos os cidadãos têm o direito de participar, pessoalmente ou através dos seus representantes, na sua formação. Ela tem de ser a mesma para todos, quer seja protectora quer seja punitiva. Todos os cidadãos são iguais aos seus olhos, e como tal têm igual acesso a todas as honras, lugares e cargos públicos consentâneos com a sua capacidade, e sem outras distinções que não sejam as que decorrem das suas virtudes e dos seus talentos".[85]

Os historiadores brasileiros, dentre eles Cláudio Vicentino, Divalte Figueira, Leonel Itaussu, Luiz César Costa e Luiz Koshiba consideram a Revolução Francesa o marco que assinala o fim da Idade Moderna e o início da Idade Contemporânea. "O Movimento foi o mais poderoso golpe contra o Antigo Regime na França e repercutiu em toda a Europa e em várias regiões do mundo, inclusive na América. Os revolucionários franceses, sob o lema "*liberdade, igualdade e fraternidade*", levaram os ideais iluministas às últimas conseqüências. Procuraram instituir um Estado caracterizado por maior participação política da população e pela diminuição das desigualdades sociais. Inauguraram assim um Estado que tinha em sua base o "povo" e o direito à cidadania."[86]

Por sua vez, Luiz Koshiba adverte que esta periodização vale somente para a História ocidental; não tendo, então, aplicação universal. Segundo ele, mesmo para muitas sociedades que integram o mundo ocidental, como a brasileira, tal periodização deve ser vista com reservas, pois, a rigor, ela diz respeito à História da Europa.[87]

César Bonesana, conhecido como o Marquês de Beccaria, que se tornou um símbolo da reação liberal ao desumano panorama penal então vigente, publicou em 1764, apoiado nas idéias de Montesquieu e Rousseau de um Estado democrático-liberal e contra o Estado absolutista, sua preciosa obra "*Dos Delitos e das Penas*" contribuindo, assim, com a humanização do direito penal, e com o respeito à dignidade humana. "O caráter humanitário presente em sua obra foi um marco para o Direito Penal, até porque contrapôs-se ao arbítrio e à prepotência dos juízes, sustentando-se que somente leis poderiam fixar penas, não cabendo aos magistrados interpreta-las, mas somente aplicá-las tal como postas".[88]

---

[85] FERNANDES, António José. *Direitos Humanos e Cidadania Européia*. Coimbra: Almedina, 2004, p. 220.

[86] FIGUEIRA, *op. cit.*, p. 211.

[87] KOSHIBA, *op. cit.*, p. 13.

[88] NUCCI, Guilherme de Souza. *Manual de direito penal: parte geral: parte especial.* São Paulo: Editora Revista dos Tribunais, 2005, p. 47.

O livro *"Dos Delitos e das Penas"*, que foi chamada de "pequeno grande livro", protestava contra os horrores das leis penais; por não ser pelo rigor dos suplícios que se previnem os crimes, mas pela certeza das suas punições, embora através de castigos moderados. "*À medida que as penas se tornam mais suaves, fazem-se menos necessários a clemência e o perdão*".[89] Entendia que a finalidade da pena era impedir o cometimento de outros crimes tanto pelo réu quanto pelos concidadãos por ele conscientizados. Para ele, a pena será mais justa e útil quanto mais próxima e rápida esteja do crime; era importante também além das penas os métodos a serem aplicados. Beccaria introduziu uma série de reformas, como a abolição da pena de morte e da tortura. Considerava a pena de morte cruel e ineficaz à prevenção geral. Defendia que é melhor prevenir delitos do que castigá-los; que os criminosos que cometem o mesmo delito devem ser tratados igualmente e à proporcionalidade entre os crimes e as penas.

Correta a ponderação de Eduardo Correia[90] quando assegura que o livro "Dos delitos e das penas" constitui a mais severa crítica ao direito penal tradicional e o mais completo repositório das idéias que deveriam presidir à reforma total deste ramo do direito. Ele parte do contrato social como fundamento do direito de punir. "A inspiração contratualista voltava-se ao banimento do terrorismo punitivo, uma vez que cada cidadão teria renunciado a uma porção de liberdade para delegar ao Estado a tarefa de punir, nos limites da necessária defesa social; a pena ganha um contorno de utilidade, destinada a prevenir delitos e não simplesmente castigar".[91]

Era contrário à pena de morte, à prática da tortura, às punições brutais e degradantes; para ele, deveria ser sempre utilizado o princípio da proporcionalidade. Afirmava que a pena deve ser proporcional ao crime cometido, na força e no modo de ser infligida e quanto mais rápida e próxima do delito, tanto mais justa e útil ela será. Beccaria defendia a humanização das penas; na sua visão, elas deveriam ser públicas, proporcionais aos delitos praticados e previamente determinadas pela lei. "Beccaria, Howard e Bentham contribuíram consideravelmente para a consolidação do regime de cumprimento da pena privativa de liberdade. John Howard

---

[89] Beccaria, Cesare Bonesana. *Dos delitos e das penas*. Tradução: Vicente Sabino Júnior. São Paulo: CD, 2002, p. 80.

[90] Correia, Eduardo. *Direito Criminal, volume 1*. Coimbra-Portugal: Almedina, 2004, p. 84.

[91] Nucci, *op. cit.*, p. 48.

que, considerado precursor do penitenciarismo, preocupou-se com a construção de estabelecimentos adequados para o cumprimento da pena. E Jeremy Bentham também trouxe idéias representativas para o movimento reformador do direito penal; para ele, a pena deveria assumir um caráter preventivo de novos delitos; condenou os castigos desumanos".[92]

Bentham escreveu Teoria das Penas e das Recompensas em 1818; acreditava que a pena seria tanto um mal individual como coletivo, no primeiro caso sendo um sofrimento para o destinatário e no segundo para a coletividade, e só poderia ser infligida em razão de sua utilidade; propugnava pela pena de prisão como castigo suficiente para o agressor, afastando, então, a pena de morte.[93]

Ao protestar contra os horrores das leis penais, na obra "*Dos Delitos e das Penas*", declarava: "Um dos maiores freios dos crimes não é a crueldade das penas, mas a sua infalibilidade e, por conseqüência, a vigilância dos magistrados e a severidade de um juiz inexorável que, para ser uma virtude útil, deve acompanhar-se de uma legislação suave. A certeza de um castigo, ainda que moderado, produzirá sempre uma impressão mais forte do que o temor de um outro mais terrível, unidos à esperança da impunidade, porque os males, ainda que mínimos, quando são certos, intimidam sempre os ânimos humanos ao passo que a esperança, dádiva celestial que, a miúdo, tudo substitui, afasta sempre a idéia dos males maiores, e mais ainda quando a impunidade, possibilitada pela avareza e pela fraqueza, aumenta-lhe a força".[94]

Assiste razão a Beccaria quando apresentou ao mundo jurídico as suas idéias; pois a questão penitenciária jamais será solucionada, sob a nossa ótica, se pensarmos apenas na ampliação das penas e no endurecimento das suas execuções. "Sob a visível influência de Beccaria, nasceram os artigos 7.º e 8.º da Declaração dos Direitos do Homem e do Cidadão", aprovada no dia 26 de agosto de 1789, na França que dizem: Art. 7.º: Ninguém pode ser acusado, preso ou detido senão nos casos

---

[92] Catão, Érika Soares. *A pena privativa de liberdade sob o enfoque de suas finalidades e a visão do sistema punitivo pela comunidade discente da UEPB. Jus Navigandi*, Teresina, ano 10, n. 1026, 23 abr. 2006. Disponível em: <http://jus2.uol.com.br/doutrina/texto.asp?id=8284>. Acesso em: 15/08/2003.

[93] Capela, Fábio Bergamin. *Pseudo-evolução do Direito Penal. Jus Navigandi*, Teresina, ano 6, n. 55, mar. 2002. Disponível em: <http://jus2.uol.com.br/doutrina/texto.asp?id=2795>. Acesso em: 15 ago. 2003.

[94] Beccaria, Cesare Bonesana. *Dos delitos e das penas*. Tradução: Vicente Sabino Júnior. São Paulo: CD, 2002, p. 69.

determinados pela lei e de acordo com as formas por esta prescritas. Aqueles que solicitem, despachem, executem ou mandem executar ordens arbitrárias devem ser punidos; mas qualquer cidadão convocado ou detido de acordo com a lei deve obedecer imediatamente; a resistência fará dele culpado. Art. 8.º: A lei não deve estabelecer senão as penas estrita e evidentemente necessárias e ninguém pode ser castigado senão em virtude de uma lei estabelecida e promulgada antes do delito e legalmente aplicada.[95]

Destarte, o art. 11.º da Declaração Universal dos Direitos Humanos, adotada e proclamada pela resolução 217 A (III) da Assembléia Geral das Nações Unidas em 10 de dezembro de 1948 assim dispõe: Artigo 11.º: 1 – Toda pessoa acusada de um ato delituoso tem o direito de ser presumida inocente até que a sua culpabilidade tenha sido provada de acordo com a lei, em julgamento público no qual lhe tenham sido asseguradas todas as garantias necessárias à sua defesa. 2 – Ninguém poderá ser culpado por qualquer ação ou omissão que, no momento, não constituíam delito perante o direito nacional ou internacional. Tampouco será imposta pena mais forte de que aquela que, no momento da prática, era aplicável ao ato delituoso.[96]

A Assembléia Geral das Nações Unidas, considerando que a dignidade deve ser reconhecida a todos os seres humanos indistintamente e que os direitos humanos devem ser protegidos pelo Estado de Direito, para que o homem não seja compelido, como último recurso, à rebelião contra tirania e a opressão, proclamou a Declaração Universal dos Direitos Humanos, garantindo uma série de direitos, como o direito à vida, à liberdade, à propriedade, à segurança, à plena igualdade, à segurança, à presunção de inocência, ao lazer, à saúde, ao acesso à justiça, dentre outros.

A Declaração Universal dos Direitos Humanos, de 1948, foi o primeiro documento a estabelecer internacionalmente os direitos inerentes a todos os seres humanos, em situação de igualdade; não fazendo assim, nenhuma distinção entre homens e mulheres.

Segundo Bobbio, "o problema do fundamento dos direitos fundamentais teve sua solução atual na Declaração Universal dos Direitos do Homem aprovada pela Assembléia-Geral das Nações Unidas, em 10 de dezembro de 1848; que representa a manifestação da única prova através

[95] Fernandes, António José. *Direitos Humanos e Cidadania Européia*. Coimbra: Almedina, 2004, p. 220.

[96] Penteado Filho, Nestor Sampaio. *Manual de Direitos Humanos*. São Paulo: Editora Método, 2006, p. 137.

da qual um sistema de valores pode ser considerado humanamente fundado e, portanto, reconhecidos; e essa prova é o consenso geral acerca da sua validade. Os jusnaturalistas teriam falado de consensus omnium gentium ou humani generis".[97]

Para Norberto Bobbio os direitos humanos não são um dado da natureza ao modo do jusnaturalismo. São um construído jurídico historicamente voltado para o aprimoramento político da convivência coletiva. Afirma ele que "*a Declaração Universal representa a consciência histórica que a humanidade tem dos próprios valores fundamentais na segunda metade do século XX. É uma síntese do passado e uma inspiração para o futuro: mas suas tábuas não foram gravadas de uma vez para sempre.*" *Assegura ainda* que, sem direitos do homem reconhecidos e protegidos, não há democracia; sem democracia, não existem as condições mínimas para a solução pacífica dos conflitos. E também comenta acerca da transformação e ampliação dos direitos, uma vez que, diz ele, basta examinar os escritos dos primeiros jusnaturalistas para ver quanto se ampliou a lista dos direitos.[98]

Pela importância e necessidade no Estado democrático de direito, sem dúvida, os direitos humanos fundamentais são essenciais ao ordenamento jurídico de qualquer país, uma vez que, tem como finalidades precípuas assegurar a promoção de condições dignas de vida humana e de seu desenvolvimento, bem como garantir a defesa dos seres humanos contra abusos de poder econômico praticados pelos órgãos do Estado.

A partir dessa época, o direito penal passa por um período de evolução, com o surgimento de penas cada vez menos cruéis e degradantes, até chegarmos à utilização de penas e medidas alternativas à prisão, adotadas em vários países, tais como no Brasil, na Espanha, na Itália, em Portugal, na França, na Alemanha, na Suécia, na Bélgica, na Holanda, na Argentina, no Paraguai, dentre muitos outros.

Foi seguido por John Howard, na Inglaterra, que tinha como objetivo maior humanizar as prisões. Não concordava com as péssimas condições das prisões inglesas; não admitia que o sofrimento humano fosse conseqüência da pena privativa de liberdade. Argumentava sobre a necessidade de haver estabelecimentos adequados para o cumprimento da pena; com a separação dos presos provisórios dos definitivos, as mulheres dos

---

[97] BOBBIO, Norberto. *A era dos direitos*; tradução de Carlos Nelson Coutinho; apresentação de Celso Lafer.-Nova ed. – Rio de Janeiro: Elsevier, 2004, p. 46.

[98] BOBBIO, *op. cit.*, p. 50.

homens; onde os direitos deles, principalmente os básicos, tais como: alimentação, saúde e higiene, segurança, educação, fossem assegurados e respeitados.

Segundo Cezar Bitencourt[99], em 1775 quando viajava para Portugal a fim de ajudar as vítimas de um terremoto, que assolou o país, principalmente Lisboa, Howard foi capturado ao retornar pelos *berberes,* sofrendo a desagradável experiência do encarceramento no Castelo de Brest e depois na prisão de Morlaix. A partir daquele período passou a se dedicar aos problemas penitenciários, tendo inclusive sido nomeado xerife de Bedford. Posteriormente, ao ser nomeado *alcaide* do Condado de Bedford, teve um contato mais próximo com as prisões, que se encontravam em condições extremamente graves. Viajou por toda a Europa investigando e analisando os diferentes sistemas penitenciários. Em 1777 publicou a obra "*The state of prisions in England and Wales with an account of same goregen*"; a qual "*contribuiu com a luta contra a iniquidade e a barbárie, visando à implantação de um regime penal mais humano*".[100] Howard defendia, dentre outros fatores a humanização das prisões, considerava o trabalho e a religião fundamentais na reabilitação e moralização do preso; e o isolamento noturno visando à reflexão e ao arrependimento. Tinha uma preocupação voltada para as questões penitenciárias, proporcionando o cumprimento de uma pena de prisão em estabelecimentos adequados.

Jeremias Bentham condenou os castigos desumanos, as penas cruéis. Entendia que a pena deveria assumir um caráter preventivo de novos delitos, de infrações futuras e não de vingança. Conforme Mário Cipriani,[101] "ele era utilitarista, buscava um método de controle do comportamento humano de acordo com um princípio ético". Preconizava a idéia de que a pena não poderia ter outra finalidade que não fosse voltada para a utilidade geral. Tinha como objetivo, no tocante as questões penitenciárias humanizar as prisões. "Sob o ponto de vista penológico, sua contribuição mais importante foi o Panótico",[102] que consistia num sistema penitenciário, "cujo edifício circular, com seus quartos, onde os quartos

---

[99] *Op. cit.,* p. 39.

[100] LUZ, Orandyr Teixeira. *Aplicação de penas alternativas.* 2 .ª ed. Goiânia: AB, 2003, p. 09.

[101] CIPRIANI, Mário Luiz Lírio. *Das penas: suas teorias e funções no moderno direito penal.* Canoas: Ed. Ulbra, 2005, p. 44.

[102] BITENCOURT, Cezar Roberto. *Falência da pena de prisão: causas e alternativas.* 3.ª ed. São Paulo: Saraiva, 2004, p. 50.

dos presos formariam a circunferência, teria no centro uma torre, o lugar dos inspetores que, através de uma gelosia transparente, observariam todas as celas sem serem vistos".[103] Foi autor do "*Tratado das Penas e das Recompensas*" (1991).

Iniciada pela obra de Beccaria, a assim denominada "Escola Clássica" nasceu como uma corrente filosófico-sociológica.[104] Essa escola era embasada no Direito Natural (jusnaturalismo) e no livre arbítrio, bem como na teoria contratual; postulava a valorização da dignidade do Homem e a cidadania frente ao Estado e a pena era considerada retributiva. Já a escola positiva negava o jusnaturalismo, entendendo o Direito como produto humano e social; pregava o determinismo, onde a responsabilidade deriva da vida social, a pena como meio para a defesa social, a periculosidade do infrator e a índole genética originária do criminoso; por isso, o delito deveria ser estudado sob o cunho sócio-criminológico, e não pelo jurídico.[105]

Assim como Beccaria, três grandes jurisconsultos faziam parte da Escola Clássica: Geiam Domenico Romagnosi, na Itália, Jeremias Bentham, na Inglaterra e Anselmo Von Feuerbach na Alemanha. Na segunda fase, Rossi, Carrara e Pessina. Carrara defendeu a concepção de delito como ente jurídico, constituído por duas forças: a física e a moral. A pena para esta escola era vista como um mal justo e necessário que deveria ser aplicada a quem infringia a lei penal; variava de acordo com a intensidade do delito, como também, um meio de tutela jurídica. A escola clássica preocupava-se com o crime e com a pena; não manifestava a menor preocupação com a pessoa do delinqüente; destinava-se a restabelecer a ordem pública alterada pelo delito; era adequada ao crime e não ao seu autor. Para os clássicos, o fundamento primordial da pena é a culpa e o que produz o delito é a vontade do agente; devendo a pena ser imposta como um meio repressivo. A pena tem como objetivo o restabelecimento da ordem externa e da sociedade. "Francesco Carrara tratou de todos os assuntos do Direito Penal como ciência estritamente jurídica. Sua obra mais importante, dentre várias, é *Programma Del corso di Diritto Criminale*. Suas idéias ainda hoje servem de base para o conhecimento

---

[103] LUZ, Orandyr Teixeira. *Aplicação de penas alternativas*. 2 .ª ed. Goiânia: AB, 2003, p. 10.

[104] CARDOSO, Franciele Silva. *Penas e medidas alternativas:* análise da efetividade de sua aplicação. São Paulo: Método, 2004, p. 39.

[105] PAGLIUCA, Marcelo de Camargo, MILANI, Walter Pinto da Fonseca Filho. *Direito Penal Moderno.* São Paulo: Juarez de Oliveira, 2002, p. 09.

da ciência penal, sendo, pois, um roteiro necessário para um bom aproveitamento de estudo".[106]

Conforme Maércio Duarte na Escola Clássica, dois grandes períodos se distinguiram: o filósofo ou teórico e o jurídico ou prático. No primeiro destaca-se a incontestável figura de Beccaria. Já no segundo, aparece o mestre de Pisa, Francisco Carrara, que tornou-se o maior vulto da Escola Clássica. Carrara defende a concepção do delito como ente jurídico, constituído por duas forças: a física (movimento corpóreo e dano causado pelo crime) e a moral (vontade livre e consciente do delinqüente)[107].

1.3.5. Período Científico

No período científico, como sustenta Gilberto Ferreira[108], o delito é considerado como um fator individual e social, representando um sintoma patológico de seu autor. Por este motivo, a pena passou a ser vista como um remédio não mais como um castigo, a qual deverá ser ministrada em consonância com a periculosidade do delinqüente; sendo, portanto, a sanção penal um meio de defesa social; a responsabilidade penal era baseada no livre arbítrio. "Também conhecido como período criminológico, esta fase caracteriza-se por um notável entusiasmo científico. Começa a partir do século XIX, por volta do ano de 1850 e estende-se até os nossos dias. Inicia-se neste período a preocupação do homem que delinqüe e a razão pela qual delinqüe."[109]. Este período teve início com Cesare Lombroso e prosseguiu com outros representantes da Escola Positiva, dentre eles, Enrico Ferri, Rafael Garofalo, Florian e Grispigni.

Para a **Escola Clássica**, de inspiração iluminista "a pena é um castigo justo na medida em que o crime tenha sido cometido voluntária e conscientemente, não sendo, portanto, um remédio contra um delito: é uma punição merecida por causa do mal voluntário que foi conscientemente perpetrado. É aplicada para a satisfação da justiça e não em razão

---

[106] Capela, Fábio Bergamin. *Pseudo-evolução do Direito Penal. Jus Navigandi*, Teresina, ano 6, n. 55, mar. 2002. Disponível em: <http://jus2.uol.com.br/doutrina/texto.asp?id=2795>. Acesso em: 15 ago. 2003.

[107] Duarte, Maércio Falcão. *Evolução histórica do Direito Penal. Jus Navigandi*, Teresina, ano 3, n. 34, ago. 1999. Disponível em: <http://jus2.uol.com.br/doutrina/texto.asp?id=932>. Acesso em: 29 nov. 2007.

[108] Ferreira, *op. cit.*, p. 16.

[109] Duarte, Ibid, Ibidem.

do resguardo social, mesmo porque a utilidade social é simples condição para que um ato anti-social seja punido".[110] Cesare Beccaria foi o precursor desta Escola e segundo Newton Fernandes o seu expoente máximo foi Francesco Carrara. Em razão do contexto político, esta escola pretendia em primeiro plano proteger o homem dos excessos punitivos do Estado.

Em seguida, surgiu a **Escola Positivista**, a qual tinha por objetivo proteger a sociedade do homem criminoso, tratá-lo e se possível, curá-lo; portanto, já demonstrava sua preocupação com o criminoso e às circunstâncias que o conduziram à prática do delito. A pena teria por fim a defesa social. O crime é um fenômeno natural e social, não origina-se da vontade humana e sim dos fatores biológicos, físicos e sociais; sustenta a tese do determinismo. Não interessa mais o fato criminoso e sim o homem criminoso; para o qual a pena seria uma chance de ressocialização. Como declara Manoel Pimentel "a pena não era mais um castigo, mas uma oportunidade para ressocializar o criminoso, e a segregação deste era um imperativo de proteção à sociedade, tendo em vista sua periculosidade".[111] Apresenta, segundo Cezar Bitencourt[112] três principais representantes e três fases distintas. São elas*: a. fase antropológica: Césare-Lombroso (L'Uomo Delinquente); b. fase sociológica: Enrico Ferri (Sociologia Criminale) e c. fase jurídica: Rafael Garafalo (Criminologia).* Lombroso, que defendia a tese do criminoso nato (congênito) e considerava o delito como fenômeno biológico, Rafael Garafalo, conseguiu dar uma sistematização jurídica à Escola Positiva e Enrico Ferri consolidou o nascimento definitivo da Sociologia Criminal.

Garofalo, na sua Criminologia e Ferri na sua Sociologia Criminal fazem chamar a atenção para os elementos psicológicos e para os elementos sociológicos que estão na base do crime."[113] Para entender a causa do crime, Ferri dizia que deveria ser levado em consideração além dos fatores antropológicos, expostos por Lombroso, os sociais, ou seja, as condições do meio em que o delinqüente vive bem como os fatores físicos. A pena era um meio de defesa com função preventiva. Naquela época, Ferri já defendia a aplicação dos substitutivos penais ao lado das sanções como meio de suprimir as causas exógenas que contribuem para

---

[110] FERNANDES, *op. cit.*, p. 94.

[111] PIMENTEL, *op. cit.*, p. 129.

[112] BITENCOURT, Cezar Roberto. *Tratado de direito penal:* parte especial. Vol. 2. 8.ª ed. ver. e ampl., São Paulo: Saraiva, 2003, p. 53/56.

[113] CORREIA, Eduardo. *Direito Criminal, volume 1.* Coimbra-Portugal: Almedina, 2004, p. 90.

o surgimento da periculosidade e as condições exteriores que possam levar o homem ao crime. Em sua obra "*Sociologia Jurídica*", Ferri definiu a classificação dos criminosos em: natos, habituais, de ocasião e por paixão, com fundamento nos fatores antropológicos, físicos e sociais. "Em paralelo com o crescente interesse no estudo e no tratamento científico do crime e dos criminosos, foi-se constatando também a necessidade de conferir às indagações e averiguações sobre os vestígios do crime um caráter metódico e rigoroso, que permitisse a constatação com crescente grau de certeza objectiva das circunstâncias em que os crimes ocorriam e da identidade dos seus respectivos autores".[114]

Lombroso era médico psiquiatra e professor italiano. Publicou em 1878 o livro "*L'Uomo Delinqüente*". Associou suas pesquisas e estudos da psiquiatria e antropologia com os da ciência criminal, entendendo que o crime e a criminalidade poderiam ser explicados com base no caráter antropológico. Para ele, a idéia de atavismo aparece unida à do delinqüente nato. Lombroso foi considerado o pai da criminologia. Suas investigações foram feitas através do método empírico. A sua teoria do delinqüente nato originou-se da pesquisa que fez com diversas autópsias e análises de delinqüentes vivos. Segundo ele "certos homens, por efeito de uma regressão atávica, nascem criminosos, como outros nascem loucos ou doentios; a criminalidade proviria de forma inelutável, de fatores biológicos".[115]

Rafael Garofalo é considerado por muitos o iniciador da fase jurídica da Escola Positiva, encerrando, assim, o entendimento do crime como algo dotado de fatores antropológicos (Lombroso), sociais (Ferri) e jurídicos (Garofalo). Foi o primeiro a usar a denominação "Criminologia" para as Ciências Penais. Estudou sobre o delito, o delinqüente, que não considerava um ser normal e a pena. Ao defender a tese da anomalia psíquica e moral como causa da prática delituosa, "Garofalo acabou por estabelecer a idéia da temibilidade como critério determinante da reprimenda penal, sendo que modernamente deu origem ao conceito de periculosidade que tanto influenciou os diversos ordenamentos penais durante a primeira metade do século XX."[116]

---

[114] OLIVEIRA, Francisco da Costa. *A defesa e a investigação do crime*. Lisboa: Almedina, 2004, p. 47.

[115] GARCIA, Basileu. *Instituições de Direito Penal*, vol. I, tomo II, 4.ª ed., 39.ª tiragem, São Paulo: Editora de Livros de Direito, 1977, p. 90.

[116] CARDOSO, *op. cit.*, p. 46.

A **Escola Crítica**, também segundo Marcelo Pagliuca[117] denominada "**Terceira Escola**", surgiu na Itália em 1891 e teve como princípios a separação das demais ciências do Direito Penal. Afirma ainda que ela encarava a responsabilidade penal como determinação psicológica, onde o homem era levado pelo motivo mais forte que o impulsionasse e tinha o crime como fenômeno social e natural, mas também pessoal, enquanto que a pena possuía o caráter de defesa e preservação da sociedade. Para a Terceira Escola, que tentou conciliar preceitos clássicos e positivos, "a pena, dotada de caráter ético e aflitivo (pensamento clássico), tem por fim a defesa social (pensamento positivista)."[118] Seus expoentes foram Bernardino Alimena, Giuseppe Impalomeni e Carnevale. De acordo com Aníbal Bruno, os postulados mais importantes seguidos por esta escola são: a substituição do livre-arbítrio dos clássicos pelo critério da voluntariedade das ações; considera o delito como um fenômeno individual e social, como pregavam os positivistas; reconhece o princípio da responsabilidade moral de Escola Clássica; a pena, dotada de caráter ético e aflitivo (pensamento clássico), tem por fim a defesa social (pensamento positivista)[119].

A **Escola Moderna** tinha conteúdo eclético e considerava o crime como fato jurídico, com implicações humanas e sociais. "Surgiu na Alemanha, por volta do último quartel do séc. XIX; considerava o crime um fato jurídico, com implicações humanas e sociais."[120] Von Liszt foi o fundador e principal representante desta escola. Para ele, o Direito Penal deve sempre orientar-se segundo o fim, o objetivo a que se destina; e pena justa é a pena necessária.[121] Germano Marques da Silva declara que "a função da pena para Von Liszt é a prevenção especial por meio da intimidação, da correção ou da neutralização do delinqüente".[122] Fran Von Liszt (é considerado o principal teórico e fundador da Teoria Finalista do Direito Penal) foi um dos fundadores do movimento denominado "*União*

---

[117] Pagliuca, *op. cit.,* p. 10.

[118] Silva, José Geraldo da. *Direito Penal Brasileiro*. Vol. I, São Paulo: de Direito, 1996, p. 39.

[119] Bruno, Aníbal apud Capela, Fábio Bergamin. *Pseudo-evolução do Direito Penal. Jus Navigandi*, Teresina, ano 6, n. 55, mar. 2002. Disponível em: <http://jus2.uol.com.br/doutrina/texto.asp?id=2795>. Acesso em: 15 ago. 2003.

[120] Ibid, Ibidem.

[121] *Op. cit.,* p. 60.

[122] Silva, Germano Marques da. *Direito Penal Português.* Parte Geral, I. Introdução e Teoria da Lei Penal. 2.ª ed. Lisboa: Editorial Verbo, 2001, p. 64.

Internacional de Direito Penal". Os representantes deste movimento, que perdurou até a Primeira Guerra Mundial, procuraram encontrar novos mecanismos, além dos já existentes no direito penal tradicional, para combater a criminalidade, compreendida como fenômeno social. Segundo eles, a pena não era o único meio de combater o crime, deveria ser aplicada segundo a personalidade do delinqüente e as de curta duração serem substituídas por outras medidas de defesa social.

Sob a ótica de Eduardo Correia,[123] Von Liszt traçou o quadro da moderna problemática do direito criminal e forneceu o material para a atual especulação da ciência criminal e da atividade legislativa, como por exemplo, a reforma prisional de Portugal, a reforma alemã de 1933, a reforma italiana de 1930 e o código suíço.

Escola Correcionalista: a **finalidade da pena** para a **Escola Correcionalista**, que surgiu na Alemanha em 1839, era trabalhar a causa, o motivo do crime, corrigir o delinqüente, que considerava anormal, incapacitado para uma vida jurídica livre, podendo causar perigo para a sociedade. "O criminoso é um ser perigoso, devendo, por isso, ser repelido pela sociedade; a pena tem uma função de corrigir uma vontade pervertida, manifestada na conduta".[124] A pena para esta escola tem prazo indeterminado, sendo estendido o tempo necessário para a recuperação do delinqüente. "O maior problema da concepção teórica desta Escola é exatamente acreditar que a pena de prisão possuía condições para a efetiva ressocialização do criminoso".[125]

A **prevenção especial** tinha para Escola Correcionalista papel essencial no fim da pena. Para ela, segundo César Bitencourt "*o criminoso é um ser limitado por uma anomalia de vontade, encontrando no delito o seu sintoma mais evidente, e, por isso, a sanção é vista como um bem*".[126]

O período científico terminou com a Segunda Guerra Mundial. Em seguida, teve início o Período Atual; também denominado Nova Defesa Social.

---

[123] CORREIA, Eduardo. *Direito Criminal, volume 1*. Coimbra-Portugal: Almedina, 2004, p. 92.

[124] PAGLIUCA, *op. cit.*, p. 13.

[125] CAPPI, Carlos Criscrim Baiocchi. *As regras de Tóquio e as medidas alternativas.* Jus Navigandi, Teresina, ano 6, n. 58, ago.2002. Disponível em: <http://jus2.uol.com.br/doutrina/texto.asp: id= 3118>Acesso em 15 de março de 2007.

[126] BITENCOURT, Cezar Roberto. *Tratado de direito penal, op. cit.*, p. 63.

1.3.6. Período Atual. Nova Defesa Social

A Criminologia Moderna, baseada na Escola da Nova Defesa Social vem aprimorando suas pesquisas na recuperação e ressocialização do delinqüente, visando o seu retorno à sociedade. Muitas vezes, ele precisa ser tratado anteriormente, incentivado, esclarecido sobre o mal que causou, prevenindo-o de um posterior, talvez até de conseqüências mais desastrosas, drásticas.

O movimento da Nova Defesa Social foi iniciado por Filippo Grammatica, em 1945, quando fundou em Gênova, o Centro de Estudos de Defesa Social. "Em nome da criação de um direito de defesa social, propôs a eliminação do direito penal e do sistema penitenciário vigentes; esta proposta era extremamente avançada e naturalmente radical".[127] Constituiu um avanço para o direito penal e para o direito penitenciário. "Grammatica negava a existência de um direito de castigar em favor do Estado, afirmando categoricamente que o fim da pena é socializar o delinqüente, não importando, quando da imposição da pena, o delito cometido; a sanção penal deveria ser uma medida de defesa social, de caráter preventivo e curativo, conforme a personalidade do apenado".[128]

Esta Escola considera o crime como a expressão de uma personalidade única, contrariando assim os argumentos de Lombroso, para quem o ser humano já nascia delinqüente, portando caracteres que impediam a sua adaptação social e o crime era algo esperado. A Nova Defesa Social admite ser a prisão um mal necessário, apesar de reconhecer que a mesma apresenta várias conseqüências negativas. Defende a abolição da pena de morte e a descriminalização (deixar de considerar infrações penais determinadas condutas até hoje criminalizadas) de algumas condutas, principalmente as consideradas crimes de bagatela (embora a conduta se adéque a determinado tipo penal, não revela lesão ao bem jurídico), impedindo desta forma, o encarceramento indiscriminado.

No entendimento de Marino Barbero, são princípios básicos do **movimento da Nova Defesa Social**: exame crítico do sistema existente; o recurso sistemático a todas as ciências humanas para lograr um conhecimento multidisciplinar do fenômeno criminal; uma finalidade protetora que, por um lado, signifique uma reação contra o sistema punitivo retributivo da repressão clássica e, por outro lado, pretende assegurar o

---

[127] Ferreira, *op. cit.*, p. 17.

[128] Cardoso, *op. cit.*, p. 49.

respeito e a garantia dos direitos do homem e da dignidade da pessoa".[129] Grande parte da ciência jurídico-criminal alemã, espanhola, portuguesa, brasileira, dentre outras originam-se da italiana.

Posteriormente, Marc Ancel e alguns adeptos apresentaram um novo movimento. Ele publicou em 1954 a obra "*A Nova Defesa Social*". Este movimento, no entendimento do ilustre professor Jorge de Figueiredo Dias[130], preocupa-se particularmente com acentuar as notas da legalidade e da humanidade do sistema político-criminal. Dentre outros aspectos, conserva a idéia da culpa ou da responsabilidade individual e luta em favor da humanidade, da diversificação das reações e atualmente pela substituição das sanções de caráter detentivo pelas de execução em meio aberto.

Utilizando a mesma linha de raciocínio, Romeu Falconi também adota tal posicionamento, ao proferir o seguinte: "a pena será, então o meio pelo qual se chegará ao equilíbrio, mas, somente após a tentativa de outros meios de ressocialização. Não se pense, ademais, na pena como "retribuição" ou como "prevenção", como forma profilática. Afinal, é cuidando do criminoso que a sociedade estará realmente protegida".[131]

Segundo Oswaldo Marques[132] a prisão é uma realidade no mundo contemporâneo, entretanto o período de encarceramento pode ser visto como uma ocasião apta a proporcionar ao delinqüente a oportunidade de modificar-se internamente pelo tratamento, deixando de oferecer um perigo à sociedade.

A legislação moderna já aponta outras mudanças, tendo em vista que a pena de prisão não tem proporcionado resultados otimistas. Caracteriza-se pela busca de substitutivos penais para as penas privativas de liberdade, pela crescente liberalização e humanização e, conforme declara Heleno Fragoso, evolui no sentido de uma concepção unitária da sanção penal, abandonando-se o sistema do duplo binário. A crise do Direito Penal ocorre em razão da falência dos sistemas clássicos. De qualquer sorte, em tempos atuais ainda vige entre nós a Lei de Execuções, que adotou os postulados da Nova Defesa Social, aliando a esta a prevenção

---

[129] Barbeiro, Marino apud Passos, Paulo Roberto da Silva. *Da prisão e da liberdade provisória* – aspectos polêmicos: doutrina e jurisprudência. Bauru, SP: Edipro, 2000, p. 29.

[130] Dias, Jorge de Figueiredo. *Direito Penal Português*. Parte Geral II. As conseqüências jurídicas do crime. Coimbra: Coimbra Editora, 2005. p. 60.

[131] Falconi, Romeu. *Reabilitação Criminal*. São Paulo: Ícone, 1995, p. 21.

[132] Marques, *op. cit.*, p. 95.

criminal e a humanização da execução da pena e afastando o tratamento reformador, na esteira das mais recentes legislações a respeito da matéria, a despeito da não aplicabilidade de tantas de suas normas."[133]

O direito penal tem como finalidade primordial proteger os bens jurídicos essenciais e necessários à sociedade. Ele só deve intervir quando forem violados os bens jurídicos fundamentais. Não é a solução para todos os conflitos, devendo, portanto, ser utilizado como último recurso na busca do interesse social. Entendemos que a partir do momento em que este direito não conseguiu dar uma resposta efetiva à sociedade com os sistemas clássicos utilizados, principalmente no tocante às formas de prisão e de punição, teve início tal crise.

A crise a que nós nos referimos é principalmente em relação ao Estado que não tem conseguido diminuir a violência, a criminalidade e proporcionar proteção e segurança à comunidade substituindo sempre que possível a pena de prisão por outras formas sancionatórias, fiscalizando a sua fiel aplicação, estudando medidas que melhor se adéqüem à sociedade e não tentando mudar uma determinada lei com o propósito de elevar as penas sempre que ocorrer a prática de um delito que cause clamor a opinião pública. A pena deve ter um sentido reabilitador e não única e exclusivamente de castigo, de punição. A crise também pode ser entendida em razão da superlotação dos presídios, das rebeliões, das violências praticadas nos próprios presídios, da falta de aplicação da lei pela autoridade competente, de seu cumprimento pelos destinatários e da falta de credibilidade por parte de muitos magistrados nas penas alternativas, demonstrada através de dados concretos do sistema prisional. Todavia, devemos procurar os melhores meios de proteger os bens jurídicos e de reintegrar o criminoso na sociedade, seja através da pena de prisão quando estritamente necessário ou da aplicação de alternativas penais.

Não podemos negar que tivemos um avanço ao passarmos por vários períodos, desde a vingança privada, a vingança divina, a vingança pública, ao período da humanização, ao período científico e período da Nova Defesa Social; todavia devemos incentivar mais a aplicação de alternativas penais com o propósito de diminuir o fim da impunidade para delitos de pequeno e médio potencial ofensivo, visando a proteção dos bens jurídicos e a reintegração do criminoso à sociedade.

A Escola da defesa Social procurava sociabilizar o delinqüente, reinseri-lo na sociedade e prevenir o crime. Para os defensores do mo-

[133] *Op. cit.*, p. 32.

vimento de defesa social, a prisão não regenera nem ressocializa, é dispendiosa e estimula a reincidência; razão porque deveria ser destinada apenas aos delinqüentes de alta periculosidade; aos outros, a solução seria atribuir medidas alternativas, substitutivos penais.

Observamos então que, desde o início da humanidade, o homem tem evoluído muito; como também o Direito Penal, que sempre procura está em harmonia com a realidade da época e atender as exigências da sociedade. Passamos do período da vingança: privada, divina e pública; para o período humanitário, científico e por fim, para o período atual ou da nova defesa social. Durante todos estes períodos o direito penal adotou várias modalidades de penas; muitas delas, desumanas e cruéis; tendo a prisão surgida como pena somente em meados do século XVIII.

1.4. Evolução das Penas

Tentaremos fazer uma análise sintética da evolução das penas, apresentando os principais aspectos e períodos ocorridos no Brasil e em Portugal; desde o período colonial até os dias atuais, abordando suas principais leis e reformas ocorridas nas legislações substantivas e adjetivas penais.

1.4.1. Evolução das Penas no Brasil

As penas no Brasil evoluíram de forma considerável. Discorreremos sobre tal evolução, focalizando seus principais aspectos desde o período colonial até as últimas modificações, que ocorreram através das leis 9.714 e 9.605, ambas de 1988.

1.4.1.1. *Período Colonial*

A história do Direito Penal Brasileiro é dividida em três fases principais: Período Colonial, Código Criminal do Império e Período Republicano.

À época do descobrimento do Brasil em 1500 vigoravam em Portugal as Ordenações Afonsinas, publicadas em 1446, sob o reinado de D.Afonso V. São divididas em cinco livros, apresentam grandes influencias do Direito romano-canônico e são consideradas como primeiro código europeu completo. "As Ordenações Afonsinas, e mais precisamente o seu livro V, foram o primeiro código completo a surgir na Europa. Prevê definitivamente, o monopólio do magistério punitivo em favor do Estado, rechaçando, indefinidamente, a vingança privada e por isto mesmo, à época do seu surgimento, foi considerado um avanço em matéria penal e processual penal. Nesta legislação, a pena de morte é prevista largamente, sendo diferenciados nobres e plebeus".[134] Conforme Geraldo Pieroni, as compilações das Ordenações Afonsinas relacionam-se aos direitos romano e canônico. Elas realizaram, de certa maneira, a sistematização que os tribunais portugueses desejavam, mas o modo de assegurar seu efetivo conhecimento em todo o país necessitava ainda ser compreendido. A quantidade de leis, distribuídas em cinco volumes, tornava sua cópia lenta e onerosa: sério obstáculo a sua difusão em todas as cortes de justiça do Reino.[135]

Em 1514 foram substituídas pelas Ordenações Manuelinas, por determinação de D. Manuel I, as mesmas seguiram a sistemática das ordenações anteriores com poucas modificações. Estas ordenações foram pouco aplicadas porque na ocasião a sociedade estava no início do processo de organização no primeiro século de dominação. Na maioria das vezes as penas não eram pré-fixadas, o que ficava ao critério do juiz que a regulava de acordo com a classe social. "Embora formalmente estivessem vigorando ao tempo das capitanias hereditárias, as Ordenações Manuelinas não constituíam a fonte do direito aplicável no Brasil, pois o arbítrio dos donatários, na prática, é que impunham as regras jurídicas".[136]

Revela Geraldo Pieroni que durante o reinado de D. Manuel (1495--1521) novamente, o problema da divulgação das Ordenações no Reino foi mais uma vez levantado. A solução se acelerou com a invenção da imprensa que, provavelmente, fez sua aparição em Portugal em 1487. Assim como Nuno J. Espinosa Gomes da Silva afirma que as Ordenações Manuelinas, de maneira geral, são redigidas sob a forma de decretos como se tratasse de novas leis, ainda que, freqüentemente, este fosse simplesmente um método utilizado para renovar as leis já existentes. [137]

Posteriormente, Portugal e suas colônias passaram temporariamente para o domínio espanhol, através de Filipe II, que promulgou as Ordenações

[134] CARDOSO, *op. cit.*, p. 62.

[135] PIERONI, Geraldo. *A pena do degredo nas Ordenações do Reino. Jus Navigandi*, Teresina, ano 5, n. 51, out. 2001. Disponível em: <http://jus2.uol.com.br/doutrina/texto.asp?id=2125>. Acesso em: 21 jun. 2007.

[136] DOTTI, René Ariel. *Bases e alternativas para o sistema de penas*. 2.ª ed., São Paulo: RT, 1998, p. 21.

[137] PIERONI, Ibid, Ibidem.

Filipinas em 1603, na época da União Ibérica. Tais Ordenações em quase nada distinguiam das já revogadas Manuelinas e Afonsinas. No entanto, foram muito aplicadas no Brasil até o ano de 1830. Vigorou por mais de dois séculos. Assevera Orandyr Teixeira Luz[138], que o sentido geral das Ordenações Filipinas era o da intimidação feroz, sem observar a proporção entre as penas e os delitos, puramente utilitária, nas quais eram previstas algumas penalidades como: morte natural para sempre – enforcamento, mas o corpo físico ficava pendente até vir ao solo; morte pelo fogo; açoites; mutilações; confisco e até degredo para as galés ou para a África. Elas vigoraram até o advento do primeiro Código Penal, em 1830.

Mesmo com a Revolução de 1640, que pôs fim à dominação de Castela sobre Portugal, a validade das ordenações Filipinas continuou por muito tempo e João IV de Bragança, que sucedeu Filipe IV da Espanha, confirmou, de maneira geral, todas as leis que haviam sido promulgadas sob a dominação de Castela.

Declara Geraldo Pieroni que nas Afonsinas, Manuelinas e Filipinas, o célebre Livro V é dedicado ao direito penal. É lá que estão enumeradas as penas a serem aplicadas aos condenados segundo o grau de seus delitos. Normalmente as penalidades previstas eram severas.[139]

O regime era fantástico e terrorista como se verifica pela enorme variedade dos tipos de autores, das infrações e do arsenal punitivo: hereges, apóstatas. Feiticeiros, blasfemos (contra Deus ou contra os santos), benzedores de cães e outros bichos sem autorização de rei; sodomia, o infiel que dormisse com algum cristão, e o cristão que dormisse com infiel; entrada em mosteiro ou retirada de freira "ou dorme com ela, ou a recolhe em casa"; vestir-se o homem com trajes de mulher ou a mulher com trajes de homem "e dos que trazem máscara."[140]

Não se adotava o princípio da legalidade, ficando ao arbítrio do julgador a escolha da sanção aplicável. Além do predomínio da pena de morte utilizava outras sanções cruéis, como açoite, amputação de membros, degredo etc. Foi o ordenamento jurídico penal que mais tempo vigorou no Brasil, mais de dois séculos (1603 até 1830). Os tipos de infrações são também contrários à ordem racional moderna, pois nestes eram confundidos direito, moral e religião.

---

[138] Luz, Orandyr Teixeira. *Aplicação de penas alternativas*. 2 .ª ed. Goiânia: AB, 2003, p. 12.

[139] Pieroni, Ibid, Ibidem.

[140] Dotti, *op. cit.*, p. 47/48.

1.4.1.2. *Período Criminal do Império*

Em 07.09.1822 o Brasil conquista sua independência em relação a Portugal. "Contudo, como para redigir um novo ordenamento penal seria utilizado um grande tempo; então por força da lei de 20.10.1823 mandou--se que seriam conservadas as Ordenações Filipinas até que surgisse um Código nacional".[141] O Código Filipino foi ratificado em 1643 por D. João IV e em 1823 por D. Pedro I.

No tocante à Constituição de 1824, Franciele Cardoso é enfática ao afirmar que a mesma estabeleceu em relação ao direito penal uma série de inovações de caráter eminentemente liberal, mas também de cunho humanístico, abolindo os açoites e as torturas, prevendo a ampliação do uso da pena de prisão, estabelecendo que as cadeias deveriam ser limpas, seguras e bem arejadas e por fim previu a organização urgente de um Código Criminal fundado nas bases sólidas de justiça.[142]

Em 16.12.1830, foi sancionado por D. Pedro I o Código Criminal do Brasil, o qual, sob influência da Escola Clássica, fixava os princípios da responsabilidade moral e do livre arbítrio, segundo o qual não há criminoso sem má-fé, sem o conhecimento do mal e sem intenção de praticá-lo.

Nesse sentido, o Código Criminal do Império foi um código inovador; reduziu as hipóteses de pena de morte, eliminou a crueldade de sua execução, e suprimiu as penas infamantes. Por outro lado, as penas de açoites eram ainda aplicadas aos escravos, embora criticadas.

O Código Criminal do Império do Brasil, sancionado em 1830, adotava as seguintes penas: morte, galés, prisão com trabalho, prisão simples, banimento, degredo, desterro, multa, suspensão do emprego, perda do emprego, açoites (somente para escravos). Fixava a regra geral da aplicação da pena "nenhum crime será punido com penas que não estejam estabelecidas nas Leis, nem com mais ou menos daquelas que estiverem decretadas para punir o crime no grau máximo, médio ou mínimo, salvo caso em que aos Juízes se permitir arbítrio cominada as penas acima referidas.[143]

Segundo Cezar Bittencourt[144], o Código Criminal do Império surgiu como um dos mais bem elaborados, influenciando o Código Penal Espa-

[141] Capela, Fábio Bergamin. *Pseudo-evolução do Direito Penal. Jus Navigandi*, Teresina, ano 6, n. 55, mar. 2002. Disponível em: <http://jus2.uol.com.br/doutrina/texto.asp?id=2795>. Acesso em: 15 ago. 2003.

[142] Cardoso, *op. cit.*, p. 63.

[143] Dotti, *op. cit.*, p. 97.

[144] Bitencourt, *op. cit.*, p. 42.

nhol e o Código Penal Português de 1852, por sua clareza, precisão, concisão e apuro técnico. Sofreu influências do Código Francês de 1810 e da Baviera de 1813.

O Código de Processo Criminal foi promulgado em 1832 e em 1871, a lei sobre os delitos culposos. Desde então, até o advento da República, várias leis foram publicadas.

1.4.1.3. *Período Republicano*

Em 15.11.1889 foi proclamada a República dos Estados Unidos do Brasil. Além da abolição da escravatura (1888) outros fatos incidiram sobre a legislação penal, demonstrando então, a necessidade de um novo Código. Foi assim que, durante o Governo Provisório de Deodoro, o então Ministro da Justiça e futuro presidente, Campos Sales, encarregou o professor João Baptista Pereira de elaborar um novo Código. Rapidamente (em três meses) o mesmo apresentou-o, entrando em vigência através do Decreto n. 774 de 20.09.1890. Este código instituiu a prisão como principal forma de punição antes da Constituição de 1891. O Código de 1890 aboliu a pena de morte e estabeleceu o regime penitenciário de caráter correcional. Em 1940 foi promulgado o novo Código Penal que teve seu início de vigência marcado para 01.01.1942, código esse que teve origem no projeto de Alcântara Machado, submetido ao trabalho de uma comissão revisora composta por Nélson Hungria, Vieira Braga, Marcélio de Queiroz e Roberto Lyra.[145]

O Código de 1940, proveniente de um projeto preparado durante um período revolucionário, quando o Estado era a força maior, deu maior importância à figura (pessoa) humana – predomínio dos direitos individuais, relegando os crimes contra o Estado ao último lugar da lista. Tratava-se de um código eclético, pois não se filiou a nenhuma escola. Principais características: pena e medida de segurança, individualização da pena, tecnicamente moderno.[146] Continua até o momento em vigor apesar de constantemente ser alguns dos seus dispositivos alterados por leis posteriores, o que é normal, tendo em vista a evolução da sociedade. Como podemos observar, a sociedade é dinâmica, encontra-se em constante

---

[145] TELES, Ney Moura. *Direito Penal:* parte geral. Vol. I, São Paulo: Saraiva, 1996, p. 65.

[146] GARCIA, Basileu. *Instituições de Direito Penal*, vol. I, tomo II, 4.ª ed., 39.ª tiragem, São Paulo: Editora de Livros de Direito, 1977.

mutação; os conceitos mudam; até mesmo em razão do progresso técnico-científico, da informática, da globalização. Os direitos fundamentais precisam se transformar em realidade e não permanecer como um simples programa, por várias décadas. O direito é algo vivo e deve corresponder ao espírito da época em que é elaborado e aplicado; à evolução, aos novos desafios postos através do tempo.

Segundo Norberto Bobbio os direitos humanos não são um dado da natureza ao modo do jus naturalismo. São um construído jurídico historicamente voltado para o aprimoramento político da convivência coletiva. Afirma ele que "*a Declaração Universal representa a consciência histórica que a humanidade tem dos próprios valores fundamentais na segunda metade do século XX. É uma síntese do passado e uma inspiração para o futuro: mas suas tábuas não foram gravadas de uma vez para sempre.*" Ele alerta ainda que, sem direitos do homem reconhecidos e protegidos, não há democracia; sem democracia, não existem as condições mínimas para a solução pacífica dos conflitos. "E também comenta acerca da transformação e ampliação dos direitos, uma vez que, diz ele, basta examinar os escritos dos primeiros jusnaturalistas para ver quanto se ampliou a lista dos direitos".[147]

Em relação ao Código de 1940, Heleno Fragoso assim declara: "O Código Penal incorpora o princípio da reserva legal (inaplicável às medidas de segurança); o sistema de duplo binário (penas e medidas de segurança); a pluralidade das penas privativas de liberdade (reclusão e detenção); a exigência do início da execução para a configuração da tentativa (art. 12); o sistema progressivo para o cumprimento das penas privativas de liberdade; a suspensão condicional da pena e o livramento condicional. Na parte especial, dividida em onze capítulos títulos, a matéria se inicia pelos crimes contra a pessoa, terminando pelos crimes contra a administração pública. Não há, no Código Penal comum, a pena de morte nem de prisão perpétua. O máximo da pena privativa de liberdade é de trinta anos".[148]

A seguir foram editados o Código de Processo Penal (Decreto n. 3.689, de 3/10/1941), a Lei das Contravenções Penais (Decreto n.º 3.688, também de 3/10/1941), a Lei de Introdução ao Código Penal (9/12/1941) e o Código Penal Militar (Decreto n.º 6.227, de 24/1/1944). Em 1962,

---

147 Bobbio, Norberto. *A era dos direitos.* Tradução de Carlos Nelson Coutinho; apresentação de Celso Lafer. – Nova ed. – Rio de Janeiro: Elsevier, 2004, p. 50.

148 Fragoso, Heleno apud Luz, Orandyr, *op. cit.,* p. 13/14.

Nelson Hungria ficou encarregado de elaborar um novo projeto de Código. Em 1964 foi designada uma comissão para a revisão do projeto final, composta pelo próprio Nelson Hungria, Aníbal Bruno e Heleno C. Fragoso. Em 1969 o projeto foi promulgado pelo Decreto-Lei n.º 1.004, de 21 de outubro, mas restou revogado sem ter vigência.[149]

1.4.1.4. *As Penas no Decreto-Lei n.º 2.848/40 e sua execução*

Instituído pelo Decreto-Lei n.º 2.848, de 07/12/1940, as penas sofreram várias alterações, através de uma série de leis, que procuraremos em síntese destacar.

As penas eram divididas em Principais e Acessórias. As principais eram mencionadas no art. 28, nos incisos I, II e III: reclusão, detenção e multa.

O artigo 29 mencionava que a pena de reclusão e de detenção deveriam ser cumpridas em penitenciária, ou, à falta, em secção especial de prisão comum.

Então, as penas de reclusão e detenção eram penas privativas de liberdade e a de multa pecuniária, às quais permanecem nos dias atuais. As penas principais e privativas de liberdade eram aplicadas isoladas, alternativa ou cumulativamente com a de multa, como ocorre atualmente.

Ao referir-se sobre a pena de reclusão afirmava que se as condições pessoais do recluso permitissem, o mesmo ficava sujeito a isolamento durante o dia por tempo não superior a três meses. Trabalhava dentro do estabelecimento ou em serviços públicos, fora dele e poderia ser transferido para colônia penal ou estabelecimento similar se já tivesse cumprido mais da metade da pena, se esta não fosse superior a três anos ou um terço se superior. A pena de reclusão não admitia suspensão condicional, salvo quando o condenado fosse menor de vinte e um anos ou maior de setenta, e a condenação não fosse por tempo superior a dois anos.

O condenado a pena de detenção sempre ficava separado dos condenados a pena de reclusão e não estava sujeito ao período inicial de isolamento diurno. O trabalho, desde que tivesse caráter educativo, podia ser escolhido pelo detento, na conformidade de suas aptidões ou de suas

---

[149] Canto, Dilton Ávila. *Regime inicial de cumprimento da pena reclusiva ao reincidente.* Jus Navigandi, Teresina, a. 3, n. 35, out. 1999. Disponível em: <http://www1.jus.com.br/doutrina/texto.asp?id=1099>. Acesso em: 09 jul. 2005.

ocupações anteriores. Conforme o art. 35, a pena de multa consistia no pagamento, em selo penitenciário, da quantia fixada na sentença. As penas acessórias, elencadas no art. 67, consistiam em perda de função pública, eletiva ou de nomeação, interdições de direitos e na publicação da sentença.

No que tange aos regulamentos das prisões, o art. 32 declarava que os mesmos deveriam estabelecer a natureza, as condições e a extensão dos favores gradativos, bem como as restrições.

Nos termos do art. 67, incorria na pena de perda de função pública: o condenado a pena privativa de liberdade por crime cometido com abuso de poder ou violação de dever inerente à função pública e o condenado por outro crime a pena de reclusão por mais de dois anos ou de detenção por mais de quatro.

As interdições de direitos, mencionadas no art. 69, consistiam na incapacidade temporária para investidura em função pública, na incapacidade permanente ou temporária para o exercício da autoridade marital ou do pátrio poder, na incapacidade permanente ou temporária para o exercício de tutela ou curatela, na incapacidade temporária para profissão ou atividade cujo exercício depende de habilitação especial ou de licença ou autorização do poder político e na suspensão dos direitos políticos.

Observamos no art. 69 que, sendo penas acessórias, as interdições de direitos, para efeito de execução não ficavam limitadas ao tempo das penas principais e privativas de liberdade. A incapacidade temporária para investidura em função pública era limitada a vinte e cinco anos, ao condenado por crime doloso cometido no exercício da função pública em prejuízo da Fazenda Pública ou de patrimônio de entidade paraestatal, qualquer que fosse o tempo da pena. A incapacidade permanente para o exercício da autoridade marital ou do pátrio poder tinha cabimento ao condenado por crime de que resultasse manifesta incompatibilidade com o exercício da autoridade marital ou do pátrio poder. A incapacidade temporária era aplicada de dois a oito anos ao condenado por crime cometido com abuso da autoridade marital, ressalvada a hipótese anterior.

A suspensão dos direitos políticos impunha-se ao condenado à pena privativa de liberdade, enquanto durasse a execução da pena, à aplicação da medida de segurança detentiva ou à incapacidade temporária para investidura em função pública. Todavia, consoante o art. 70, tratando-se de perda da função pública ou interdição de direitos, nem sempre operava de plano, havendo, em certas hipóteses, de ser declarada por sentença.

1.4.1.5. *As Penas na Lei n.º 7.209/84*

O Brasil, que durante muito tempo esteve desprovido de uma política criminal, necessitava de uma reforma no sistema punitivo criminal que fosse adequada às necessidades humanas.

Era indispensável que se encontrassem novas penas compatíveis com os novos tempos, mas tão aptas a exercer suas funções quanto as antigas, que, se na época, não foram injustas, hoje o são. Não permite que se aceite um arsenal punitivo de museu do século XVIII. A Reforma Penal, sob o comando do Ministro Francisco de Assis Toledo, tentou seguir essa política criminal liberal, adotando, entre outras inovações, modernas alternativas à pena privativa de liberdade, como as restritivas de direitos, além de revitalizar a pena de multa com o sistema dias-multa, e de transformar o velho sursis em um instrumento eficaz e sério.[150]

O Projeto de Lei n.º 1.656-B, alterando a parte geral do Código Penal, teve a sua redação final aprovada pela Câmara dos Deputados em sessão de 15.03.1984, data em que foi encaminhado ao Senado federal, e de lá aprovado em 19 de junho. Em 11.07.1984 foram sancionadas as Leis 7.209 (reforma da parte geral do Código Penal) e 7.210 (Lei das Execuções Penais) pelo Presidente João Figueiredo e publicadas em 13 do mesmo mês.[151]

A Reforma, que conforme a exposição de motivos da lei n.º 7.209/84 tinha como meta proteger a sociedade, restringindo a pena privativa de liberdade aos casos de reconhecida necessidade, como meio eficaz de impedir a ação criminógena cada vez maior do cárcere, não produziu resultados tão significativos e esperados, mas representou uma certa tranqüilidade rompendo a exclusividade da pena de prisão como instrumento punitivo e determinou novas regras para a execução penal no Brasil. Esta lei instituiu as penas alternativas no ordenamento jurídico brasileiro.

Observamos, outrossim, que na prática o perfil punitivo foi pouco alterado, tendo ensejado posteriores mudanças.

A Reforma instituída pela Lei n.º 7.209/84 desprezou a dicotomia das penas em principais e acessórias, dando autonomia a estas últimas, qualidade específica de restritivas de direitos e imprimindo função de substitutivas das privativas de liberdade, além de definir novas modalidades.[152]

---

[150] BITENCOURT, Cezar Roberto. *Tratado de direito penal:* parte especial. Vol. 2. 8.ª ed. ver. e ampl., São Paulo: Saraiva, 2003, p. 22.

[151] CARDOSO, *op. cit.,* p. 76.

[152] CRUZ, Walter Rodrigues da. *As Penas Alternativas no Direito Pátrio.* São Paulo: LED, 2000, p. 46.

O Código Penal então, com o advento da lei supracitada, passou a mencionar as penas no art. 32 em: privativas de liberdade, restritivas de direito e multa.

As Privativas de Liberdade constituem as penas de reclusão e de detenção, anteriormente definidas como principais. Foram fixados regimes de cumprimento de pena em: aberto, semi-aberto e fechado, sendo que, com a nova redação da lei, a pena de reclusão pode ser cumprida em qualquer dos regimes, enquanto que a de detenção, no regime semi-aberto ou aberto. Evidentemente que, observados o tempo da pena e as circunstâncias do condenado, se reincidente ou não.

Por sua vez, a pena de multa foi mantida com a mesma natureza que tinha de pecuniária. No entanto, esta lei definiu nova forma de dosimetria, estabelecendo por unidade o padrão dia-multa suprimindo os valores limitados, até então fixados na parte especial do código. A quantificação da pena de multa ficou entre um mínimo de dez e um máximo de trezentos e sessenta dias. O valor econômico do dia multa ficou limitado entre um trigésimo do maior salário mínimo vigente do país e cinco vezes esse salário.

Foi mantida a suspensão da execução da pena privativa de liberdade, restabelecido o sursis etário. Todavia, a concessão ficou limitada aos maiores de setenta anos.

As Penas Restritivas de Direitos consistiam em: prestações de serviços à comunidade, interdição temporária de direitos e limitação de fim de semana.

O art. 44 assim dispõe:[153] As penas restritivas de direitos são autônomas e substituem as penas privativas de liberdade quando: I – aplicada pena privativa de liberdade inferior a um ano ou se o crime for culposo; II – o réu não for reincidente; III – a culpabilidade, os antecedentes, a conduta social e a personalidade do condenado, bem como os objetivos e circunstâncias indicarem que essa substituição seja suficiente.

A lei n.º 7.209/84 ocasionou o surgimento de três tipos de sursis, denominados simples, especial e etário: o sursis simples; o sursis especial e o sursis etário[154]. O **sursis simples** está previsto no art. 77 do Código Penal, que diz: Art. 77: A execução da pena privativa de liberdade, não superior a 2 (dois) anos, poderá ser suspensa, por 2 (dois) a 4 (quatro)

---

[153] DELMANTO, Celso et al. *Código Penal Comentado*. 6 ed. atual. e amp., Rio de Janeiro: Renovar, 2002, p. 87.

[154] Ibid, p. 152/153.

anos, desde que: I – o condenado não seja reincidente em crime doloso; II – a culpabilidade, os antecedentes, a conduta social e personalidade do agente, bem como os motivos e as circunstâncias autorizem a concessão do benefício; III – não seja indicada ou cabível a substituição prevista no artigo 44 deste Código. O **sursis especial** está inserido no art. 78 § 2.º, que prescreve o seguinte: Art. 78: Durante o prazo da suspensão, o condenado ficará sujeito à observação e ao cumprimento das condições estabelecidas pelo juiz. § 1.º: No primeiro ano do prazo, deverá o condenado prestar serviços à comunidade (artigo 46) ou submeter-se à limitação de fim de semana (artigo 48). § 2.º: Se o condenado houver reparado o dano, salvo impossibilidade de fazê-lo, e se as circunstâncias do artigo 59 deste Código lhe forem inteiramente favoráveis, o juiz poderá substituir a exigência do parágrafo anterior por uma ou mais das seguintes condições: a. proibição de freqüentar determinados lugares; b. proibição de ausentar-se da comarca onde reside, sem autorização do juiz; c. comparecimento pessoal e obrigatório a juízo, mensalmente, para informar e justificar suas atividades. E o **sursis etário**, está prescrito no art. 77 § 2.º, que assim dispõe: § 2.º: A execução da pena privativa de liberdade, não superior a quatro anos, poderá ser suspensa, por quatro a seis anos, desde que o condenado seja maior de setenta anos de idade, ou razões de saúde justifiquem a suspensão.

Com efeito, no ensinamento de Franciele Cardoso[155] o maior elogio que se pode tecer em relação à sistematização na nova parte geral de 1984 é a harmoniosa disposição dos diversos institutos penais. Com a previsão da possibilidade de cumprimento da pena em regime aberto (casas do albergado), bem como as outras medidas que afastam o encarceramento (sursis, penas restritivas de direitos), a nova parte geral fixava na proporcionalidade, uma escala no que se refere às sanções substitutivas à pena privativa de liberdade, de acordo com o *quantum* da pena concretamente aplicada. Abalando essa relação harmoniosa entre as diversas penalidades, o que se verificou na prática foi o descumprimento, por parte da Administração Pública, do que a lei penal determinava: a construção das casas de albergado, pedra angular do regime aberto de cumprimento de pena.

Não tendo esta lei atendida às perspectivas de mudança e da sensação de impunidade, em razão de não ter sido aplicada como previa, novas leis surgiram, com este mister.

---

[155] Cardoso, *op. cit.*, p. 77.

1.4.1.6. *As Penas na Lei n.º 9.714/98*

A lei n.º 9.714/98, ao alterar alguns dispositivos previstos no art. 43, apresentou várias inovações na parte geral, modificando consideravelmente o sistema jurídico-penal, ao determinar a aplicação de penas restritivas de direitos em substituição à pena privativa de liberdade. Substituiu em parte as disposições impostas pela Lei n.º 7.209/84, introduzindo modificações no nosso código penal e ampliando o rol das penas restritivas de direitos. "A primeira experiência de efetiva execução de penas restritivas de direitos previstas pela reforma de 1984, principalmente em relação à pena de prestação de serviços à comunidade, só ocorreu a partir de 1987, no Estado do Rio Grande do Sul".[156]

Esta lei foi um avanço principalmente para os defensores da política de intervenção mínima. Todavia, alguns doutrinadores apontam falhas no seu texto em relação à inaptidão para se adequar à sistemática do Código Penal. Ampliando o rol e as possibilidades de aplicação de penas alternativas, o legislador pretendeu diminuir a utilização do cárcere para qualquer delito e amenizar o problema da superlotação dos presídios.

A partir da lei n.º 7.209/84, a pena privativa de liberdade poderia ser substituída, pena esta, de até um ano de duração, pelas seguintes modalidades de restrição de direitos: prestação de serviços à comunidade, interdição temporária de direitos e limitação de fim de semana. Os requisitos de ordem subjetiva também deveriam ser observados e analisados com rigor. Por sua vez, a lei n.º 9.714/98 aumentou para quatro anos o quantum da pena. Com este novo sistema evitou-se o problema do casuísmo, isto é, a dificuldade em escolher os crimes que poderiam ou não ser apenados com essa sanção. Assim, se a pena efetivamente aplicada não for superior a quatro anos de prisão ou se o delito for culposo, estando presentes os demais pressupostos, será possível teoricamente, aplicar uma pena restritiva de direitos, que apesar de ser uma sanção autônoma, é substitutiva".[157]

Em razão das modificações introduzidas pela lei n.º 9.714/ 98, as penas restritivas de direito passaram a ser: prestação pecuniária, perda de bens e valores, prestação de serviços à comunidade ou a entidades públicas, interdição temporária de direitos e limitação de fim de semana. Verificamos então, que esta lei alterou o elenco das penas restritivas de

---

[156] Ibid, Ibidem.

[157] BITENCOURT, Cezar Roberto. *Tratado de direito penal, op. cit.,* p. 449.

direitos. O caput do art. 44 do Código Penal não teve sua redação alterada. As penas restritivas de direitos mantiveram a autonomia e a substitutividade em relação às privativas de liberdade. Para Walter Cruz, a autonomia é de ser vista com certa dose de relatividade, surtindo efeito somente no plano de execução, essa autonomia dá-se em relação somente à pena privativa de liberdade, eis que na hipótese de ser superior de um ano a pena substituída, admite-se a cumulação de penas restritivas de direitos com a pena de multa (CPB, art. 44 § 2.º).[158]

Apresentou também mudanças no instituto da suspensão condicional da pena, preceituando em seu art. 77 § 2.º o seguinte: "A execução da pena privativa de liberdade, não superior a quatro anos, poderá ser suspensa, por quatro a seis anos, desde que o condenado seja maior de setenta anos de idade, ou razões de saúde justifiquem a suspensão."[159]

Revogou o parágrafo único da lei n.º 7.209/ 84, que estatuía: "Nos crimes culposos, a pena privativa de liberdade aplicada, igual ou superior a um ano, pode ser substituída por uma pena restritiva de direitos e multa ou por duas penas restritivas de direitos, exeqüíveis simultaneamente". Revogou o art. 45, que estabelecia o seguinte: A pena restritiva de direitos converte-se em privativa de liberdade, pelo tempo da pena aplicada, quando: I – sobrevier condenação, por outro crime, a pena privativa de liberdade cuja execução não tenha sido suspensa; II – ocorrer o descumprimento injustificado da restrição imposta.

Ao art. 45 da lei n.º 9.714/98 foram inscritos três parágrafos, ficando assim: Na aplicação da substituição prevista no artigo anterior, proceder-se-á na forma deste e dos artigos 46, 47 e 48 § 1.º. A prestação pecuniária consiste no pagamento em dinheiro à vítima, a seus dependentes ou a entidade pública ou privada com destinação social, de importância fixada pelo juiz, não inferior a 1 salário mínimo nem superior a 360. O valor pago será deduzido do montante de eventual condenação em ação de reparação civil, se coincidentes os beneficiários. § 2.º No caso do parágrafo anterior, se houver aceitação do beneficiário, a prestação pecuniária pode consistir em prestação de outra natureza. § 3.º A perda de bens e valores pertencentes aos condenados dar-se-á, ressalvada a legislação especial, em favor do Fundo Penitenciário Nacional, e seu valor terá

---

[158] CRUZ, *op. cit.*, p. 55.

[159] BRASIL. *Código Penal*; *Código de Processo Penal*; *Constituição Federal/* obra coletiva de autoria da Editora Saraiva com a colaboração de ANTÔNIO LUIZ DE TOLEDO PINTO, MÁRCIA CRISTINA VAZ DOS SANTOS e LÍVIA CÉSPEDES. 2.ª ed. São Paulo: Saraiva, 2006, p. 284.

como teto – o que for maior – o montante do prejuízo causado ou do provento obtido pelo agente ou por terceiro, em conseqüência da prática do crime.[160]

Promoveu também mudanças com relação ao art. 46 do Código Penal, no tocante à prestação de serviços à comunidade. Limitou a aplicação desta pena somente às condenações resultantes em período superior a seis meses de privação de liberdade, manteve a gratuidade das tarefas impostas ao condenado, estendendo a aplicação também às entidades públicas. Manteve o mesmo princípio do art. 55, que dispõe: "As penas restritivas de direitos terão a mesma duração da pena privativa de liberdade substituída". Porém, permitiu o cumprimento em menor tempo, como demonstra o art. 46 § 4.º: "Se a pena substituída for superior a um ano, é facultado ao condenado cumprir a pena substitutiva em menor tempo nunca inferior à metade da pena privativa de liberdade fixada".

1.4.1.7. *As Penas na Lei n.º 9.605/98*

A lei n.º 9.605, de 12 de fevereiro de 1998 dispõe sobre as sanções penais e administrativas derivadas de condutas e atividades lesivas ao meio ambiente. A mesma estabeleceu modalidades de penas restritivas de direitos, autônomas e substitutivas da privativa de liberdade, algumas das quais não foram vistas ou foram vetadas pela lei n.º 9.714/98, estando previstas nos artigos 8.º e 10.º, sendo elas: suspensão parcial ou total de atividades; recolhimento domiciliar, mencionadas no primeiro artigo e as outras no art. 10, que assim infere: As penas de interdição temporária de direito são a proibição de o condenado contratar com o Poder Público, de receber incentivos fiscais ou quaisquer outros benefícios, bem como de participar de licitações, pelo prazo de cinco anos, no caso de crimes dolosos, e de três anos, no de crimes culposos.[161]

O art. 3.º da lei acima mencionada estendeu a responsabilidade administrativa, civil e penal às pessoas jurídicas, caso a infração fosse cometida por decisão de seu representante legal ou contratual, ou de seu órgão colegiado, no interesse ou benefício da sua entidade, não deixando, portanto, de excluir a das pessoas físicas, autoras, co-autoras ou partícipes do mesmo fato. Podem as pessoas jurídicas ser responsabilizadas penal,

---

[160] Ibid, Ibidem, p. 278.

[161] BRASIL. *Código Penal*; *Código de Processo Penal*; *Constituição Federal, op. cit.*, p. 799.

civil e administrativamente, sem que haja uma diferenciação essencial entre os três tipos de responsabilidade, pelo menos no que pertine a questões de dano ambiental praticado por entes coletivos.[162]

O art. 4.º afirma que poderá ser desconsiderada a pessoa jurídica sempre que sua personalidade for obstáculo ao ressarcimento de prejuízos causados à qualidade do meio ambiente.

O art. 6.º, ao referir-se sobre a aplicação da pena, aduz o seguinte: Para imposição e graduação da penalidade, a autoridade competente observará: I – a gravidade do fato, tendo em vista os motivos da infração e suas conseqüências para a saúde pública e para o meio ambiente; II – os antecedentes do infrator quanto ao cumprimento da legislação de interesse ambiental; III – a situação econômica do infrator, no caso de multa.[163]

Como declarou Walter Cruz[164], a prestação de serviços à comunidade aplicável à pessoa jurídica, ganhou autonomia em relação às penas restritivas de direito, uma vez que foi excluida do elenco destas, sendo inscritas individualmente nos incisos da Lei n.º 9.605/ 98, especializada em: custeio de programas e de projetos ambientais, execução de obras de recuperação de áreas degradadas, manutenção de espaço público e contribuições a entidades ambientais ou culturais públicos.

Segundo ele, no que concerne à liquidação forçada da pessoa jurídica e perda do seu patrimônio, nas hipóteses previstas no art. 24 da lei n.º 9.605/ 98. (Art. 24: A pessoa jurídica constituída ou utilizada, preponderadamente, com o fim de permitir, facilitar ou ocultar a prática de crime definido nesta Lei terá decretada sua liqüidação forçada, seu patrimônio será considerado instrumento do crime e como tal perdido em favor do Fundo Penitenciário Naciona). Para a concretização, exige-se declaração em sentença, não resultando do simples fato da condenação porque embora tenham a liquidação forçada da pessoa jurídica e a perda do patrimônio, natureza de pena, penas não são, uma vez que não foram erigidas a essa categoria no art. 21 e incisos da lei n.º 9.605/ 98, em que se vê que as penas aplicáveis às pessoas jurídicas são: multa, restritivas de direitos e prestação de serviços à comunidade.[165]

---

[162] Costa Neto, Nicolao Dino de Castro e; Bello Filho, Ney de Barros; Costa, Flávio Dino de Castro. *Crimes e Infrações Administrativas Ambientais: comentários à Lei n.º 9.605/98*. 2.ª ed. Brasília: Brasília Jurídica, 2001, p. 32/37.

[163] *Op. cit.*, p. 799.

[164] Cruz, *op. cit.*, p. 105.

[165] Cruz, *op. cit.*, p. 71.

Como no art. 77 do Código Penal, a Lei n.º 9.605, em seu art. 16 assim declara: "Nos crimes previstos nesta Lei, a suspensão condicional da pena pode ser aplicada nos casos de condenação a pena privativa de liberdade não superior a três anos". Já o 17 deve ser bastante observado, no que se refere a reparação. Estabelece o seguinte: "A verificação da reparação a que se refere o § 2.º do art. 78 do Código Penal será feita mediante laudo de reparação do dano ambiental, e as condições a serem impostas pelo juiz deverão relacionar-se com a proteção ao meio ambiente".[166]

1.4.2. Breve estudo sobre a Evolução das Penas em Portugal

Na Antiguidade (em Portugal): ao lado da pena de morte, era estabelecida obrigatoriamente a composição pecuniária para todos os delitos. Teve grande influência do Código Visigótico. "*Dá-se o nome de forma vulgata do Código Visigótica a um conjunto de manuscritos de épocas muito diversas, que vão desde a última fase da dominação visigótica até à Reconquista*".[167] "*Na Espanha visigótica o chamado Codex Legun Visigothorum, que chegou a exercer influência directa nos primeiros tempos também do reino de Portugal, continha inúmeras disposições jurídico-penais, tendentes, sobretudo a combater as formas privadas de reação criminal*".[168] Houve a fase de vingança privada; ao lado desta fase ressurgiu a perda de paz. Posteriormente, como assevera Eduardo Correia[169] com o fortalecimento do poder público e a influência do direito canônico e romano, os primeiros reis começaram a se oporem e reduzirem a vingança privada, chamando para si a realização do poder punitivo. Foi um grande avanço para a época quando D.Afonso IV proibiu que fosse feito qualquer tipo diferente de justiça; todos tinham que recorrer ao tribunal. Várias leis foram promulgadas no ramo do direito penal; às quais foram compiladas, reformadas e completadas pelas *Ordenações* e juntamente com várias outras leis constituíram o Código Criminal Português.

---

[166] Costa Neto, *op. cit.*, p. 108.

[167] Costa, Mário Júlio de Almeida. *História do Direito Português*. 3.ª ed. (reimpressão). Coimbra: Almedina, 2005, p. 132.

[168] Dias, Jorge de Figueiredo. *Direito Penal. Questões Fundamentais. A Doutrina Geral do Crime.* 2.ª ed. Coimbra: Coimbra Editora, 2007, p. 65.

[169] Correia, Eduardo. *Direito Criminal, volume 1*. Coimbra-Portugal: Almedina, 2004, p. 102.

De origem consuetudinária, o ***direito visigótico*** *foi o mais intelectualizado ramo do direito germânico, com forte influência do direito romano.* O *Liber Iudiciorum* (ou *Lex Visigothorum* foi uma compilação de leis visigodas, de carácter territorial, disposta pelo rei Recesvindo (653--672) e publicadas provavelmente no ano 654. É também referido como Código de Recesvindo, Livro dos Juízos, *Liber Iudicum, Liber Gothorum, Fori Iudicum, Forum Iudicum, Forum Iudiciorum* ou apenas **Código Visigótico**. *Foi o primeiro da família a ser escrito.O* ***Código Visigótico*** *apresentava enorme influência da tradição romana, inclusive na forma: em doze livros como o Código de Justiniano. Foi aprovado pelo VIII Concílio de Toledo, demonstrando a importância da participação da Igreja na legitimação do direito. Este costume dos reis godos, são os gérmens das futuras Cortes ou Estados Gerais. O Fuero Juzgo, ao lado dos costumes municipais, são as principais fontes do direito por muitos séculos.*[170] *Este Código é um dos mais importantes documentos jurídicos da Idade Média; deixa transparecer a combinação da influência da Igreja com a influência germânica. A presença da influência eclesiástica é determinante, uma vez que os concílios deram um contributo essencial para a elaboração do Código.*[171]

1.4.2.1. *Ordenações Afonsinas*

Ordenações significa ordens, decisões, ou normas jurídicas avulsas ou as colectâneas que dos mesmos preceitos se elaboraram, ao longo da história do direito português. A forma plural da palavra foi a que veio a prevalecer nos autores mais recentes.[172]

No início da monarquia portuguesa os reis pretendiam a redução da vingança privada, chamando para si a incumbência de punir, o *jus puniendi;* como já referimos anteriormente, quando nos reportamos sobre o período da vingança pública. O rei Afonso II, no ano de 1211 já demonstrava esta tendência. No entanto, a vingança ainda era adotada em alguns casos.

---

[170] *Código Visigótico.* <http://pt.wikipedia.org/wiki/Direito_visig%C3%B3tico>. Acesso em 06/06/08.

[171] *Código Visigótico (654).* In *Infopédia* [Em linha]. Porto: Porto Editora, 2003-2008. [Consult. 2008-05-03]. Disponível na www: <URL: http://www.infopedia.pt/$codigo-visigotico-(654)>

[172] *Ordenações.* Disponível em: <http://pt.wikipedia.org/wiki/Ordena%C3%A7%C3%B5es>. Acesso em 03/05/08.

A prisão tinha caráter preventivo, raramente apresentava função repressiva. "Em vários pontos dessas ordenações podem ser encontrados os regramentos da prisão e de sua aplicação".[173]

Estas Ordenações, na concepção de Mário Costa[174] assumem uma posição destacada na história do direito português por constituírem a síntese do trajeto que desde a fundação da nacionalidade, ou, mais aceleradamente, a partir de Afonso III afirmou e consolidou a autonomia do sistema jurídico nacional do conjunto peninsular e representarem o suporte da evolução subseqüente do direito português.

"As Ordenações Afonsinas, publicadas em 1446, durante o reinado de D. Afonso V, constituíam uma espécie de coletânea ou código de leis e outras fontes jurídicas e que reunia toda a legislação em vigor na altura. O fato de constituírem a primeira compilação oficial do direito do país colocam as Ordenações Afonsinas numa posição destacada na história do direito português. Com a publicação das Ordenações Afonsinas, as leis tornaram-se uniformes para todo o país impedindo, desta forma, os abusos praticados pela nobreza no que respeita à sua interpretação, permitindo ao rei amplificar a sua política centralizadora."[175] Ressalta Mário Costa, que na vigência destas Ordenações (1447-1521)se deu a descoberta do Brasil"; as quais segundo ele, representam o suporte da evolução subseqüente do direito português e oferecem à investigação histórica um auxiliar precioso.[176]

Tais *Ordenações* encontram-se divididas em cinco livros; no entanto, embora com cinco livros, estavam longe de constituir um sistema completo. No direito privado há institutos que são esquecidos e outros excepcionalmente lembrados. Estas Ordenações não apresentam uma estrutura orgânica comparada à dos códigos modernos. No entanto, não ficaram em desvantagem comparadas com os outros códigos vigentes na época em outros países. Elas ocupam uma posição destacada na história do direito português: representaram o final da evolução legislativa que vinha desde D. Afonso III, e forneceram as bases das colectâneas seguintes, que se limitaram a actualizá-las.[177]

---

[173] CIPRIANI, Mário Luiz Lírio. *Das penas: suas teorias e funções no moderno direito penal.* Canoas: Ed. Ulbra, 2005, p. 35.

[174] COSTA, Mário, *op. cit.,* p. 278.

[175] *Ordenações Afonsinas.* <http://www.knoow.net/historia/historiaportug/afonsinas ordenacoes.htm>. Acesso em 03/05/08.

[176] COSTA, Mário, *op. cit.,* p. 413e 279.

[177] *Ordenações Afonsinas,* Ibid, Ibidem.

A codificação Afonsina, assevera Mário Costa, não chegou a ocorrer no período da sua vigência; só nos fins do século XVIII a Universidade de Coimbra promoveu a sua edição impressa; não encontraram um único exemplar que reproduzisse os cinco livros. Reconstituíram o texto integral destas ordenações e assim surgiu a edição crítica de 1972.[178]

1.4.2.2. *Ordenações Manuelinas*

A reforma das Ordenações Afonsinas, iniciada em 1505, culmina com a impressão, em 1521, no reinado de D.Manuel, das Ordenações Manuelinas, que se limitam a recolher e incluir novas leis e a pequenas alterações topológicas na disposição dos textos.[179] Para explicar a decisão do rei de promulgar estas Ordenações apontam-se dois motivos fundamentais: a descoberta da imprensa e a necessidade de correção e atualização das normas, assim como a modernização do estilo afonsino; além disso, talvez o monarca tivesse querido acrescentar às glórias do seu reinado uma obra legislativa; manteve o plano adotado pelas Ordenações Afonsinas, compreendendo, portanto, cinco livros, subdivididos em títulos e parágrafos. Quanto à forma, a principal diferença reside no facto de se apresentarem redigidas em estilo mais conciso e todo o decretório, sendo só excepcionalmente é que aparece o extracto de algumas leis, mas nunca a transcrição literal.[180]

Embora tenha havido um avanço no que tange a formulação e justificação do crime, o sistema punitivo não apresentou mudanças significativas; pois a penalidade imposta não deve levar em conta a classe social do indivíduo e sim ao ato delituoso praticado e suas conseqüências, ao grau de periculosidade do indivíduo, dentre outros aspectos. Após este período várias leis extravagantes foram editadas.

Relata Mário Costa[181] que não houve uma transformação radical ou profunda do direito português. Contudo, além de meros ajustamentos de atualização, observam-se certas alterações sintomáticas de novas perspectivas, ainda que o futuro, porventura, viesse a desmenti-las.

---

[178] Costa, Mário, *op. cit.*, p. 280.

[179] Zaffaroni, Eugenio Raul et al. *Direito Penal Brasileiro*. Rio de Janeiro: Revan, 2003, p. 415.

[180] *Ordenações Manuelinas*. Disponível em: <http://mobilnyportal.pl/pt/wiki/Manuel_I_de_Portugal.html>. Acesso em 03/05/08.

[181] Costa, Mário, *op. cit.*, p. 284.

Na visão dele, enquanto estiveram em vigor, as Ordenações Manuelinas foram objeto de várias edições, que levantam algumas difíceis querelas bibliográficas.

1.4.2.3. *Ordenações Filipinas*

Esta compilação jurídica resultou da reforma do Código Manuelino, como conseqüência do domínio castelhano, tendo sido mais tarde confirmada por D. João IV. Mais uma vez se fez sentir a necessidade de novas ordenações que representassem a expressão coordenada do direito vigente. A obra ficou pronta ainda no tempo de Filipe I, que a sancionou em 1595, mas só foi definitivamente mandada observar, após a sua impressão em 1603, quando já reinava Filipe II. As *Ordenações Filipinas*, embora muito alteradas, constituíram a base do direito português até a promulgação dos sucessivos códigos do século XIX, sendo que algumas disposições tiveram vigência no Brasil até o advento do Código Civil de 1916.[182] São estas Ordenações que constituem a base do direito português até à elaboração dos novos códigos do século XIX, nomeadamente o Código Civil de 1847.[183]

"Na legislação extravagante posterior, já em 1604, confere-se a existência da pena de galés e a prisão dos vadios. Embora as Constituições já contivessem no seu bojo os ideais iluministas, no Código Criminal de 1852 é que as penas corporais foram abolidas e substituídas por outros tipos de sanções. Continuaram com o sistema tradicional de cinco livros, subdivididos em títulos e parágrafos; não houve diferenças fundamentais quanto ao conteúdo dos vários livros".[184]

Estas Ordenações ficaram em vigência até 1830. O Livro V é o conjunto dos dispositivos legais que definiam os crimes e a punição dos criminosos, constituindo uma forma explícita de afirmação do poder régio. Na sua abrangência e no seu detalhamento, este código foi um poderoso instrumento para a ação política do monarca, tanto em Portugal como nas terras colonizadas pelos portugueses.[185]

---

[182] *Ordenações Filipinas*. Disponível em: <http://pt.wikipedia.org/wiki/Ordena%C3%A7%C3%B5es>. Acesso em 03/05/08.

[183] *Ordenações Filipinas. In Infopédia [Em linha]. Porto: Porto Editora 2003-2008. [Consult. 2008-05-03].*

Disponível na WWW: <URL: http://www.infopedia.pt/$ordenacoes-filipinas>.

[184] *Op. cit.*, p. 36.

[185] *Direito Civil no Brasil*. Disponível em: <http://br.geocities.com/dunivap/ramosdodireito/dircivil.htm>. Acesso em 03/05/08.

A prisão continuou assumindo o caráter preventivo e coercitivo e em certos casos, o caráter repressivo, quando o preso ficava ao arbítrio do julgador.

Segundo Eduardo Correia,[186] para conhecermos o largo período do direito criminal português devemos recorrer às Ordenações Afonsinas, Manuelinas ou Filipinas, mais precisamente ao livro V que trata deste ramo do direito, não só no seu aspecto substantivo, mas também no seu aspecto adjetivo ou processual. Neste particular, aponta o renomado mestre, um grave defeito de ordem sistemática, por faltar-lhes uma parte geral; contendo apenas uma parte especial, que traz uma enumeração casuística dos delitos, que não são separados pela sua ordem e classes. Outro defeito apontado, para nós inconsequente, refere-se à não fixação das penas, que eram desproporcionadas; ficando ao arbítrio do juiz a fixação das mesmas. Em geral, eram penas cruéis e desiguais, dependendo da classe dos réus.

1.4.2.4. *Código Penal de 1852*

A primeira codificação penal portuguesa, segundo Figueiredo Dias, só teve lugar por intermédio do Código Penal de Dezembro de 1852, que veio finalmente pôr termo à vigência formal do direito penal medieval das Ordenações.[187]

O direito das Ordenações estava recheado de efeitos das penas, muitos deles cruéis e brutais (açoites, corte de mão, baraço e pregão, marca de ferro, etc.), outros que essencialmente se traduziam na perda de direitos. O nosso primeiro Código Penal deixou subsistir apenas estes últimos como sinais da infância ou da desonra do criminoso, ligando-se em boa parte à espécie ou à natureza da pena principal que viesse a ser aplicada como suas conseqüências necessárias.[188] "Reformou profundamente o sistema das penas e previu a separação dos presos, mas omitiu uma opção clara quanto ao regime prisional".[189]

---

[186] Correia, Eduardo. *Direito Criminal, volume 1*. Coimbra-Portugal: Almedina, 2004, p. 103.

[187] Dias, Jorge de Figueiredo. *Direito Penal. Questões Fundamentais. A Doutrina Geral do Crime*. 2.ª ed. Coimbra: Coimbra Editora, 2007, p. 69.

[188] Ibid, Ibidem, p. 97.

[189] Albuquerque, Paulo Pinto de. *Direito Prisional Português e Europeu*. Coimbra: Coimbra Editora, 2006, p. 43.

O Código Criminal de 1852 foi o primeiro Código Criminal de Portugal. Foi aprovado durante o período da ditadura de Saldanha e ratificado, ressalta Eduardo Correia[190], pelas Cortes por lei em 01/06/1853; sendo suas fontes principalmente estrangeiras; como o Código de Napoleão de 1810, e brasileiro de 1831; e em menor relevo, na opinião do citado professor, o Código austríaco, de 1803, o Código de Nápoles de 1819 e uma lei belga sobre o duelo. Segundo ele, este Código apresenta vários defeitos e já nasceu velho. Mário Costa destaca também como fonte inspiradora, o Código francês de 1810.[191] Este Código recebeu importantes alterações devidas à Reforma Penal e das Prisões de 1 de julho de 1867, que no seu art. 1.º aboliu a pena de morte para os crimes civis (Portugal foi o primeiro país a abolir a pena de morte como sanção dos referidos crimes) e à Nova Reforma Penal de 14 de junho de 1884.[192]

Como o Código Napoleônico, o Código Penal Português de 1852 concebia a pena como instrumento visando primariamente finalidades de prevenção geral, e na verdade, de prevenção geral de intimidação.[193]

Tal Código já apresenta uma parte geral e uma parte especial. Em relação à aplicação das penas "estabelece por um lado penas fixas, mas em muitos casos prevê máximos e mínimos de modo a tomar em conta as atenuantes e as agravantes; manteve a pena de morte; que consistia, na "simples privação da vida" e implicava morte civil e política de quem era condenado; penas de trabalhos públicos e a pena maior, que podia ser perpétua".[194]

De forma bastante didática, Germano Silva afirma que esse Código estabelecia três categorias de penas[195]: *penas maiores* (morte, trabalhos públicos, prisão maior, degredo, expulsão do reino e perda dos direitos políticos); *penas correcionais* (prisão correcional, desterro, suspensão temporária dos direitos políticos, multa e repreensão) e *penas especiais* para os empregados públicos (demissão, suspensão e censura). Ele revela que na síntese de Figueiredo Dias, este Código tinha por finalidade a prevenção geral limitadora por um princípio estrito de proporcionalidade e segundo sua forma mais perfeita, pela idéia de culpa.

---

[190] Correia, Eduardo, *op. cit.,* p. 106.

[191] *Op. cit.,* p. 428.

[192] Costa, Mário, *op. cit.,* p. 430.

[193] Dias, Jorge de Figueiredo. *Direito Penal. Questões Fundamentais. Op. cit.,* p. 69.

[194] *Op. cit.,* p. 107.

[195] Silva, Germano Marques da. *Direito Penal Português.* Parte Geral, I. Introdução e Teoria da Lei Penal. 2.ª ed. Lisboa: Editorial Verbo, 2001, p. 203.

Sustenta Eduardo Correia, que o Código de 1852, construído na base do Código francês de 1810, acentuava idéias utilitárias, sobretudo de prevenção geral.[196] Afirma ainda que ele consagra o princípio do "*nullum crimen sine lege*", proibindo a analogia e a interpretação extensiva.

Pouco tempo depois, mais precisamente no ano seguinte, começaram a ocorrer reações contrárias a este Código. Vários projetos de reforma foram sucessivamente surgindo; dentre eles, o de 1884, que deu origem ao Código de 16 de setembro de 1886, "que mais do que um novo código era antes uma compilação, aliás, incompleta, do Código de 1852, com as alterações da lei de 1884".[197]

Como formas de prisão, o Código Penal de 1852 conhecia a prisão maior com trabalho e a prisão maior simples, entre as chamadas "penas maiores" e a prisão correccional entre as chamadas "penas correccionais" (arts. 29.º-3 e 30.º do CP de 1852). [198]

1.4.2.5. *Código Penal de 1886*

O Código de 1886, na opinião de Mário Costa[199] constitui uma simples consolidação legislativa, todavia, operou-se uma remodelação vincada do Código antecedente. Este Código relata Eduardo Correia[200] continha direito que já havia sido revogado quando ele foi publicado e não abrangia todo o direito vigente naquela época, parte do qual tinha que recorrer à reforma de 1884, a de 1867 e ao próprio Código de 1852.

Para este Código, acentua Germano Silva[201], era essencialmente a retribuição proporcional do mal causado, sendo a prevenção apenas de considerar enquanto se pudesse alcançar dentro dos limites da proporcionalidade que a gravidade do ilícito exigia. Determinava no seu art. 88.º, que a duração das penas, quando fosse aplicável qualquer pena temporária, seria fixada pelo juiz tendo em atenção a gravidade do crime.

Destaca ainda o referido jurista[202] que o Código de 1886 sofreu no decorrer da sua vigência várias reformas quer diretamente quer através de

---

[196] *Op. cit.*, p. 68.

[197] SILVA, Germano Marques da. *Direito Penal Português.* Parte Geral, I. *Op. cit.*, p. 207.

[198] DIAS, Jorge de Figueiredo. *Direito Penal. Questões Fundamentais. Op. cit.*, p. 99.

[199] COSTA, *op. cit.*, p. 431.

[200] CORREIA, *op. cit.*, p. 113.

[201] *Op. cit.*, p. 207.

[202] SILVA, Germano, *op. cit.*, p. 208.

legislação complementar; entre elas ressaltamos as seguintes: Lei de 06/ /07/1893, que criou os institutos da liberdade condicional e da suspensão da pena; os Decretos de 10 e 27 de maio de 1911 que formularam todo um novo direito de menores; a Lei de 20/07/1912 sobre os vadios; o Decreto n.º 18.588, de 10 de julho de 1930 e o Decreto n.º 20.146, de 01 de agosto, que alteraram várias disposições do Código Penal.

Até a publicação do Código Penal de 1982, a reparação de danos constituía um efeito da condenação (art. 75 § 3.º do CP de 1886) e o seu estudo cabia legitimamente, por isso, na doutrina das conseqüências jurídicas do crime. O artigo 129.º do Código Penal vigente ao dispor "que a indemnização de perdas e danos emergentes de crime é regulada pela lei civil", alterou profundamente a situação.[203]

No que tange aos fins da pena, a Reforma Prisional (Decreto-Lei n.º 26.643, de 28/05/1936) modificou os dados da sua problemática. "Embora deixando inalterada a estrutura do sistema penal repressivo que vinha do CP/86 desenvolveu o princípio da prevenção especial, estruturou as medidas de segurança das penas com referência à prevenção especial".[204]

Não acatava a pena de morte e nem tampouco as penas perpétuas e as de trabalhos públicos. Vários dispositivos deste Código foram alterados posteriormente. "Os máximos das penas maiores e de degredo são inferiores aos do Código de 1852. Os efeitos civis desapareceram ou são menos duros do que o eram naquele Código. No que toca à sua graduação adopta-se um processo que vai desde o estabelecimento de penas fixas até à estatuição de penas variáveis, deixando-se neste último caso ao juiz a sua exacta fixação no caso concreto. Proíbe a analogia como fonte de incriminação".[205]

Argumento similar apresenta Mário Júlio de Almeida Costa quando declara que o Código de 1886 não substanciou a obra perfeita de interpretação e integração normativa que se ambicionava, tendo mantido preceitos revogados e omitido outros que estavam em vigor e sucessivas e profundas atualizações. Posteriormente, segundo Eduardo Correia, muitas

---

[203] *Código Penal de 1886. Decreto de 16/09/1886 art. 75 § 3º do CP de 1886: "A condenação do criminoso, logo que passe em julgado, tem unicamente os efeitos declarados nos artigos seguintes". § 3º: "Na obrigação de indenizar o ofendido do dano causado, e o ofendido ou os seus herdeiros requeiram a indenização"* Disponível em: <http://www.fd.unl.pt/ConteudosAreasDetalhe.asp?ID=42&Titulo=Biblioteca%20Digital&Area=BibliotecaDigital>. Acesso em 26 de abril de 2008.

[204] *Op. cit.*, p. 208.

[205] Correia, Eduardo. *Direito Criminal*, volume 1. Coimbra-Portugal: Almedina, 2004, p. 113.

disposições do Código Penal foram revogadas e outras profundamente alteradas; houve algumas inovações com a Reforma de 1954 e o esclarecimento de algumas dúvidas constantes da legislação anterior. A Reforma de 1954 integrou no Código legislação extravagante sobre as penas e sua aplicação e introduziu princípios novos, como o da individualização das sanções criminais. Houve outra reforma no ano de 1972. No entanto, apenas em 1982 é que foi promulgado o novo Código Penal.

O Código Penal de 1886, abolindo várias penas principais, limitou consequentemente os efeitos das penas, mantendo, todavia a sua filosofia essencial de instrumentos de intimidação geral.[206] Englobava nas penas maiores a prisão celular e prisão maior temporária e mantinha a prisão correccional (art. 55.º a 57.º e art. 58.º-1ª do CP de 1886)[207]

1.4.2.6. *Código Penal de 1982*

Revela Germano Silva[208] que o Código de 1982 é o resultado do projeto de um novo Código Penal encomendado em 1961 ao professor da

[206] Dias, Jorge de Figueiredo. *Direito Penal. Questões Fundamentais. Op. cit.*, p. 97 e 99.

[207] *Código Penal de 1886. Decreto de 16/09/1886.* Disponível em: <http://www.fd.unl.pt/ConteudosAreasDetalhe.asp?ID=42&Titulo=Biblioteca%20Digital&Area=BibliotecaDigital>. Acesso em 26 de abril de 2008. *Das penas. Art.54.* O As penas decretadas por este código são as que se declaram nos artigos seguintes. *Art. 55.* O As penas maiores, segundo o sistema penitenciário são: 1.ª A pena de prisão maior celular por oito anos, seguida de degredo por vinte anos, com prisão no lugar do degredo até dois anos, ou sem ela, conforme parecer ao juiz; 2.ª A de prisão maior celular por oito anos, seguida de degredo por doze; 3.ª A de prisão maior celular por seis anos, seguida de degredo por dez; 4.ª A de prisão maior celular por quatro anos, seguida de degredo por oito; 5.ª A de prisão maior celular de dois a oito anos. *Art. 56.* A pena de prisão maior celular é a estabelecida na lei de 1 de Julho de 1867. *Art. 57.* As penas maiores aplicáveis em alternativa, segundo o artigo 129.º, são as seguintes: 1.ª A pena fixa de degredo por vinte e oito anos com prisão no lugar do degredo por oito a dez anos; 2.ª A pena lixa de degredo por vinte e cinco anos; 3.ª A pena fixa de degredo por vinte anos; 4.ª A pena fixa de degredo por quinze anos; 5.ª A de prisão maior temporária; 6.ª A de degredo temporário; 7.ª A de expulsão do reino sem limitação de tempo; 8.ª A de expulsão do reino por tempo determinado; 9.ª A pena fixa de suspensão dos direitos políticos por tempo de quinze ou vinte anos. *Art. 58.* As penas correccionais são: 1.ª A pena de prisão correccional; 2.ª A de desterro; 3.ª A de suspensão temporária dos direitos políticos; 4.ª A de multa; 5.ª A de repreensão. *Art. 59.* As penas especiais para os empregados públicos são: 1.ª A pena de demissão; 2.ª A de suspensão; 3.ª A de censura.

[208] Silva, Germano Marques da. *Direito Penal Português.* Parte Geral, I. Introdução e Teoria da Lei Penal. 2.ª ed. Lisboa: Editorial Verbo, 2001, p. 211.

Universidade de Coimbra, Doutor Eduardo Correia, que logo em 1963 e 1966 apresentou o Projeto da Parte Geral do Código Penal, respectivamente. Tais projetos foram objetos de revisões em diversas comissões, até sua aprovação.

De forma bastante sintética, Germano Silva cita que os princípios que incorporaram o Código de 1982 foram: *princípio da legalidade*, *da congruência entre a ordem axiológica constitucional e a ordem legal dos bens jurídicos* (o direito penal só pode intervir para a proteção de bens jurídicos, não para tutela de normas morais, segundo os critérios da necessidade e da subsidiariedade); *da culpa* (como fundamento e limite da punição); *da humanidade* (proíbe a pena de morte e de prisão perpétua; limita o máximo da pena para 25 anos, consagra medidas alternativas ou de substituição à pena de prisão, como multa, trabalho em favor da comunidade, admoestação e modalidades mais benignas de execução da pena de prisão do que o encarceramento contínuo (prisão por dias livres e em regime de semidetenção); *monista das reações criminais* (não aceita que ao mesmo delinqüente sejam aplicadas, pelo mesmo fato, uma pena e uma medida de segurança; restringe as medidas de segurança só aos inimputáveis).

No novo direito prisional comum, o recluso mantém a titularidade dos direitos fundamentais, (exemplos: direito à vida e a integridade física, à alimentação, à saúde) salvo as limitações do sentido da sentença condenatória, bem como as limitações impostas em nome da ordem e segurança do estabelecimento. O recluso mantém também todos os direitos sociais e culturais essenciais, como: direito a um trabalho remunerado, aos benefícios da segurança nacional e na medida do possível, ao acesso à cultura e ao desenvolvimento integral de sua personalidade. O recluso mantém ainda os seus direitos de participação na vida pública, com as restrições da sentença.[209] Por outro lado, tem deveres, entre eles: cumprir normas, regulamentos e as disposições que regulam a vida penitenciária.

Conforme Paulo Pinto de Albuquerque, as penas de prisão por dias livres e em semidetenção foram introduzidas pelo Código Penal de 1982 e a respectiva execução regulamentada pelo Decreto-Lei n.402/82, de 23.9. O Código de Processo Penal Português regulamenta esta matéria nos artigos 487 e 488.

---

[209] ALBUQUERQUE, Paulo Pinto de. *Direito Prisional Português e Europeu*. Coimbra: Coimbra Editora, 2006, p. 392/393.

O presente Código Penal baseia-se fundamentalmente nos projectos elaborados em 1963 («Parte geral») e em 1966 («Parte especial»), da autoria de Eduardo Correia.[210]

Um dos princípios basilares do diploma reside na compreensão de que toda a pena tem de ter como suporte axiológico-normativo uma culpa concreta. Acrescente-se que mesmo os autores que dão uma maior tónica à prevenção geral aceitam inequivocamente a culpa como limite de pena. O Código traça um sistema punitivo que arranca do pensamento fundamental de que as penas devem sempre ser executadas com um sentido pedagógico e ressocializador. Simplesmente, a concretização daquele objectivo parece comprometida pela existência da própria prisão. Daí todo o conjunto de medidas não institucionais que já foram mencionadas noutro contexto. A isso visa o artigo 71.º impondo ao tribunal que dê preferência fundamentada à pena não privativa da liberdade «sempre que ela se mostre suficiente para promover a recuperação social do delinquente e satisfaça as exigências de reprovação e prevenção do crime» A prisão não superior a 3 meses poderá ser cumprida por dias livres (fins de semana e dias feriados), para evitar, ou pelo menos atenuar, os efeitos perniciosos de uma curta detenção de cumprimento continuado (artigo 44.º). O mesmo propósito de, por um lado, furtar o delinquente à contaminação do meio prisional e, por outro lado, impedir que a privação da liberdade interrompa por completo as suas relações sociais e profissionais justifica ainda a possibilidade, prevista no artigo 45.º, de um regime de semidetenção. O Código consagra a multa, ao lado da prisão, como outra das penas principais. Medida substitutiva por excelência da prisão, a sua importância só poderá ser inteiramente avaliada em face do que dispõe a «Parte especial» do Código, onde se faz dela um largo uso, com o que, aliás, se dá cumprimento às mais insistentes recomendações da ciência penal e da penologia modernas.[211]

O Código utilizou o sistema dos «dias de multa», o que permite adaptá-la melhor tanto à culpa como às condições económicas do agente, e, como já atrás houve ocasião de referir, estabeleceu ainda o princípio da conversão em multa da pena de prisão inferior a 6 meses, salvo se o cumprimento da prisão se entender necessário para prevenção de futuras

---

[210] *CÓDIGO PENAL PORTUGUÊS. Decreto-Lei n.º 400/82 de 23 de Setembro.* Disponível em: Ministério da Justiça <http://www.igf.min-financas.pt/inflegal/bd_igf/bd_legis_geral/leg_geral_docs/DL_400_82_COD_PENAL.htm>. Acesso em 31/05/08.

[211] *CÓDIGO PENAL PORTUGUÊS. Decreto-Lei n.º 400/82 de 23 de Setembro,* Ibid.

infracções (artigo 43.º, n.º 1). Por outro lado, optou-se pela punição autónoma do agente que se tenha intencionalmente colocado em condições de não poder pagar a multa ou de não poder ser ela substituída pela prestação do trabalho (artigo 47.º, n.º 5). Há duas medidas que são também novidades no direito penal português e que igualmente se integram no quadro de combate às penas detentivas. Referimo-nos à admoestação (artigo 59.º) e à prestação de trabalho a favor da comunidade (artigo 60.º). A realização dos ideais de humanidade, bem como de reinserção social assinalados, passam hoje, indiscutivelmente, pela assunção do recluso como sujeito de direitos ou sujeito da execução, que o princípio do respeito pela sua dignidade humana aponta de forma imediata.[212]

A própria ideia de reeducação não se compadece com a existência de duros e degradantes regimes prisionais ou aplicação de castigos corporais. Artigo 41.º Duração e contagem dos prazos da pena de prisão; 1 – A pena de prisão tem, em regra, a duração mínima de 1 mês e a duração máxima de 20 anos. 2 – O limite máximo da pena de prisão é de 25 anos nos casos previstos na lei. 3 – Em caso algum pode ser excedido o limite máximo referido no número anterior."[213]

Se o arguido não paga e não pede a substituição da pena de multa pela pena de prestação de trabalho a favor da comunidade, pode ter início a fase de execução coercitiva da pena de multa. O pedido de substituição da pena de multa pela de trabalho a favor da comunidade é uma iniciativa do arguido, não competindo ao tribunal convidar o arguido a formular esse pedido, uma vez que o arguido está representado por um defensor. O pedido pode ser feito logo a seguir à prolação da sentença, perdendo o arguido requerente legitimidade para recorrer da sentença e até quinze dias depois da notificação da conta.[214]

O Código Penal de 1982 eliminou o art. 65 do Código anterior, que trata da pena de desterro e certas formas de prisão por serem a ótica da prevenção especial de socialização. Ao referir sobre os limites da pena, Figueiredo Dias[215] afirma que toda pena privativa de liberdade é única, simples e temporária, constituindo a idéia de prevenção especial de socialização o denominador comum de todas estas características. Este Código regulou os aspectos da duração e os critérios de contagem dos prazos de

---

[212] *CÓDIGO PENAL PORTUGUÊS. Decreto-Lei n.º 400/82 de 23 de Setembro,* Ibid

[213] Ibid, Ibidem

[214] Albuquerque, *op. cit.,* p. 394.

[215] Dias, Jorge de Figueiredo. *Direito Penal. Questões Fundamentais, op. cit.,* p. 101.

duração da pena, que de acordo com o art. 41.º a duração mínima é de 1 mês e a duração máxima é de 20 anos; não podendo ultrapassar 25 anos, a não ser, nos casos previstos em lei.[216]

Após analisar o fato, observando todas as provas documentais e testemunhas acostadas aos autos, o juiz fixa a pena, atentando para a culpa do agente em relação ao ato praticado; tendo como objetivo final a sua reintegração na sociedade, a prevenção de futuros crimes. O Código Penal de 1982 refere-se ao critério da medida da pena no art. 72.º, 1.[217] Sob este aspecto assim assevera Figueiredo Dias: "*a determinação da medida da pena será feita pelo juiz em função, segundo o art. 72.º, 1, da culpa e da prevenção*"; a pena não pode em caso algum ultrapassar a medida da culpa.[218]

Este Código Penal de 1982 continua válido na sua essência; todavia, em virtude das exigências sociais, dos novos valores e contextos, tem sofrido com o passar o tempo algumas mudanças; algumas das quais veremos a seguir.

---

[216] *CÓDIGO PENAL PORTUGUÊS. Decreto-Lei n.º 400/82 de 23 de Setembro*, Ibid. *Art. 41.º*: Duração e contagem dos prazos da pena de prisão:

1 – A pena de prisão tem, em regra, a duração mínima de 1 mês e a duração máxima de 20 anos.

2 – O limite máximo da pena de prisão é de 25 anos nos casos previstos na lei.

3 – Em caso algum pode ser excedido o limite máximo referido no número anterior.

4 – A contagem dos prazos da pena de prisão é feita segundo os critérios estabelecidos na lei processual penal e, na sua falta, na lei civil.

[217] *CÓDIGO PENAL PORTUGUÊS. Decreto-Lei n.º 400/82 de 23 de Setembro*, Ibid. *Art. 71*, 1: O tribunal atenua especialmente a pena, para além dos casos expressamente previstos na lei, quando existirem circunstâncias anteriores ou posteriores ao crime, ou contemporâneas dele, que diminuam por forma acentuada a ilicitude do facto, a culpa do agente ou a necessidade da pena. *Fatores da medida da pena*: 2 – Para efeito do disposto no número anterior, são consideradas, entre outras, as circunstâncias seguintes:

a) Ter o agente actuado sob influência de ameaça grave ou sob ascendente de pessoa de quem dependa ou a quem deve obediência;

b) Ter sido a conduta do agente determinada por motivo honroso, por forte solicitação ou tentação da própria vítima ou por provocação injusta ou ofensa imerecida;

c) Ter havido actos demonstrativos de arrependimento sincero do agente, nomeadamente a reparação, até onde lhe era possível, dos danos causados;

d) Ter decorrido muito tempo sobre a prática do crime, mantendo o agente boa conduta. *3* – Só pode ser tomada em conta uma única vez a circunstância que, por si mesma ou conjuntamente com outras circunstâncias, der lugar simultaneamente a uma atenuação especialmente prevista na lei e à prevista neste artigo.

[218] DIAS, Jorge de Figueiredo, *op. cit.*, p. 211 e 227.

1.4.2.7. *Reforma Penal de 1995*

A Reforma Penal de 1995, denominada pelo professor Germano Marques da Silva[219], de Código Penal de 1995, aprovada pelo Decreto-Lei n.º 48/94, de 15 de março, corresponde nas suas opções essenciais ao Código Penal de 1982 e, por isso até, destaca ele, alguns o designam por Código Penal de 1982/1995.

O art. 40.º do Código Penal Português advém da sua original redação dada em 1982. Continua sendo um referencial muito importante em matéria de penas por declarar que a finalidade das penas e das medidas de segurança é a proteção dos bens jurídicos e a reintegração do agente na sociedade. Entendemos que esta também é uma das metas do direito penal: proteger os bens jurídicos, tutelados pelas normas, relevantes tanto para o indivíduo quanto para a sociedade. Quando eles são violados, descumpridos e desrespeitados, o direito penal atua em seu caráter sancionatório, através de penas e medidas de segurança. A pena deve ser proporcional a culpa do agente, ao grau de violação da norma, e a gravidade do fato.

A Reforma de 1995 já tinha um pensamento moderno relacionado a pena de prisão reservando-a apenas quando todas as restantes medidas revelarem-se inadequadas, face às necessidades de reprovação e prevenção, de acordo com as particularidades do caso e com base nos princípios da necessidade, da proporcionalidade e da adequação social. A pena de multa normalmente pode ser vista como uma alternativa à pena de prisão.

Nos termos do artigo 43.º, a execução da pena de prisão, servindo a defesa da sociedade e prevenindo a prática de crimes, deve orientar-se no sentido de reintegração social do recluso, preparando-o para conduzir a sua vida de modo socialmente responsável, sem cometer crimes.[220]

Houve ainda outras modificações no plano das medidas alternativas nos institutos do regime de prova e do trabalho a favor da comunidade. O regime de prova, descaracterizado como pena autónoma de substituição, passa a ser configurado como modalidade da suspensão da execução da pena ao lado da suspensão pura e simples e da suspensão com deveres ou regras de conduta, acentuando a vertente ressocializadora e responsabili-

---

[219] SILVA, Germano. *Op. cit.*, p. 213.

[220] *Código Penal de 1995*. Ministério da Justiça.Decreto-Lei n.º 48/95 de 15 de Março. <http://cc.msnscache.com/cache.aspx?q=73451661103043&mkt=pt-BR&setlang=pt BR&w=5301bfc4,68ab2964&FORM=CVRE3>. Acesso em 31/05/08.

zante da suspensão da execução da pena de prisão. Na mesma linha, procedeu-se ao alargamento dos pressupostos da prestação de trabalho a favor da comunidade, elevando-se para 1 ano o máximo de pena de prisão que pode substituir, realçando-se as virtualidades do plano individual de readaptação.[221]A Reforma do Código Penal de 1995 sofreu várias alterações. Dentre elas destacamos os dispositivos seguintes:[222]

Além da Lei n.º 65/98, de 02 de setembro, outras Leis alteraram o Código Penal de 1995; tais como: a Lei n.º 7/2000, de 27 de maio; a Lei n.º 77/2001, de 13 de julho, as Leis números 97/2001; 98/2001, 99/2001 e 100/2001 de 25 de agosto; e 108/2001; de 28 de novembro; os Decretos-Leis 323/2001, de 17 de dezembro, e 38/2003, de 08 de março; as Leis 52/2003, de 22 de agosto e 100/2003, de 15 de novembro; o Decreto-Lei 53/2004, de 18 de março e as Leis 11/2004, de 27 de março, 31/2004, de 22 de julho, 5/2006, de 23 de fevereiro, 16/2007, de 17 de abril e a Lei 59/2007, de 04 de setembro.[223]

---

[221] *Código Penal de 1995, op. cit., Artigo 58.º Prestação de trabalho a favor da comunidade* 1 – Se ao agente dever ser aplicada pena de prisão não superior a um ano, o tribunal substitui-a por prestação de trabalho a favor da comunidade sempre que concluir que por este meio se realizam de forma adequada e suficiente as finalidades da punição. 2 – A prestação de trabalho a favor da comunidade consiste na prestação de serviços gratuitos ao Estado, a outras pessoas colectivas de direito público ou a entidades privadas cujos fins o tribunal considere de interesse para a comunidade. 3 – A prestação de trabalho a favor da comunidade é fixada entre trinta e seis e trezentos e oitenta horas, podendo aquele ser cumprido em dias úteis, aos sábados, domingos e feriados. 4 – A duração dos perídos de trabalho não pode prejudicar a jornada normal de trabalho, nem exceder, por dia, o permitido segundo o regime de horas extraordinárias aplicável. 5 – A pena de prestação de trabalho a favor da comunidade só pode ser aplicada com aceitação do condenado.

[222] Assembléia da República *Lei n.º 65/98 de 2 de Setembro Altera o Código Penal Artigo 83.º* [...] 1 – ... 2 – A pena relativamente indeterminada tem um mínimo correspondente a dois terços da pena de prisão que concretamente caberia ao crime cometido e um máximo correspondente a esta pena acrescida de 6 anos, sem exceder 25 anos no total. *Artigo 84.º* [...] 1 – ... 2 – A pena relativamente indeterminada tem um mínimo correspondente a dois terços da pena de prisão que concretamente caberia ao crime e um máximo correspondente a esta pena acrescida de 4 anos, sem exceder 25 anos no total. *Artigo 86.º* [...] 1 – ... 2 – A pena relativamente indeterminada tem um mínimo correspondente a dois terços da pena de prisão que concretamente caberia ao crime cometido e um máximo correspondente a esta pena acrescida de 2 anos na primeira condenação e de 4 anos nas restantes, sem exceder 25 anos no total. Disponível em: <http://www.igf.min-financas.pt/inlegal/bd_igf>. Acesso em 13/06/08.

[223] Disponível em: <http://www.dgpj.mj.pt/sections/leis-da-justica/livro-iv-leis-criminais/leis-criminais/codigo-penal/diplomas-que-publicam/>. Acesso em 01/03/2007.

1.4.2.8. *Reforma Penal de 2007*

A lei n.º 59/2007, de 04 de setembro de 2007 introduziu no Código Penal Português uma série de alterações em vários dispositivos. Esta lei encontra-se em vigor desde o dia 15 de setembro do mesmo ano. Evidentemente que, sendo o Direito uma ciência dinâmica é natural que as leis sofram mudanças, modificações até mesmo para atender aos conclames da sociedade, que se encontra em constante evolução e mutação.

O art. 41 do Código Penal Português, que refere a duração e contagem dos prazos de pena de prisão, com a redação dada pela Lei n.º 59/ /2007, de 04 de setembro, que acrescentou mais um inciso, passou a declarar o seguinte. 1– A pena de prisão tem, em regra, a duração mínima de 1 mês e a duração máxima de 20 anos. 2 – O limite máximo da pena de prisão é de 25 anos nos casos previstos na lei. 3 – Em caso algum pode ser excedido o limite máximo referido no número anterior. 4 – A contagem dos prazos da pena de prisão é feita segundo os critérios estabelecidos na lei processual penal e, na sua falta, na lei civil. [224]

Percebemos então que, os três primeiros incisos não sofreram alterações. Foi acrescido o inciso quarto, o qual aborda sobre a contagem dos prazos da pena, o que para nós não constitui nenhuma novidade, partindo do princípio de que sempre que um determinado ramo do direito for omisso a respeito de um fato por demais importante, na comprovação do mesmo ou na decisão de uma lide, deve recorrer a outro ramo que aborde tal questão, que lhe dê suporte e critérios legais.

O art. 43.º (anteriormente 44.º), que dispõe sobre a substituição da pena de prisão, com a redação dada pela Lei n.º 59/2007, de 04 de setembro, estabelece no inciso 1.º que a pena de prisão aplicada em medida não superior a um ano é substituída por pena de multa ou por outra pena não privativa da liberdade aplicável, exceto se a execução da prisão for exigida pela necessidade de prevenir o cometimento de futuros crimes. É correspondentemente aplicável o disposto no artigo 47. 2 – Se a multa não for paga, o condenado cumpre a pena de prisão aplicada na sentença. É correspondentemente aplicável o disposto no n.º 3 do artigo 49.º Os incisos seguintes mencionam as demais possibilidades no tocante a esta questão.[225]

---

[224] *Código Penal Português.* Redação resultante das alterações introduzidas pela Lei 59/2007, de 04/09. Disponível em <http://www.verbojuridico.net/> Acesso em 02/12/2007.

[225] *Código Penal Português. Redação resultante das alterações introduzidas pela Lei 59/2007, de 04/09. Disponível em http://www.verbojuridico.net/ Acesso em 02/12/2007.* 3 – A pena de prisão aplicada em medida não superior a três anos é substituída por pena

Os artigos 45.º e 46.º, os quais estatuem sobre "Prisão por dias livres" e "Regime de semidetenção", com a Lei n.º 59/2007 sofreram algumas modificações.[226] Tais artigos anteriormente assim mencionavam.[227]

---

de proibição, por um período de dois a cinco anos, do exercício de profissão, função ou actividade, públicas ou privadas, quando o crime tenha sido cometido pelo arguido no respectivo exercício, sempre que o tribunal concluir que por este meio se realizam de forma adequada e suficiente as finalidades da punição. 4 – No caso previsto no número anterior é aplicável, com as necessárias adaptações, o disposto nos n.os 3 a 5 do artigo 66.º e no artigo 68.º 5 – O tribunal revoga a pena de proibição do exercício de profissão, função ou actividade e ordena o cumprimento da pena de prisão determinada na sentença se o agente, após a condenação: *a)* Violar a proibição; *b)* Cometer crime pelo qual venha a ser condenado e revelar que as finalidades da pena de proibição do exercício de profissão, função ou actividade não puderam por meio dela ser alcançadas. 6 – É correspondentemente aplicável o disposto no artigo 57. º 7 – Se, nos casos do n.º 5, o condenado tiver de cumprir pena de prisão, mas houver já cumprido proibição do exercício de profissão, função ou actividade, o tribunal desconta no tempo de prisão a cumprir o tempo de proibição já cumprido. 8 – Para o efeito do disposto no artigo anterior, cada dia de prisão equivale ao número de dias de proibição do exercício de profissão, função ou actividade, que lhe corresponder proporcionalmente nos termos da sentença, procedendo-se, sempre que necessário, ao arredondamento por defeito do número de dias por cumprir.

[226] *Artigo 45. º Prisão por dias livres:* 1 – A pena de prisão aplicada em medida não superior a um ano, que não deva ser substituída por pena de outra espécie, é cumprida em dias livres sempre que o tribunal concluir que, no caso, esta forma de cumprimento realiza de forma adequada e suficiente as finalidades da punição. 2 – A prisão por dias livres consiste numa privação da liberdade por períodos correspondentes a fins de semana, não podendo exceder 72 períodos. 3 – Cada período tem a duração mínima de trinta e seis horas e a máxima de quarenta e oito, equivalendo a 5 dias de prisão contínua. 4 – Os dias feriados que antecederem ou se seguirem imediatamente a um fim-de-semana podem ser utilizados para execução da prisão por dias livres, sem prejuízo da duração máxima estabelecida para cada período.

Artigo 46.º Regime de semidetenção: 1 – A pena de prisão aplicada em medida não superior a um ano, que não deva ser substituída por pena de outra espécie, nem cumprida em dias livres, pode ser executada em regime de semidetenção, se o condenado nisso consentir. 2 – O regime de semidetenção consiste numa privação da liberdade que permita ao condenado prosseguir a sua actividade profissional normal, a sua formação profissional ou os seus estudos, por força de saídas estritamente limitadas ao cumprimento das suas obrigações.

[227] *Código Penal de 1995, op. cit., Artigo 45.º Prisão por dias livres:* 1 – A pena de prisão aplicada em medida não superior a tres meses, que não deva ser substituída por multa ou por outra pena não privativa de liberdade, é cumprida em dias livres sempre que o tribunal concluir que, no caso, esta forma de cumprimento realiza de forma adequada e suficiente as finalidades da punição. 2 – A prisão por dias livres consiste numa privação da liberdade por períodos correspondentes a fins-de-semana, não podendo exceder 18 períodos. 3 – Cada período tem a duração mínima de trinta e seis horas e a máxima de quarenta e oito, equivalendo a cinco dias de prisão contínua. 4 – Os dias feriados que

Em relação a pena de multa, anteriormente, estabelecia o art. 47.º do Código Penal que cada dia desta pena correspondia a uma quantia entre 200$ e 100 000$, que o tribunal fixava em função da situação econômica e financeira do condenado e dos seus encargos pessoais. Atualmente, com a reforma ocorrida com a lei n.º 59/2007, de 04 de Setembro de 2007, esta quantia corresponde entre cinco e quinhentos euros.[228]

O prazo de suspensão da execução da pena de prisão aplicada que era de três anos passou a ser de cinco anos com a Lei n.º 59/2007, atendendo à personalidade do agente, às condições de sua vida, à sua conduta anterior e posterior ao crime e às circunstâncias deste, concluir que a censura do fato e a ameaça da prisão realizam de forma adequada e suficiente as finalidades da punição; dentre outras condições estabelecidas no art. 50.º do Código Penal. Os incisos 3 e 5 estabelecem o seguinte: 3 – os deveres e as regras de conduta podem ser impostos cumulativamente; 5 – o período de suspensão tem duração igual à da pena de prisão determinada na sentença, mas nunca inferior a um ano, a contar do trânsito em julgado da decisão. Antes desta Lei, o inciso 3, além dos deveres e das regras de conduta referia também ao regime de prova e o inciso 5, afirmava que o período de suspensão era fixado entre 1 e 5 anos contado do trânsito em julgado da decisão.

No tocante aos deveres de suspensão da execução da pena de prisão, o Código Penal estipula alguns deveres, no art. 51.º A Lei n.º 59/2007 acrescentou mais um, mais precisamente o inciso 4, que declara o seguinte *ipsis verbis*: "*O tribunal pode determinar que os serviços de reinserção social apóiem e fiscalizem o condenado no cumprimento dos deveres impostos*".[229]

---

antecederem ou se seguirem imediatamente a um fim-de-semana podem ser utilizados para execução da prisão por dias livres, sem prejuízo da duração máxima estabelecida para cada período.

Artigo 46.º Regime de semidetenção: 1 – A pena de prisão aplicada em medida não superior a tres meses, que não deva ser substituída por multa ou por outra pena não privativa de liberdade, nem cumprida em dias livres, pode ser executada em regime de semidetenção, se o condenado nisso consentir. 2 – O regime de semidetenção consiste numa privação da liberdade que permita ao condenado prosseguir a sua actividade profissional normal, a sua formação profissional ou os seus estudos, por força de saídas estritamente limitadas ao cumprimento das suas obrigações

[228] *Código Penal Português.* Redação resultante das alterações introduzidas pela Lei 59/2007, de 04/09. Disponível em <http://www.verbojuridico.net/> Acesso em 02/12/2007.

[229] *Código Penal Português.* Redação resultante das alterações introduzidas pela Lei 59/2007, de 04/09. Disponível em <http://www.verbojuridico.net/> Acesso em 02/12/2007.

A pena de prestação de trabalho a favor da comunidade também sofreu modificação devendo ser aplicada ao agente se a pena de prisão não for superior a dois anos, conforme determina o art. 58.º [230] Esta pena, nos termos do art. 51.º pode ser provisoriamente suspensa por motivo grave de ordem médica, familiar, profissional, social ou outra, não podendo, no entanto, o tempo de execução da pena ultrapassar 30 meses.

De acordo com o artigo 60.º , inciso 1, se ao agente dever ser aplicada pena de multa em medida não superior a 240 dias, pode o tribunal limitar-se a proferir uma admoestação. Antes da reforma da Lei 59/2007, o prazo era de 120 dias.[231] Trataremos das outras modificações no tocante ao tema abordado neste trabalho no decorrer do mesmo.

É natural que um Código de duas décadas e meia, reformado há mais de uma década tenha sofrido algumas alterações, embora a sua essência permaneça a mesma. Tais inovações ocorrem em virtude da evolução da sociedade, da exigência dos seus membros em tornar mais efetiva uma lei no sentido de atender melhor os interesses sociais e a realidade da época. Segundo o art. 43.º, o prazo da substituição da pena de prisão por pena de multa ou por outra pena não privativa de liberdade foi aumentado de seis meses para um ano, exceto se a execução da prisão for exigida pela necessidade de prevenir o cometimento de futuros crimes. Antes da reforma de 2007, a pena de prestação de trabalho a favor da comunidade era aplicada ao agente se a pena de prisão não fosse supe-

---

[230] *Código Penal Português*. Redação resultante das alterações introduzidas pela Lei 59/2007, de 04/09, Ibid. *Art. 58º*: 1 – Se ao agente dever ser aplicada pena de prisão não superior a dois anos, o tribunal substitui-a por prestação de trabalho a favor da comunidade sempre que concluir que por este meio se realizam de forma adequada e suficiente as finalidades da punição. 2 – A prestação de trabalho a favor da comunidade consiste na prestação de serviços gratuitos ao Estado, a outras pessoas colectivas de direito público ou a entidades privadas cujos fins o tribunal considere de interesse para a comunidade. 3 – Para efeitos do disposto no n.º 1, cada dia de prisão fixado na sentença é substituído por uma hora de trabalho, no máximo de 480 horas. 4 – O trabalho a favor da comunidade pode ser prestado aos sábados, domingos e feriados, bem como nos dias úteis, mas neste caso os períodos de trabalho não podem prejudicar a jornada normal de trabalho, nem exceder, por dia, o permitido segundo o regime de horas extraordinárias aplicável. 5 – A pena de prestação de trabalho a favor da comunidade só pode ser aplicada com aceitação do condenado. 6 – O tribunal pode ainda aplicar ao condenado as regras de conduta previstas nos n.os 1 a 3 do artigo 52.º, sempre que o considerar adequado a promover a respectiva reintegração na sociedade.

[231] *Código Penal Português*. Disponível em: Ministério da Justiça <http://www.igf.min-financas.pt/inflegal/bd_igf/bd_legis_geral/leg_geral_docs/DL_400_82_COD_PENAL.htm>. Acesso em 31/05/08.

rior a um ano; atualmente ela pode ser aplicada se esta pena não for superior a dois anos proporcionando assim, um maior número de beneficiários. Ademais, amenizou o desequilíbrio entre as penas previstas para os crimes contra as pessoas, que foram agravadas e os crimes contra o patrimônio; demonstrando então, a sua preocupação maior com o ser humano.

A pena de prisão só deveria ser aplicada quando outras medidas não surtissem efeitos no tocante às necessidades de reprovação e prevenção. Esta reforma também demonstra que a pena de prisão só deve ser aplicada quando as outras medidas forem inadequadas, tendo em vista as necessidades de reprovação e prevenção. O Código Penal Português ressalta que a finalidade das penas e das medidas de segurança é proteger bens jurídicos e reintegrar o agente na sociedade. O artigo 43.º afirma que a execução da pena de prisão, servindo a defesa da sociedade e prevenindo a prática de crimes, deve orientar-se no sentido de reintegração social do recluso, preparando-o para conduzir a sua vida de modo socialmente responsável, sem cometer crimes.

1.5. Princípios relativos às Penas

Inspirada pela idéia do coletivo, que compreende todos os indivíduos, a sociedade organizada estruturou-se no sentido de editar regras disciplinadoras de sua vida, visando o fortalecimento do convívio[232]. O legislador, no desenvolvimento de suas funções sempre apresenta a sua preocupação em fixar limites às condutas individuais, com direcionamento à proteção societária.

Ao vigorar em beneficio do interesse coletivo, o Estado tem o dever, em razão de sua função jurisdicional de aplicar a pena em face da violação do bem juridicamente consolidado, observando com rigor as características das penas, incorporadas na verificação dos princípios que norteiam o direito penal e os limites da culpabilidade.

Dentre os princípios, os mais citados pelos legisladores são: legalidade, anterioridade, irretroatividade, pessoalidade, individualidade, proporcionalidade, tipicidade, necessidade, subsidiariedade, humanidade e inderrogabilidade.

---

[232] Torre, Maria Benedita Lima Della. *O homem e a sociedade*. 5. ed. São Paulo: Editora Nacional, 1976.

1.5.1. Legalidade

O princípio da legalidade pressupõe clareza, taxatividade. Sua aplicação é regulada por lei. "*Seu conteúdo essencial se traduz em que não pode haver crime, nem pena que não resultem de uma lei prévia, escrita e certa (nullum crimen nulla poena sine lege).*[233] O juiz deve examinar atentamente os critérios e fundamentos nela estabelecidos na determinação da pena, ao prolatar sua sentença; que requer motivação e fundamentação. A pena deve estar prevista em lei vigente, não se admitindo seja cominada em regulamento ou ato normativo infralegal. (art. 5.º, XXXIX, CF/88 e art. 1.º do Código Penal Brasileiro). "Não há crime sem lei anterior que o defina. Não há pena sem prévia cominação legal".[234] Deste principio surgem os princípios da reserva legal e o da anterioridade.

Tal princípio está previsto nos artigos 1.º e 2.º do Código Penal Português, segundo os quais não pode ser aplicada pena ou medida de segurança, que não estejam expressamente prescritas em lei anterior. "A raiz histórica do principio da legalidade está na Magna Carta de 1215 (" Nenhum homem pode ser preso ou privado de sua propriedade a não ser pelo julgamento de seus pares ou pela lei da terra"). A expressão original – *by the law of the land* – foi modificada em edição posterior da Magna Carta para *due process of law* (devido processo legal)". A garantia tinha por finalidade evitar que alguém fosse preso ou privado de seus bens pela vontade singular do soberano, obrigando que os magistrados aplicassem efetivamente as leis consuetudinárias à época consagradas pela comunidade.[235]

O princípio da legalidade foi incluído entre os direitos fundamentais no Congresso da Filadélfia, de 1774. "A Constituição federal americana, do ano de 1787 estabeleceu expressamente a proibição da lei *ex post facto* em matéria penal".[236] Posteriormente, declara Newton Fernandes "foi adquirindo um caráter de dogma da democracia e propagou-se sobre todo o mundo civilizado; os sucessivos códigos penais o endossaram".[237] A Declaração dos Direitos do Homem e do Cidadão, de 26 de agosto de 1789, declara na primeira parte do art. 7.º que ninguém pode ser acusado,

---

[233] Dias, Jorge de Figueiredo. *Direito Penal. Questões Fundamentais, op. cit.*, p. 177.

[234] BRASIL. Constituição (1988). *Constituição da República Federativa do Brasil.* Brasília, DF: Senado, 1988.

[235] Nucci, *op. cit.*, p. 73/74.

[236] Fernandes, Newton, *op. cit.*, p. 88.

[237] Ibid, Ibidem.

preso ou detido a não ser nos casos determinados pela lei e segundo as normas por ela prescritas.[238]

Segundo Guilherme Nucci[239], a formulação propriamente dita do princípio da legalidade coube a Beccaria, em sua obra "*Dos delitos e das penas*", com influência de Montesquieu e Rousseau. Afirma ainda que a construção do preceito latino "*nullum crimen, nulla poena sine previa lege*" deveu-se a Feuerbach.

Assim como no Brasil, em Portugal, na Espanha e em outros países também não é permitido o recurso da analogia para qualificar um fato como crime, definir um estado de perigosidade ou determinar a pena ou a medida de segurança que lhes corresponde· Se os dispositivos legais vigentes no momento da prática do fato delituoso forem diferentes dos estabelecidos em leis posteriores, são aplicadas retroativamente as leis sobre penas e medidas de segurança que se mostrarem mais favoráveis ao agente, caso ele não tenha sido condenado por sentença transitada e julgado.

A Constituição da República Portuguesa consagra o princípio da igualdade em seu art. 13.º, ao afirmar: "todos os cidadãos têm a mesma dignidade social e são iguais perante a lei".[240] Segundo Germano Silva "este princípio evoluiu para significar que a pena deve ser igual para o que é igual, não devendo apenas considerar-se a gravidade objectiva do crime, mas também a culpabilidade do delinqüente".[241]

O princípio da reserva legal ou da legalidade proporciona maior segurança às pessoas por estabelecer um limite ao poder punitivo do Estado. O magistrado deve obedecer aos critérios estabelecidos por lei na aplicação da pena ao condenado, analisando as normas que estabelecem a matéria. "O princípio da reserva legal ou da legalidade significa a garantia individual de que é função exclusiva da lei a elaboração da norma incriminadora, ou seja, nenhum fato poderá ser considerado crime e nenhuma pena poderá ser aplicada sem que haja anterior previsão em lei".[242] Para

---

[238] FERNANDES, António José. *Direitos Humanos e Cidadania Europeia*. Coimbra: Almedina, 2004, p. 220.

[239] NUCCI, *op. cit.*, p. 74.

[240] *Constituição da República Portuguesa*. <http://www.portugal.gov.pt/Portal/PT/Portugal/SistemaPolitico/Constituicao/> Acesso em 02.05.2007.

[241] SILVA, Germano Marques da. *Direito Penal Português. Parte Geral, III. Teoria das Penas e das Medidas de Segurança*. 1.ª ed. Lisboa: Editorial Verbo, 1999, p. 23.

[242] ROCHA, Fernando A. N. Galvão da. *Direito Penal. Curso Completo/Parte Geral*. 2.ªed. rev. atual. e amp. Belo Horizonte: Del Rey, 2007, p. 70.

Rodrigo Colnago, o princípio da legalidade é mais amplo, abrangendo, assim, o princípio da reserva legal e o da anterioridade.[243]

Do Princípio da Legalidade decorrem três corolários: exigência de lei prévia, irretroatividade da lei penal e exigência de lei expressa, certa, precisa. No entanto, sendo a lei mais favorável ao agente aplica-se a retroatividade; salvo se já tiver sido condenado por sentença transitada em julgado.

O princípio da legalidade possui quatro funções fundamentais: 1 – proibir a retroatividade da lei penal; 2 – proibir a criação de crimes e penas pelos costumes; 3 – proibir o emprego de analogia para criar crimes, fundamentar ou agravar penas; 4 – proibir incriminações vagas e indeterminadas.[244]

Com muita propriedade ressalta Celso Antônio Bandeira de Mello[245] "o princípio da legalidade é o antídoto natural do poder natural do poder monocrático ou oligárquico, pois tem como raiz a idéia de soberania popular, de exaltação da cidadania. Instaura-se o princípio de que todo poder emana do povo, de tal sorte que os cidadãos é que são proclamados como os detentores do poder. Os governantes nada mais são do que representantes da sociedade".

A Constituição da República Federativa do Brasil, no seu artigo 1.º § único assim declara: "*todo o poder emana do povo, que o exerce por meio de representantes eleitos ou diretamente, nos termos desta Constituição*".[246]

Os parlamentares, representantes eleitos pelo povo, devem elaborar leis que atendam os interesses da sociedade como um todo. No caso específico de presos provisórios ou sentenciados, leis que assegurem todos os seus direitos, que estejam em sintonia com os fins da pena. "*É a representação popular, o Legislativo, que deve, impessoalmente, definir na lei e na conformidade da Constituição os interesses e os meios e modos de persegui-los, cabendo ao Executivo, cumprindo ditas leis, dar-lhes a concreção necessária*".[247]

---

[243] Colnago, Rodrigo. *Direito Penal: parte geral.* 2.ª ed. São Paulo: Saraiva, 2008, p. 08.

[244] Greco, Rogério. *Curso de Direito Penal.* 6.ª ed. Rio de Janeiro: Impetus, 2006, p. 100.

[245] Bandeira de Mello, Celso Antônio. *Curso de Direito Administrativo.* 12.ª São Paulo: Malheiros Editores, 2009, p. 100.

[246] BRASIL, *Código Civil e Constituição Federal.* 2.ª ed. reform. e atual. São Paulo: Edições Vértice, 2006, p. 13.

[247] Bandeira de Mello, *op. cit.*, p. 100.

1.5.1.1. *Anterioridade e Irretroatividade*

Estes princípios decorrem do princípio da legalidade. De acordo com o *princípio da anterioridade*, a lei deve estar em vigor à época em que foi praticada a infração penal (CPB, art. 1.º e CF/88, art. 5.º, XXXIX) Uma lei penal incriminadora somente pode ser aplicada a um fato concreto, caso tenha tido origem antes da prática da conduta para a qual se destina. Portanto, ninguém pode ser condenado sem que haja uma lei incriminadora anterior ao fato praticado. No mesmo sentido refere o Código Penal Brasileiro, quando em seu art. 1.º estabelece que: "não há crime sem lei anterior que o defina, nem tampouco pena sem prévia cominação legal".

Por sua vez, segundo o art. 5.º inciso XL da Constituição Federal, a lei penal não retroagirá, salvo para beneficiar o réu. "A regra constitucional, portanto, é a da irretroatividade da lei penal; a exceção é a retroatividade, desde que seja para beneficiar o agente".[248] O *princípio da irretroatividade da lei penal*, segundo Guilherme Nucci[249] significa que a lei penal não retroagirá para abranger situações já consolidadas, sob o império de legislação diferenciada. Logo, quando novas leis entram em vigor, devem envolver somente fatos concretizados sob a sua égide. Abre-se exceção à irretroatividade, quando ingressarmos no campo das leis penais benéficas.

De nada adiantaria adotarmos o princípio da legalidade, sem a correspondente anterioridade, pois criar uma lei, após o cometimento do fato, seria totalmente inútil para a segurança que a norma penal deve representar a todos os seus destinatários.[250] A anterioridade da lei bem como a irretroatividade da lei nova que desfavorece o acusado, estão entre as maiores conquistas humanizadoras do direito penal. Este princípio confere segurança aos cidadãos, pois os mesmos sabem que é impossível punição a fatos praticados antes da entrada em vigor. Portanto, a lei penal é irretroativa, ou seja, rege apenas fatos futuros, de modo que a ação ocorrida antes dela entrar em vigor não são considerados pelo Direito Penal. São as normas incriminadoras. A exceção a este princípio, como já mencionamos, é que a lei penal pode retroagir para beneficiar o acusado.

---

[248] Greco, Rogério. *Curso de Direito Penal. Parte Geral*. 10.ª ed. Rio de Janeiro: Impetus, 2008, p. 96.

[249] Nucci, Guilherme de Souza. *Código penal comentado*. 6.ª ed.rev.atual. e ampl. São Paulo: Editora Revista dos Tribunais, 2006, p. 47.

[250] Nucci, Guilherme de Souza. *Manual de direito penal: parte geral, op. cit.*, p. 58.

Em Portugal e na Espanha também a lei incriminadora, que atribui a culpa, não tem efeito retroativo, salvo se for para beneficiar o réu. Na Espanha, em caso de dúvida sobre a determinação da lei mais favorável, será ouvido o réu. A respeito da aplicação da lei penal, a Constituição da República Portuguesa, no seu art. 29.º estabelece o seguinte:[251] Segundo este dispositivo, a lei penal não retroagirá para atingir situações já consolidadas, materializadas. A pessoa só pode ser sentenciada se na época do fato por ela praticado vigorava a lei que prescrevia o delito e estabelecia as penas e as medidas de segurança. No entanto, ela pode retroagir se for para beneficiar o réu, se seu conteúdo for mais favorável ao argüido, como menciona o item 4 – Tal preceito então, nos termos do item 2, não atinge práticas consideradas criminosas pelos princípios do direito internacional reconhecidos.

1.5.2. Personalidade da Pena

O princípio da personalidade, também denominado princípio da responsabilidade pessoal significa que a punição, em matéria penal, não deve ultrapassar da pessoa do delinqüente.[252] Impede assim, a punição por fato alheio, quer dizer, só o autor da infração penal pode ser apenado. A família do condenado não deve ser penalizada em razão do crime cometido. Nestes termos assegura a Constituição Federal Brasileira no seu art. 5.º, XLV, que, "nenhuma pena passará da pessoa do condenado, podendo a obrigação de reparar o dano e a decretação do perdimento dos

---

[251] *Constituição da República Portuguesa.* Disponível em: <http://www.portugal.gov.pt/Portal/PT/Portugal/Sistema_Politico/Constituicao/constituicao_p03.htm>. Acesso em 15/06/08. *"Art. 29 1 – Ninguém pode ser sentenciado criminalmente senão em virtude de lei anterior que declare punível a acção ou a omissão, nem sofrer medida de segurança cujos pressupostos não estejam fixados em lei anterior. 2 – O disposto no número anterior não impede a punição, nos limites da lei interna, por acção ou omissão que no momento da sua prática seja considerada criminosa segundo os princípios gerais de direito internacional comummente reconhecidos. 3 – Não podem ser aplicadas penas ou medidas de segurança que não estejam expressamente cominadas em lei anterior. 4 – Ninguém pode sofrer pena ou medida de segurança mais graves do que as previstas no momento da correspondente conduta ou da verificação dos respectivos pressupostos, aplicando-se retroactivamente as leis penais de conteúdo mais favorável ao arguido. 5 – Ninguém pode ser julgado mais do que uma vez pela prática do mesmo crime. 6 – Os cidadãos injustamente condenados têm direito, nas condições que a lei prescrever, à revisão da sentença e à indemnização pelos danos sofridos."*

[252] Nucci, Guilherme de Souza. *Manual de direito penal: parte geral. Op. cit.*, p. 58.

bens ser, nos termos da lei, estendidas aos sucessores e contra eles executadas, até o limite do valor do património transferido". (art. 5.º, XLV, CF/88). Então, a pena de multa, mesmo que seja considerada dívida de valor para fins de cobrança, não pode ser exigida dos herdeiros do falecido. A Constituição da República Portuguesa consagra este princípio no art. 30.º, n.º 3, ao declarar que a responsabilidade penal é insuscetível de transmissão. Logo, a pena não terá nenhum efeito jurídico sobre os familiares do condenado, incidirá apenas nele. "Quer o princípio constitucional dizer que, quando a responsabilidade do condenado é penal, somente ele, e mais ninguém, poderá responder pela infração praticada".[253]

Por outro lado, lembra Rogério Greco que se estivermos diante de uma responsabilidade não penal como, por exemplo, a obrigação de reparar o dano, nada impede que, no caso de morte do condenado e tendo havido a transferência de seus bens aos seus sucessores, estes respondam até as forças da herança, conforme preceituam o inciso XLV do art. 5.º da Constituição Federal Brasileira e o art. 1.997, caput, do Código Civil (Lei n.º 10.406/2002), que assim dispõe: "a herança responde pelo pagamento das dívidas do falecido; mas, feita a partilha, só respondem os herdeiros, cada qual em proporção da parte que na herança lhe coube".[254]

O princípio da personalidade, na opinião de Guilherme Nucci "trata-se de uma conquista do direito penal moderno, impedindo que terceiros inocentes e totalmente alheios ao crime possam pagar pelo que não fizerem nem contribuíram para que fosse realizado; a família do condenado, por exemplo, não deve ser afetada pelo crime cometido".[255]

A responsabilidade criminal da pessoa jurídica tem natureza especial; só ocorre no direito penal secundário como, por exemplo, nos crimes ambientais.

No Brasil, a Lei n.º 9.605, de 12/02/98, que dispõe sobre as sanções penais e administrativas derivadas de condutas e atividades lesivas ao meio ambiente e dá outras providências; estatui em seu artigo 3.º o seguinte: "*As pessoas jurídicas serão responsabilizadas administrativa, civil e penalmente conforme o disposto nesta lei, nos casos em que a infração seja cometida por decisão de seu representante legal ou contratual, ou de seu órgão colegiado, no interesse ou benefício da sua entidade. Parágrafo Único: A responsabilidade das pessoas jurídicas não exclui a das*

---

[253] GRECO, Rogério. *Curso de Direito Penal*. 6.ª ed. Rio de Janeiro: Impetus, 2006, p. 83.

[254] GRECO, *op. cit.*, p. 84.

[255] NUCCI, Guilherme de Souza. *Código penal comentado*. *Op. cit.*, p. 47.

pessoas físicas, autoras, co-autoras ou partícipes do mesmo fato".[256] Esta lei, então, estabelece uma concorrência de responsabilidades entre as pessoas físicas e jurídicas. Todos os crimes do meio ambiente podem ser praticados por pessoas físicas e jurídicas. A responsabilidade das pessoas jurídicas não exclui a das pessoas físicas, autoras, co-autoras ou partícipes do mesmo fato.

O sentido político do direito penal ambiental é coibir a devastação dos ecossistemas e a poluição da Terra em larga escala e esta espécie de criminalidade é cometida, em regra, pela pessoa jurídica e não pela pessoa física. Obviamente que a responsabilização penal das pessoas jurídicas não exclui a dos seus dirigentes, que também responderão penalmente, segundo suas participações. O ato criminoso não é ato da pessoa física, mas sim da própria pessoa jurídica que se corporifica por meio de um dos seus dirigentes, empregados, sócios e prepostos. A criminalização da pessoa jurídica não ofende o princípio da individualização da pena, previsto no art. 5.º, inciso XLVI da Constituição Federal.

A Constituição Federal/1988 em duas oportunidades, admite a responsabilização penal da pessoa jurídica. A primeira delas, no art. 173 § 5.º, que trata da responsabilização por delitos contra a ordem econômica; assim dispondo: *"a lei, sem prejuízo da responsabilidade individual dos dirigentes da pessoa jurídica, estabelecerá a responsabilidade desta, sujeitando-a as punições compatíveis com sua natureza, nos atos praticados contra a ordem econômica e financeira e contra a economia popular"* [257]. E a outra prevista no art. 225 § 3.º, que trata dos crimes contra o meio ambiente, e estabelece que as condutas e atividades consideradas lesivas ao meio ambiente sujeitarão os infratores, pessoas físicas e jurídicas, às sanções penais e administrativas, independentemente da obrigação de reparar os danos causados.

Há necessidade de se tutelar interesses de toda a coletividade, interesses maiores em detrimento do interesse individual, de proteger o meio ambiente, cuja proteção está intimamente ligada ao direito à vida.

Sendo a responsabilização penal das pessoas jurídicas uma novidade do mundo moderno, um fato novo para o direito, é normal que esteja ocorrendo divergências na doutrina, questionamentos diversos, dificuldades de entendimento. Os dois princípios fundamentais para não se

---

[256] *VADE MECUM ACADÊMICO DE DIREITO*/ Organização Anne Joyce Angher. 3.ª ed. São Paulo: Rideel, 2006 (coleção de leis Rideel), p. 1327.

[257] Constituição Federal, art. 173 § 5.º.

reconhecer a capacidade penal desses entes abstratos são: falta de capacidade natural da ação e a carência da capacidade de culpabilidade.

Como bem descrevem Nicolau Nino, Ney Barros e Flávio Dino, na obra "Crimes e Infrações Administrativas Ambientais "*o que verdadeiramente caracteriza o fato como crime das empresas, é o envolvimento da máquina da pessoa jurídica para a prática do delito. Se se puder entender que sem a existência da pessoa jurídica, com seus objetivos e seus meios, o crime ambiental não teria ocorrido, estar-se-á diante de um verdadeiro crime ambiental cometido pelo ente moral. Fica afastada a possibilidade de se apenar ente jurídico se a empresa, como um todo,* participar *de um crime ambiental, mas que tenha sido deliberado para proveito particular de um dirigente ou administrador, a não ser que se possa comprovar que mediatamente aquele ato era de interesse da entidade"*.[258]

José Henrique Pierangeli descreve alguns argumentos contrários à adoção da tese da responsabilidade penal da pessoa jurídica, os quais, segundo ele, não estão a merecer a mesma valoração, mas que reunidos formam uma respeitável argumentação em favor da adoção do princípio da responsabilidade individual, a saber: a) não há responsabilidade sem culpa; b) o princípio da personalidade das penas; c) algumas espécies de penas jamais poderiam ser aplicadas às pessoas jurídicas, como as de prisão; d) a pessoa jurídica é incapaz de arrependimento, não podendo, pois, ser intimidada, emendada ou reeducada.[259]

Particularmente, somos favoráveis à responsabilização criminal das pessoas jurídicas; em relação aos crimes ambientais porque na grande maioria, eles são praticados por pessoas jurídicas. Deve haver uma punição para todos aqueles que agridem o meio ambiente, devastam o ecossistema, poluem a Terra. Para termos uma vida saudável, precisamos viver em um ambiente equilibrado, sem poluição, sadio, com uma melhor qualidade de vida, desfrutando dos recursos naturais e do patrimônio cultural. Também concordamos com a responsabilização das pessoas jurídicas quando estas cometem crimes contra a ordem econômica e financeira e contra a economia popular. Independentemente das sanções penais, as empresas que incorrem nestes delitos podem ser penalizadas também nas esferas civil e administrativa.

---

[258] Costa Neto, *op. cit.*, p. 67.

[259] Pierangeli, *José Henrique. Penas atribuídas às pessoas jurídicas pela lei ambiental. Jus Navigandi*, Teresina, ano 4, n. 39, fev. 2000. Disponível em: <http://jus2.uol.com.br/doutrina/texto.asp?id=1688>. Acesso em: 24 jul. 2006.

O art. 11.º do Código Penal Português, resultante das alterações introduzidas pela Lei 59/2007 de 04 de setembro, ao referir-se sobre a responsabilidade das pessoas singulares e coletivas assevera o seguinte: [260]

---

[260] *Op. cit., Artigo 11.º* Responsabilidade das pessoas singulares e colectivas: Salvo o disposto no número seguinte e nos casos especialmente previstos na lei, só as pessoas singulares são susceptíveis de responsabilidade criminal.

1 – As pessoas colectivas e entidades equiparadas, com excepção do Estado, de outras pessoas colectivas públicas e de organizações internacionais de direito público, são responsáveis pelos crimes previstos nos artigos 152.º-A e 152.º-B, nos artigos 159.º e 160.º, nos artigos 163.º a 166.º, sendo a vítima menor, e nos artigos 168.º, 169.º, 171.º a 176.º, 217.º a 222.º, 240.º, 256.º, 258.º, 262.º a 283.º, 285.º, 299.º, 335.º, 348.º, 353.º, 363.º, 367.º, 368.º-A e 372.º a 374.º, quando cometidos:

a) Em seu nome e no interesse colectivo por pessoas que nelas ocupem uma posição de liderança; ou

b) Por quem aja sob a autoridade das pessoas referidas na alínea anterior em virtude de uma violação dos deveres de vigilância ou controlo que lhes incumbem.

3 – Para efeitos da lei penal a expressão pessoas colectivas públicas abrange:

a) Pessoas colectivas de direito público, nas quais se incluem as entidades públicas empresariais;

b) Entidades concessionárias de serviços públicos, independentemente da sua titularidade;

c) Demais pessoas colectivas que exerçam prerrogativas de poder público.

4 – Entende-se que ocupam uma posição de liderança os órgãos e representantes da pessoa colectiva e quem nela tiver autoridade para exercer o controlo da sua actividade.

5 – Para efeitos de responsabilidade criminal consideram-se entidades equiparadas a pessoas colectivas as sociedades civis e as associações de facto.

6 – A responsabilidade das pessoas colectivas e entidades equiparadas é excluída quando o agente tiver actuado contra ordens ou instruções expressas de quem de direito.

7 – A responsabilidade das pessoas colectivas e entidades equiparadas não exclui a responsabilidade individual dos respectivos agentes nem depende da responsabilização destes.

8 – A cisão e a fusão não determinam a extinção da responsabilidade criminal da pessoa colectiva ou entidade equiparada, respondendo pela prática do crime:

a) A pessoa colectiva ou entidade equiparada em que a fusão se tiver efectivado; e

b) As pessoas colectivas ou entidades equiparadas que resultaram da cisão.

9 – Sem prejuízo do direito de regresso, as pessoas que ocupem uma posição de liderança são subsidiariamente responsáveis pelo pagamento das multas e indemnizações em que a pessoa colectiva ou entidade equiparada for condenada, relativamente aos crimes:

a) Praticados no período de exercício do seu cargo, sem a sua oposição expressa;

b) Praticados anteriormente, quando tiver sido por culpa sua que o património da pessoa colectiva ou entidade equiparada se tornou insuficiente para o respectivo pagamento; ou

c) Praticados anteriormente, quando a decisão definitiva de as aplicar tiver sido notificada durante o período de exercício do seu cargo e lhes seja imputável a falta de pagamento.

10 – Sendo várias as pessoas responsáveis nos termos do número anterior, é solidária a sua responsabilidade.

11 – Se as multas ou indemnizações forem aplicadas a uma entidade sem personalidade jurídica, responde por elas o património comum e, na sua falta ou insuficiência, solidariamente, o património de cada um dos associados.

No Direito Penal português, as penas criminais, aplicáveis à pessoa jurídica, são as seguintes: admoestação, multa e dissolução acessórias, perda de bens, caução de boa conduta, injunção judiciária; interdição temporária do exercício de certas atividades ou profissões, privação temporária do direito de particular em arrematações ou concursos públicos de fornecimentos privação do direito a subsídios ou subvenções outorgadas por entidades ou serviços públicos, privação do direito de participar em feiras ou mercados, privação do direito de abastecimento através de órgão da Administração Pública ou de entidades do setor público, encerramento definitivo do estabelecimento, encerramento definitivo do estabelecimento e publicidade da decisão condenatória.[261]

Os direitos da personalidade são aquelas prerrogativas primárias, estabelecidas nos ordenamentos jurídicos internos dos Estados e no plano do Direito Internacional Público, reconhecidas como essenciais aos indivíduos para tornar real e efetivo o pleno desenvolvimento humano e ressaltar a dignidade da pessoa. Nestes termos, tais direitos são necessários à manutenção da paz e do equilíbrio no convívio social. Os direitos da personalidade podem ser assim exemplificados: o direito à vida, à liberdade, à manifestação do pensamento, à imagem, ao nome, à privacidade, à integridade do corpo etc. Eles têm em mira a dignidade humana e, por pressuposto, a existência de condições mínimas que possibilitem o pleno desenvolvimento psíquico e físico dos indivíduos.[262]

Segundo o artigo 18.º, n.º 1, da Constituição da República os preceitos constitucionais respeitantes aos direitos, liberdades e garantias são directamente aplicáveis e vinculam as entidades públicas e privadas.

A Constituição Portuguesa de 1976 é das primeiras a positivar constitucionalmente o ambiente como direito fundamental. Prescreve em seu artigo 66.º, n.º 1 que "todos têm direito a um ambiente de vida humano sadio e ecologicamente equilibrado e o dever de o defender. As dimensões objetiva e subjetiva do meio ambiente correspondem, entretanto, a duas facetas de uma mesma moeda. A materialização do

---

[261] Crispin, Mirian Cristina Generoso Ribeiro. *A responsabilidade penal da pessoa jurídica. Jus Navigandi*, Teresina, ano 6, n. 52, nov. 2001. Disponível em: <http://jus2.uol.com.br/doutrina/texto.asp?id=2475>. Acesso em: 03 nov. 2008.

[262] Milaré, Édis. *Meio Ambiente e os Direitos da Personalidade.* Disponível em: <http://www.milare.adv.br/artigos/madp.htm>. Acesso em 03/11/2008.

direito ambiental e a efetivação da tutela jurídico – objetiva são realidades que se encaixam e se completam, levando à preservação dos componentes ecológico-paisagísticos, *ultima ratio* do Estado de Bem-Estar Ambiental.[263]

1.5.3. Individualização da pena

A individualização da pena representou o mais importante avanço em sua concepção científica; o julgador é obrigado a fixar a pena, conforme a cominação legal, de acordo com a culpabilidade e o mérito do sentenciado; ou seja: a pena não deve ser padronizada, cada delinqüente deve ser punido conforme o que fez, ao ato praticado. É uma garantia constitucional prevista no art. 5.º, inciso XLVI, segundo o qual a lei regulará a individualização da pena e adotará, entre outras: a privação ou restrição da liberdade, a perda de bens, a multa, a prestação social alternativa e a suspensão ou interdição de direitos. "Na individualização da pena, encontra-se a exigência da fundamentação da dosagem da pena. O princípio da individualização é garantido pela fundamentação da sentença, quer do juiz da condenação, quer do juiz da execução. Ao juiz do processo de conhecimento cumpre considerada a culpabilidade do agente, estabelecer a pena adequada".[264]

Embora no Brasil, a Constituição Federal/ 1988 estabeleça no art. 5.º caput que todos são iguais perante a lei, e a Constituição da República Portuguesa no art. 13, que todos os cidadãos têm a mesma dignidade social e são iguais perante a lei, sabemos, pois, que os seres humanos nas suas individualidades são diferentes; todavia, juridicamente merecem tratamentos iguais. Seria, portanto, injusto igualar os desiguais, fixando em um só parâmetro idênticas penas para todos. As mesmas devem ser estabelecidas de forma individualizada aos indivíduos conforme o crime praticado, suas circunstâncias e conseqüências, aos motivos, ao grau de culpabilidade, a idade, o sexo, o mérito do sentenciado e a sua personalidade. "Individualizar a pena é aplicar a pena devida a cada condenado,

---

[263] OLIVEIRA, A. P. de S. *Direito Ambiental constitucional – uma análise principiológica da consolidação do Estado protetor do ambiente nas constituições* brasileira e portuguesa. Prisma Jurídico, São Paulo. V.6, p. 101-120, 2007.

[264] BARROS, Carmen Silvia de Moraes. *A individualização da pena na execução penal.* São Paulo: RT, 2001, p. 121.

não utilizando padrões de reprovação ou simplificações de raciocínio que conduzem sempre à pena mínima ou máxima". Do princípio da individualização da pena deriva a idéia de que a pena deve ser aplicada de maneira proporcional à ofensa produzida pelo delito ao bem jurídico.[265]

Sendo os entes coletivos incapazes de agir por eles próprios, agindo apenas por intermédio de pessoas físicas, não podem ser punidos criminalmente. Figueiredo Dias[266], fundamentado na dogmática penal aponta como obstáculos, a **incapacidade de ação**, por não poderem nunca agir por eles próprios, mas somente através de pessoas físicas e a **incapacidade de culpa** dos entes coletivos.

Em parecer emitido no processo 8030/05 – 9.ª Séc. Relação de Lisboa, Paulo José Rodrigues Antunes assim declara: "em sede de direito contra-ordenacional, a punição das pessoas colectivas não constitui mais que o resultante de um pensamento analógico, sendo sabido que apenas as pessoas singulares são susceptíveis de culpa – neste sentido, prof. Figueiredo Dias, em Sobre o Fundamento, Sentido e Aplicação das Penas em Direito Penal Económico, Textos Doutrinários, Coimbra editora, 1998, vol. I, p. 381.[267]

Assiste razão a Figueiredo Dias quando ao manifestar-se sobre o fato argumenta que "*a manutenção da responsabilidade exclusivamente individual significaria em muitos casos a impunidade, com conseqüências sociais extremamente danosas, sobretudo, numa sociedade como a contemporânea e seguramente a futura*".[268]

A regra de que a pena deve ser proporcional ao crime praticado (princípio da personalidade) é abrandada com o princípio da individualidade da pena. A individualização é uma das chamadas garantias repressivas, contribuindo com o postulado básico de justiça. A fórmula clássica que determinava para tal crime tal pena foi totalmente abandonada em face das conquistas da escola positiva do direito penal. A pena deve ser individualizada, objetiva e subjetivamente, cabendo ao juiz levar em conta relativamente a cada caso concreto submetido ao seu julgamento, os

---

[265] ROCHA, Fernando A. N. Galvão da. *Direito Penal. Curso Completo/Parte Geral.* 2.ªed. rev. atual. e amp. Belo Horizonte: Del Rey, 2007, p 80.

[266] DIAS, Jorge de Figueiredo. *Direito Penal. Questões Fundamentais. Op. cit.*, p. 296.

[267] ANTUNES, Paulo José Rodrigues. *Responsabilidade de pessoa colectiva em processo de contra-ordenação. Negligência. Factos*. Disponível em: <http://www.pgdlisboa.pt/pgdl/interv/pec_ficha.php?nid_peca=898&lista_resultados=1334,1333,1329,1330,1326&exacta>. Acesso em 23/05/2009.

[268] Ibid. p. 297.

antecedentes e a personalidade do réu, a intensidade do dolo ou grau de culpa, os motivos, as circunstâncias e as conseqüências do delito.[269]

O Código Penal de Portugal, no seu artigo 71.º estabelece sobre a determinação da medida da pena, nos termos seguintes:[270]

1.5.4. Necessidade

Do art. 18.º da Constituição da República Portuguesa, que trata da limitação do poder punitivo do Estado, podem ser retirados três princípios: ***princípio da necessidade; princípio da subsidiariedade e princípio da proporcionalidade***.

Ao manifestar-se sobre esta característica da pena, Germano Silva assim assevera: "o princípio da necessidade ou da proporcionalidade da pena não tem consagração expressa, pelo menos directamente referido às penas aplicáveis, mas resulta do art. 18.º da Constituição e do princípio da dignidade da pessoa humana proclamado logo no seu art. 1.º".[271] Por trás do crime há o bem jurídico a ser tutelado, portanto, a pena só deve ser aplicada se realmente for necessária e eficaz. Em muitas situações, outras penas não mais surtirão mais efeito para a pessoa do delinqüente do que a pena de prisão.

---

[269] Bruno Neto, Francisco. *Direito Constitucional*. Disponível em: <http://bruno constitucional.blogspot.com/2007/07/informao-005julho2007.html. Acesso em 03/11/2008>.

[270] Art. 71.º: 1 – A determinação da medida da pena, dentro dos limites definidos na lei, é feita em função da culpa do agente e das exigências de prevenção.

2 – Na determinação concreta da pena o tribunal atende a todas as circunstâncias que, não fazendo parte do tipo de crime, depuserem a favor do agente ou contra ele, considerando, nomeadamente:

a) O grau de ilicitude do facto, o modo de execução deste e a gravidade das suas consequências, bem como o grau de violação dos deveres impostos ao agente;

b) A intensidade do dolo ou da negligência;

c) Os sentimentos manifestados no cometimento do crime e os fins ou motivos que o determinaram;

d) As condições pessoais do agente e a sua situação económica;

e) A conduta anterior ao facto e a posterior a este, especialmente quando esta seja destinada a reparar as consequências do crime;

f) A falta de preparação para manter uma conduta lícita, manifestada no facto, quando essa falta deva ser censurada através da aplicação da pena.

3 – Na sentença são expressamente referidos os fundamentos da medida da pena.

[271] Silva, Germano Marques da. *Direito Penal Português. Parte Geral, III. Teoria das Penas e das Medidas de Segurança*. 1.ª ed. Lisboa: Editorial Verbo, 1999, p. 24.

Segundo o princípio da necessidade só devemos recorrer ao direito penal quando necessário, obedecendo a alguns critérios, tais como: a) critério da dignidade penal em função de sua natureza, de sua importância, segundo o quadro axiológico da sociedade; considerando aqui a mudança constante de valores. A idéia de necessidade está associada à de eficácia; b) critério de carência da tutela: aqui deve ser analisado se o interesse reclamado é cabível; se a conduta deve ou não ser discutida na esfera penal. Significa que as sanções devem revelar-se necessárias em virtude dos fins pretendidos pela lei não poderem ser obtidos por outros meios menos onerosos.

O princípio da necessidade representa um dos primeiros critérios a justificar uma política criminal de intervenção mínima, o que significa que a ingerência penal somente se legitima se estritamente necessária. "Trata-se de critério de economia que procura obstaculizar a elefantíase penal legitimando proibições somente quando absolutamente necessárias. Assim, os direitos fundamentais corresponderiam aos *limites* do direito penal."[272].

Para Germano Silva, o princípio da necessidade, que se concretiza no princípio da intervenção mínima, significa que as sanções devem revelar-se necessárias, porque os fins prosseguidos pela lei não podem ser obtidos por outros meios menos onerosos.[273] Segundo o princípio da necessidade o direito penal só deve intervir quando os comportamentos sociais violarem os bens jurídicos fundamentais. Por exemplo: somente ao analisar as provas carreadas a processo é que o magistrado formará seu convencimento no sentido de haver ou não necessidade de aplicação da pena.

Segundo Valfredo Alves o princípio da necessidade impõe que a medida adotada represente gravame menos relevante do que interesse que se visa tutelar (ou seja, resulte numa relação de custo/benefício que se revele benéfica) Ex: a prisão preventiva será decretada quando não tivermos outro meio menos gravoso para a preservação de determinado interesse.[274]

Segundo o princípio da Intervenção Mínima ou da Subsidiariedade o direito penal só deve intervir quando extremamente necessário, quando as medidas aplicáveis por outros ramos do Direito sejam insuficientes, como ultima ratio. É um princípio limitador do poder punitivo do Estado. Sobre este princípio assevera Muños Conde: "*O poder punitivo do Estado deve*

---

[272] Carvalho, Salo de. *Penas e garantias:* uma leitura do garantismo de Luigi Ferrajoli no Brasil. Rio de Janeiro: Lumen Juris, 2001, p. 95.

[273] Silva, Germano, *op. cit.*, p. 24.

[274] Teixeira, Valfredo Alves. *Princípios do Processo Penal.* Disponível em: <http://www.valfredo.alves.nom.br/hoje1/aulas.ppt>. Acesso em 24/05/2009.

estar regido e limitado pelo princípio da intervenção mínima. Com isso quero dizer que o Direito Penal somente deve intervir nos casos de ataques muito graves aos bens jurídicos mais importantes. As perturbações mais leves do ordenamento jurídico são objeto de outros ramos do Direito".[275]

1.5.5. Subsidiariedade

O direito penal surge como subsidiário a outros ramos do direito. Ele somente deve intervir quando os demais ramos do ordenamento se revelarem insuficientes para a solução do conflito, só deve ser convocado para situações de real gravidade, quando fracassadas outras formas de punição e de composição de conflitos. O Direito Penal é a *ultima ratio*; a última opção do sistema legislativo no caso do fracasso, da não efetividade de outras formas de punição e de composição dos conflitos. Este princípio tem uma grande proximidade com o da intervenção mínima e constitui uma especificação no campo do direito penal do princípio da proporcionalidade. Citando o posicionamento de Mercedes García Arán, Guilherme Nucci declara o seguinte: "o direito penal deve conseguir a tutela da paz social obtendo o respeito à lei e aos direitos dos demais, mas sem prejudicar a dignidade, o livre desenvolvimento da personalidade ou a igualdade e restringindo ao mínimo a liberdade".[276]

Seguindo a mesma linha de raciocínio, Guilherme Nucci destaca o posicionamento de Anabela Miranda Rodrigues, segundo o qual "na mais recente definição de bem jurídico, independentemente da diversidade de formulações, o ponto de partida é o de que o bem jurídico possui natureza social e o de que o direito penal só deve intervir para prevenir danos sociais e não para salvaguardar concepções ideológicas ou morais ou realizar finalidades transcendentes".[277]

Segundo Fernando Silva, "nas grandes reformas penais das últimas décadas esteve sempre presente a idéia de ao direito penal competir uma importante função de protecção dos bens jurídicos. Os bens jurídicos serão selecionados por critérios de dignidade e necessidade, e o direito penal actua como instrumento de *ultima ratio*".[278]

---

[275] Muños Conde, Francisco apud Greco, Rogério. Curso de Direito Penal, Vol. I, Parte Geral, *op. cit.*, p. 49.

[276] Nucci, Guilherme, *op. cit.*, p. 60.

[277] Ibid. p. 60.

[278] Silva, Fernando. *Direito Penal Especial: Os crimes contra a pessoa.* Lisboa: Quid Júris, 2005, p. 11.

No que tange ao princípio da subsidiariedade e a proteção de bens jurídicos, Claus Roxin tece as seguintes considerações: *"La protección de bienes jurídicos no se realiza sólo mediante el Derecho penal, sino que a ello há de cooperar el instrumental de todo el ordenamiento jurídico. El Derecho penal sólo es incluso la última de entre todas las medidas protectoras que hay que considerar, es decir que sólo se le puede hacer intervenir cuando fallen otros médios de solución social del problema – como la acción civil, las regulaciones de polícia o jurídico-técnicas, las sanciones no penales, etc.Por ello se denomina a la pena como la "ultima ratio de la política social" y se define su misión como protección subsidiaria de bienes jurídicos".*[279]

A experiência profissional tem nos demonstrado que a pena privativa de liberdade só deverá ser utilizada, como última opção, quando efetivamente outras formas de sanções não penais não surtirem efeitos ou falirem no que diz respeito à proteção dos bens jurídicos, a segurança na convivência do apenado em sociedade.

1.5.6. Proporcionalidade

Este princípio está voltado para a elaboração do preceito primário do tipo, estabelecendo um paralelo entre os limites da incriminação e os benefícios dela decorrentes. A pena deve ser proporcional à dimensão do dano, a gravidade do delito praticado, ter como meta proteger bens jurídicos, obedecendo aos critérios legais previamente estabelecidos não se admitindo penas idênticas para crimes com lesividades distintas, ou seja, proporcional ao crime praticado, à gravidade do fato e da lesão ao bem jurídico, como bem ilustra José Rosa "acabaram-se aquelas crueldades inomináveis e absurdas de condenações à morte por delitos insignificantes; a falta de critério que existia para estabelecer qualquer tipo ou espécie de castigo, bem como o tempo de duração da pena".[280]

Ao posicionar-se sobre este princípio Germano Silva assevera: "a proporcionalidade em sentido estrito exige, antes de mais, a limitação da gravidade da sanção à gravidade do mal causado pelo crime, na base da adequação da pena ao fim que esta deve cumprir. Tradicionalmente este

---

[279] Roxin, Claus – *Derecho Penal – Parte General, Tomo I*, trad. da 2.ª ed. alemã e notas por Diego-Manuel Luzón Pena, Miguel Díaz y García Conlledo e Javier de Vicente Remesal, Madrid: Editorial Civitas S. A., 1997, p. 65.

[280] Rosa, José Miguel Feu. *Direito Penal*. São Paulo: RT, 1995, p. 422.

princípio foi entendido como exigência de proporcionalidade entre o facto cometido e a sanção prevista por lei, mas modernamente refere-se também à culpabilidade do agente."[281]

As legislações penais portuguesa e espanhola assim como a brasileira também adotam este princípio, que, aliás, vem sendo debatido, discutido e aprimorado desde a lei do talião, quando teve início a noção de proporcionalidade, entre o fato delituoso praticado e a pena, na seara penal. "A adequação e a proporcionalidade são princípios que valem aquando da aplicação da medida de coacção e, ainda, durante todo o tempo que ela perdurar".[282] Luiz Regis Prado assim sintetiza: "a pena deve estar proporcionada ou adequada à intensidade ou magnitude da lesão ao bem jurídico representada pelo delito e a medida de segurança à periculosidade criminal do agente".[283]

Significa que as penas devem ser harmônicas com a gravidade da infração penal cometida, não tendo cabimento o exagero, nem tampouco a extrema liberalidade na cominação das penas nos tipos penais incriminadores. Não teria sentido punir um furto simples com elevada pena privativa de liberdade, como também não seria admissível punir um homicídio com pena de multa.[284]

Em Portugal, tanto o Código Penal, no seu art. 40.°, quanto a Constituição da República Portuguesa, nos seus artigos 18.°, II, e 266 item 2 referem-se ao princípio da proporcionalidade, o qual tem como um dos seus principais objetivos proteger e defender os direitos e garantias fundamentais. Os referidos dispositivos assim mencionam:[285]

---

[281] SILVA, Germano Marques da. *Direito Penal Português. Parte Geral, III, op. cit.*, p. 24.

[282] ROCHA, Fernando. *Op. cit.*, p. 33.

[283] PRADO, Regis Luiz. *Curso de Direito Penal*: *parte geral*. Vol. 1, 3.ª ed. revista atual. e amp. São Paulo: RT, 2002, p. 122.

[284] GRECO, Rogério, *op. cit.*, p. 63.

[285] *Artigo 40.° Código Penal*: Finalidades das penas e das medidas de segurança: 1. A aplicação de penas e de medidas de segurança visa a protecção de bens jurídicos e a reintegração do agente na sociedade. 2. Em caso algum a pena pode ultrapassar a medida da culpa. 3. A medida de segurança só pode ser aplicada se for proporcionada à gravidade do facto e à perigosidade do agente.

Constituição da República Portuguesa. Artigo 18.° (Força jurídica)

1. Os preceitos constitucionais respeitantes aos direitos, liberdades e garantias são directamente aplicáveis e vinculam as entidades públicas e privadas. 2. A lei só pode restringir os direitos, liberdades e garantias nos casos expressamente previstos na Constituição, devendo as restrições limitar-se ao necessário para salvaguardar outros direitos

Segundo o art. 18.º, II, da Constituição da República Portuguesa, que consagra o princípio da proporcionalidade, só podem ser impostas restrições aos direitos, liberdades e garantias se estiverem previstas na mesma. Tais restrições devem ser aplicadas de forma proporcional, limitando por sua vez, ao necessário para proteger e defender outros direitos e interesses constitucionalmente protegidos. Ele também tem como finalidade verificar se o ato é adequado e necessário ao objetivo a que se destina e verificar caso haja confronto entre bens, direitos ou interesses protegidos qual deles deverá prevalecer no caso concreto.

1.5.7. Humanidade

Não são admitidas as penas de morte, salvo em caso de guerra declarada, perpétuas, de trabalhos forçados, de banimento e cruéis. (Constituição Federal Brasileira, art. 5.º, XLVII). Observamos aqui, que já existe uma preocupação maior com a coletividade, com a dignidade da pessoa humana, com o infrator da lei penal, ao qual é assegurado respeito à sua integridade física e moral. Correta a ponderação do jurista Luiz Regis Prado, quando assevera... "a idéia de humanização das penas criminais tem sido uma reivindicação constante no perpassar evolutivo do Direito Penal. Das Penas de morte e corporais, passa-se, de modo progressivo, às penas privativas de liberdade e destas às penas alternativas (ex: prestação pecuniária, prestação de serviços à comunidade, perda de bens e valores, interdição temporária de direitos, limitação de fim de semana). Em um Estado de Direito democrático vedam-se a criação, a aplicação ou a execução de pena bem como de qualquer outra medida que atentar contra a dignidade humana (ex: tratamento desumano ou degradante)".[286]

No Brasil a prestação pecuniária é uma pena restritiva de direitos. Nos termos do art.45 § 1.º do Código Penal consiste no pagamento em

---

ou interesses constitucionalmente protegidos. 3. As leis restritivas de direitos, liberdades e garantias têm de revestir carácter geral e abstracto e não podem ter efeito retroactivo nem diminuir a extensão e o alcance do conteúdo essencial dos preceitos constitucionais.

Artigo 266.º (Princípios fundamentais)

1. A Administração Pública visa a prossecução do interesse público, no respeito pelos direitos e interesses legalmente protegidos dos cidadãos.

2. Os órgãos e agentes administrativos estão subordinados à Constituição e à lei e devem actuar, no exercício das suas funções, com respeito pelos princípios da igualdade, da proporcionalidade, da justiça, da imparcialidade e da boa fé.

[286] PRADO, Regis, *op. cit.*, p. 123.

dinheiro à vítima, a seus dependentes ou a entidade pública ou privada com destinação social, de importância fixada pelo juiz, não inferior a 1 (um) salário mínimo nem superior a 360 (trezentos e sessenta) salários mínimos. O valor pago será deduzido do montante de eventual condenação em ação de reparação civil, se coincidentes os beneficiários.

Com a evolução da sociedade e por via de conseqüência, do direito, foi dado à pena um sentido maior de humanização. Algumas delas foram desprezadas e postas em desuso, como as penas de morte, os banimentos, as prisões desumanas. Foram substituídas por outras mais humanas, menos cruéis, mais justas, proporcionais aos delitos e por fim, por penas e medidas alternativas à prisão; embora as prisões ainda deixem a desejar no sentido de ressocializar e reintegrar o condenado.

Vários documentos manifestaram interesse e preocupação com relação aos direitos do homem, dentre os quais, a Magna Carta imposta pelos barões ao Rei João Sem Terra, em 1215; a Declaração de Independência Americana de 1776, a Revolução Francesa de 1789 e a Declaração Universal dos Direitos do Homem, aprovada pela Assembléia Geral das Nações Unidas, em 10/12/1948, em Paris.

A Declaração Universal dos Direitos do Homem estabelece que todos os seres humanos são iguais perante a lei, têm direito à vida, à liberdade e a segurança pessoal; nascem livres e iguais em dignidade e em direitos; têm direito a proteção igual contra qualquer discriminação que viole este documento; enfim, a Assembléia Geral[287] proclamou a referida Declaração como ideal comum a atingir todos os povos e todas as nações, a fim de que todos os indivíduos e todos os órgãos da sociedade, tendo-a constantemente no espírito, se esforcem, pelo ensino e pela educação, por desenvolver o respeito desses direitos e liberdades e por promover, por medidas progressivas de ordem nacional e internacional, o seu reconhecimento e a sua aplicação universais e efetivos tanto entre as populações dos próprios Estados membros como entre as dos territórios colocados sob a sua jurisdição.

Dentre os princípios fundamentais reconhecidos pela Constituição Federal Brasileira de 1988 como fundamentos do Estado Democrático de Direito destacamos a cidadania e a dignidade da pessoa humana. "O postulado maior da política criminal do Estado Democrático reside no respeito ao princípio da humanidade, que decorre do fato de ser o homem o fim de todas as considerações sociais".[288]

---

[287] Fernandes, António José, *op. cit.*, p. 223.

[288] Rocha, Fernando, *op. cit.*, p. 67.

Segundo Fernando Galvão[289] a efetiva proteção dos direitos humanos é o ideal que se pretende alcançar; pois não basta declarar que o homem possui direitos; é necessário estabelecer mecanismos eficientes de proteção aos direitos reconhecidos. Para ele, o princípio da humanidade nos alerta para o fato de que, se toda sociedade tem os criminosos que merece, os criminosos, ao contrário, em especial os jovens, muitas vezes não têm a sociedade que merecem. Se a sociedade, de variadas formas, contribui para a formação do criminoso, não deve trabalhar com a lógica simplista do castigo; a intervenção punitiva deve contribuir para a realização de um projeto socialmente construtivo e para o proveito do próprio condenado.

1.5.8. Inderrogabilidade

Significa que a pena não pode deixar de ser aplicada sob nenhum fundamento, O Estado não pode abster de aplicá-la; salvo as exceções previstas em lei; o juiz deve ser imparcial e proferir uma decisão justa. Segundo Aury Lopes Jr. um dos princípios de um processo penal garantista é a inderrogabilidade do Juízo, no sentido de infungibilidade e indeclinabilidade da jurisdição.[290] O juiz então, não pode se afastar, não pode fugir das provas constantes dos autos, que, sem dúvida, lhe ajudam na formação do seu convencimento sobre a veracidade de um fato alegado por uma das partes em juízo; deve fundamentar sua decisão de acordo com as leis, doutrinas e jurisprudências, obedecendo aos limites da sua jurisdição. Por outro lado, o Estado democrático de direitos assegura ao indivíduo todos os direitos previstos na Constituição Federal como, por exemplo, o de ampla defesa. Ao exemplificar este princípio Fernando Capez afirma que "o juiz não pode extinguir a pena de multa levando em conta seu valor irrisório."[291]

É assegurado ao apenado o direito de ser selecionado, nos termos do art. 5.º, XLVIII, XLIX e L, da Constituição Federal Brasileira, para fins de cumprimento da pena em estabelecimentos distintos, em consonância com a natureza do delito, a idade e o sexo.

---

[289] GALVÃO, Fernando, *op. cit.*, p. 68.

[290] LOPES, Jr., Aury. *Sistemas de Investigação Preliminar no Processo Penal*. Rio de Janeiro: Lúmen Júris, 2001, p. 15/16.

[291] CAPEZ, Fernando. *Curso de direito penal: parte geral. Vol. 1*, 4.ª ed. ver. e atual., São Paulo: Saraiva, 2002, p. 320.

Art. 5.º Todos são iguais perante a lei, sem distinção de qualquer natureza, garantindo-se aos brasileiros e aos estrangeiros residentes no País a inviolabilidade do direito à vida, à liberdade, à igualdade, à segurança e à propriedade, nos termos seguintes:

XLVIII – a pena será cumprida em estabelecimentos distintos, de acordo com a natureza do delito, a idade e o sexo do apenado;

XLIX – é assegurado aos presos o respeito à integridade física e moral;

L – às presidiárias serão asseguradas condições para que possam permanecer com seus filhos durante o período de amamentação;

A sentença deve ser fundamentada. O juiz, ao fixar a pena, analisa vários critérios, entre os quais: a personalidade e a culpabilidade do agente, as circunstâncias agravantes e atenuantes, a intensidade do dolo ou grau de culpa, as conseqüências e circunstâncias do crime, exigência essa, do princípio da individualização da pena.

Ao referir-se sobre as características das penas, José Miguel Rosa afirma que ela deve ser o máximo possível, correcional, cumprindo ao Estado exercer todos os esforços para tentar corrigir o criminoso, criando-lhe novos hábitos e vocação para o trabalho.

1.5.9. Culpabilidade

Segundo o princípio da culpabilidade ninguém será punido se não for comprovado ter agido com dolo ou culpa (no direito penal brasileiro) ou negligência (no direito penal português; falta de cuidado), o que significa dizer que a responsabilização não será objetiva, mas subjetiva. Um fato negligente pressupõe três elementos principais: 1. que a pessoa ao violar um ato, violou um dever de cuidado; 2. que o cumprimento deste dever de cuidado seja possível; e 3. que tenha capacidade para cumprir o dever de cuidado. A responsabilidade penal tem que se basear numa culpa concreta, como afirma o art. 18.º do Código Penal Português que *"a imputação do resultado, ainda que não previsto ou não querendo pelo agente, tem que ser feita pelo menos a título de negligência"*.[292]

Portanto, a fixação da pena depende da culpabilidade, que é um juízo de reprovação pessoal feito ao autor de um fato típico e antijurídico,

---

[292] *Código Penal Português.* Redação resultante das alterações introduzidas pela Lei 59/2007, de 04/09, Ibid.

funciona como pressuposto de sua aplicação; liga o agente à punibilidade. O delito representa uma atitude interior reprovável por contrariar os valores e as normas defendidas pela sociedade. É composta pelos seguintes elementos: **imputabilidade** (capacidade do agente entender o caráter ilícito do fato ou de determinar-se de acordo com esse entendimento); **potencial consciência da ilicitude** (possibilidade do agente saber que o fato é ilícito e que a conduta que está praticando é proibida por lei; o que não deve ser confundido com o desconhecimento da lei) e **exigibilidade de conduta diversa** (possibilidade de serem punidas apenas as condutas que poderiam ter sido evitadas pelo agente).

Segundo Germano Marques[293] o princípio da culpabilidade significa que a pena se funda na culpa do agente pela sua acção ou omissão, isto é, em um juízo de censura do agente por não ter agido em conformidade com o dever jurídico, embora tivesse podido conhecê-lo, motivar-se por ele e realizá-lo.

Se o agente não tiver agido com dolo ou culpa não deve ser punido penalmente. O Código Penal Brasileiro é bem claro, quando em seu artigo 18 preceitua, ipsis litteris: "*Diz-se o crime: I – doloso, quando o agente quis o resultado ou assumiu o risco de produzi-lo; II – culposo, quando o agente deu causa ao resultado por imprudência, negligência ou imperícia*". O parágrafo único dispõe: "*salvo os casos expressos em lei, ninguém pode ser punido por fato previsto como crime, senão quando o pratica dolosamente*".[294]

Oportunamente, Nilo Batista tece o seguinte comentário e constatação em relação ao tema: "que toda pena corresponda a uma prévia culpabilidade não há dúvida; mas que, reconhecida a culpabilidade, deva, inexoravelmente seguir-se uma pena, é questionável".[295]

Por conseguinte, partindo deste pressuposto, é que Mário Cipriani conclui[296] que ao ser observado por ambos os lados, não há necessidade de intervenção do direito penal nessa espécie de ilícitos, porque a intervenção poderia ser encontrada em outros meios de controle.

---

[293] SILVA, Germano Marques da. *Direito Penal Português. Parte Geral, III. Teoria das Penas e das Medidas de Segurança*. 1.ª ed. Lisboa: Editorial Verbo, 1999, p. 92.

[294] BRASIL. *Código Penal*; *Código de Processo Penal*; *Constituição Federal/ Op. cit.*, p. 273.

[295] BATISTA, Nilo. *Introdução Crítica ao Direito Penal Brasileiro*. 4.ª ed. Rio de Janeiro: Editora Revan, 1999, p. 103.

[296] CIPRIANI, *op. cit.*, p. 124.

O princípio da culpabilidade no direito penal indica um máximo de pena a ser aplicada quando um determinado indivíduo comete um fato delituoso sendo este aferido com base no dolo ou na negligência.

Como assenta com precisão Figueiredo Dias "*a exigência de dolo ou de negligência quer significar que, fora destes, não se torna possível considerar documentada no facto uma personalidade censurável, isto é, desconforme, na sua actuação, com a suposta pela ordem jurídica*".[297] Apresenta, em seguida, as distinções entre ambos, definindo o **dolo** como "o conhecimento e vontade de realização do tipo objectivo" e a **negligência** como a "violação de um dever de cuidado e criação de um risco permitido"; e nesta parte, aquele e esta são elementos constitutivos do tipo de ilícito.[298]

Segundo Carlota Pizarro de Almeida "*pode entender-se que o princípio da culpa tem acolhimento constitucional, na medida em que será uma decorrência da dignidade da pessoa humana consagrada no art. 1.º da Constituição*".[299] Esclarece ainda que o art. 13.º do Código Penal Português rejeita liminarmente a punição de qualquer fato não culposo e que a revisão de 1995 introduziu-se um novo artigo (art. 40.º), com o qual tornou-se claro a posição adotada pela lei no que diz respeito às finalidades das penas e medidas de segurança, enfatizando o princípio da culpa e a prevenção geral e especial. A idéia de pena evolui-se com o tempo, hoje não é apenas a resposta ao crime cometido, mas também uma forma de ressocialização. O direito penal visa proteger bens jurídicos e reintegrar o indivíduo à sociedade. Logo, o sistema penitenciário tem que está adaptado para exercer esta função.

Como não há pena sem culpa, os inimputáveis não podem ser punidos. O limite da pena é a culpa. Poderão sim ser internados para cumprirem medidas de segurança, quando necessário, sendo avaliados o seu grau de periculosidade e o fato praticado, em níveis de proporcionalidade. O que tiver menor imputabilidade receberá uma pena atenuada. Se sua culpa for menor sua pena também será mais branda. O Código Penal Português é bem claro quando estatui no seu art. 40.º, que em caso algum a pena pode ultrapassar a medida da culpa. A culpa constitui o pressuposto necessário da pena. "*Nulla poena sine culpa*" – Não há pena sem culpa

---

[297] DIAS, Jorge, *op. cit.*, p. 277.

[298] Ibid, p. 278.

[299] ALMEIDA, Carlota Pizarro de Almeida. *Modelos de Inimputabilidade: da teoria à prática*. Lisboa: Almedina, 2000, p. 31.

e a medida da pena não pode em caso algum ultrapassar a medida da culpa. A determinação da medida da pena, dentro dos limites definidos na lei, é feita em função da culpa do agente e das exigências de prevenção conforme estabelece o art. 71.º do Código Penal Português.

Os condenados devem receber o mesmo tratamento, sujeitarem-se aos mesmos regulamentos e à mesma disciplina. A sanção penal não pode deixar de ser descrita com precisão e nem o quantum a ser fixado, analisando os critérios legais, sendo um deles, a gravidade do delito. O princípio da igualdade das partes importa na relação processual, com iguais direitos, deveres, ônus e faculdades processuais. No entanto, não é absoluto, comportando exceções, até porque, em sua essência, traduz a necessidade de tratamento desigual para os desiguais.

Capítulo II

FINALIDADES DAS PENAS

Segundo Jorge de Figueiredo Dias[300] o problema dos fins da pena criminal é tão velho quanto a própria história do direito penal e tem sido discutido, vivamente e sem soluções de continuidade, pela filosofia (tanto pela filosofia geral quanto pela filosofia do direito), pela doutrina do Estado e pela ciência conjunta do direito penal. Para ele, a razão de tal interesse e da sua persistência ao longo dos tempos está em que, à sombra do problema dos fins da pena, é no fundo toda a teoria do direito penal que se discute e, com particular incidência, as questões fulcrais da legislação, fundamentação e função da intervenção penal estatal. Neste sentido se pode dizer que a questão dos fins das penas constitui a questão do destino do direito penal e seu paradigma.

Na concepção de Tourinho Filho, a pena é castigo. Embora outros juristas afirmem que sua finalidade primordial é reeducar para ressocializar, reinserir, reintegrar o condenado na sociedade, no entendimento dele, o cárcere não tem função educativa; "é simplesmente um castigo; esconder sua verdadeira e íntima essência sob outros rótulos é ridículo e vitoriano; os condenados vivem ali como farrapos humanos, castrados até à esperança".[301]

A posição adotada por Tourinho Filho é a mesma de renomados estudiosos no assunto que defendem a pena privativa de liberdade apenas para os delitos mais graves. Para os outros delitos considerados pela legislação de menor e médio potencial ofensivo, têm sido adotadas medidas alternativas, como a transação penal, a suspensão condicional do processo referidas na lei n.º 9.099/95, que dispõe sobre os Juizados Es-

---

[300] Dias, Jorge de Figueiredo. *Direito Penal. Questões Fundamentais. Op. cit.*, p. 43.

[301] Tourinho Filho, Fernando da Costa. *Manual de processo penal*. 8.ª ed. ver. e atual. São Paulo: Saraiva, 2006.

peciais Cíveis e Criminais e as penas restritivas de direitos, disciplinadas e regulamentadas no Brasil, pelo Código Penal Brasileiro.

Na nossa visão, o cárcere pode ter função educativa se dispuser de condições concretas que permita reeducar o criminoso visando o seu retorno à sociedade como, por exemplo, oferecendo-lhe oportunidade de estudar, de trabalhar, de desenvolver suas habilidades, tratando-o com respeito e dignidade.

2.1. Teorias sobre as Finalidades das Penas

De forma generalizada, a pena pode ser definida como a sanção que o Estado impõe ao autor de uma infração penal, que tenha agido com culpa, através de um processo legal. A finalidade a ser alcançada com as penas e medidas de segurança é a proteção dos bens jurídicos fundamentais e a reintegração do agente na sociedade.

Segundo Gustavo Junqueira[302] a pena não pode ter outro fim que não a realização efetiva do Estado democrático de direito, das garantias individuais arroladas na Constituição e, como fundamento histórico e filosófico de tais concepções, a idéia da primazia do indivíduo. Este fim por ele alegado é o mediato. No que se refere aos fins imediatos da pena, assevera que são os que se busca diminuir a violência e propiciar a vida em comum. "Com a pena, além da salvaguarda da ordem jurídica e dos fins preventivos, busca-se o restabelecimento do equilíbrio emocional da sociedade".[303]

Diversas teorias surgiram para explicar a origem do direito de punir do Estado, a natureza e os fins da pena. Dentre elas, as mais citadas, não necessariamente as mais importantes são: *teorias absolutas*, ligadas essencialmente às doutrinas da retribuição ou da expiação; *teorias relativas,* que analisam dois grupos de doutrinas, de um lado as de prevenção geral e de outro as de prevenção especial ou individual e *teorias mistas*. "Três lemas indicam-lhes a essência: *punitur quia peccatum est* (absolutas); *punitur ut ne peccetur* (relativas ou utilitárias); *punitur quia peccatum est et ne peccetur* (mistas). Pune-se porque pecou; pune-se para que não peque; pune-se porque pecou e para que não peque".[304]

---

[302] JUNQUEIRA, Gustavo Octaviano Diniz. *Finalidades da pena.* Barueri, São Paulo: Manole, 2004 p. 22/28.

[303] MARQUES, *op. cit.,* p. 109.

[304] GARCIA, Basileu. *Instituições de Direito Penal*, vol. I, tomo II, 4.ª ed., 39.ª tiragem, São Paulo: Editora de Livros de Direito, 1977, p. 66.

Sendo a idéia de pena ligada à de castigo, de sofrimento, assiste razão a Germano Silva, quando declara: "o sofrimento implícito na pena pode ser instrumentalizado para a realização de diversos fins e estes fins imediatos das sanções, por sua vez, mudam em função das concepções da sociedade e do Estado que vão emergindo no decurso da história".[305] Tentaremos então, no decorrer da nossa pesquisa, demonstrar outros fins apontados e defendidos por grandes juristas.

2.1.1. Teorias Absolutistas ou Retribucionistas

Para a *teoria absolutista* (retribucionista ou de retribuição), a finalidade da pena é o castigo, a retribuição, o pagamento pelo mal praticado, pune-se o agente porque praticou o crime; a essência da pena é a retribuição, expiação, reparação ou compensação do mal do crime. Tem como fundamento a exigência da justiça, a retribuição é o verdadeiro e único fim da pena. Considera a pena como uma retribuição do mal injusto, praticado pelo criminoso; é a pena quem restabelece a ordem jurídica lesada pelo crime. Para os adeptos desta teoria, a pena não possui nenhuma finalidade utilitária. Foram defensores dessa teoria[306] Carrara, Petrocelli, Maggiore e Betiol na Itália, Binding, Maurach, Welzel e Mezger, Kant e Hegel, na Alemanha, tendo estes dois últimos se destacado de forma considerável. Karl Binding também considerou a pena como retribuição de um mal por outro mal.[307] Segundo Giuseppe Bettiol, enquanto retribuição, a pena é o melhor meio de defesa da sociedade.[308] Baseada no instinto, no sentimento, a vingança quer comunicar reprovação.[309] "Tal vingança, de forma simbólica, tinha o poder de desfazer a ação do malfeitor, por meio de sua própria destruição ou banimento do grupo. De fato, retratava o sentimento coletivo de repulsa ou represália que se expressava no grupo contra o agressor, gerado pela frustração ocasionada pela ofensa, sem que a retribuição passasse por um crivo de racionalidade, como passou a ocorrer nas sociedades primitivas".[310] Ainda hoje, em pleno

---

[305] SILVA, Germano Marques da. *Direito Penal Português.* Parte Geral, III. Teoria das Penas e das Medidas de Segurança. 1.ª ed. Lisboa: Editorial Verbo, 1999, p. 74.

[306] MARCÃO, Renato Flavio. *Rediscutindo os fins da pena.* Disponível em <http:// trinolex.com/artigos-view.asp?icaso= artigo & id=386>. Acesso em 04/07/2007

[307] BITENCOURT, Cezar Roberto. *Falência da pena de prisão. Op. cit.,* p. 116.

[308] FERREIRA, Gilberto, *op. cit.,* p. 26.

[309] JUNQUEIRA, *op. cit.,* p. 31.

[310] MARQUES, *op. cit.,* p. 03.

século XXI, com a compreensão dos direitos humanos, muitas pessoas continuam a defender a vingança como uma necessidade social, às vezes até de forma inconsciente; o que não é correto tendo em vista os valores, os princípios constitucionais assegurados e defendidos pelo Estado democrático de direito. Como bem assevera Oswaldo Duek Marques "a pena, contudo, em sua aplicação prática, necessita passar pelo crivo da racionalidade contemporânea, impedindo que o delinqüente se torne instrumento de sentimentos ancestrais de represália e castigo". Só assim o Direito penal poderá cumprir sua função preventiva e ressocializadora, com resultados mais produtivos para a ordem social e para o próprio transgressor.[311] No entendimento de Francesco Carrara, o fim primário da pena é o restabelecimento da ordem externa da sociedade.[312]

Segundo Claus Roxin[313], são três os inconvenientes que podem ser apresentados na análise da teoria de retribuição. O primeiro decorre do fato de que a referida teoria pressupõe já a necessidade da pena, que deveria fundamentar; pois se o seu significado assenta na compensação da culpa humana, não se pode com isso pretender que o Estado tenha de retribuir com pena toda a culpa. E igualmente a culpa jurídica acarreta conseqüências de tipos diversos, como, por exemplo, um dever de indenização por danos, mas apenas em raras ocasiões a pena. O segundo, continua ele, nos seguintes termos: a liberdade humana pressupõe a liberdade de vontade (o livre arbítrio), e a sua existência, como os próprios partidários da idéia da retribuição concordam é indemonstrável. E por fim, cita o terceiro argumento que é no sentido de que, mesmo quando se considere que o alcance das penas estatais e a culpa humana se encontram suficientemente fundamentadas com a teoria da expiação, colocar-se-ia sempre uma terceira objeção, a saber: a própria idéia de retribuição compensadora só pode ser plausível mediante um ato de fé.

Ao referir-se a Claus Roxin, Cezar Bitencourt[314] ressalta que ele despreza totalmente a teoria retribucionista, ou como ele a chama, **teoria de expiação**, porque deixa sem esclarecer os pressupostos da punibilidade, porque não estão comprovados seus fundamentos, e porque, como conhecimento de fé irracional, alem de impugnável, não é vinculante. "Diferentemente da pena retributiva, a **teoria de expiação** não tem a função de

---

[311] Ibid, p. 110.

[312] Bitencourt, Cezar Roberto. *Falência da pena de prisão. Op. cit.*, p. 116.

[313] Claus Roxin apud Marcão, Renato. *Rediscutindo os fins da pena*. Disponível em <http://trinolex.com/artigos-view.asp?icaso= artigo & id=386>. Acesso em 04/07/2007.

[314] Bitencourt, Cezar Roberto. *Falência da pena de prisão. Op. cit.*, p. 120.

restituir a ordem correta das coisas, senão a reconciliação do delinqüente consigo mesmo, com o ordenamento, com a sociedade e, sobretudo com a divindade".[315] O direito canônico também defendia a idéia de expiação ou penitência como pena em função de um crime praticado, de um pecado; buscando assim, o arrependimento.

No ensinamento de Zaffaroni "as teorias absolutistas tendem a retribuir, para garantir externamente a eticidade quando uma ação objetivamente a contradiga, infligindo um sofrimento equivalente ao injustamente produzido (talião)".[316]

Tendo como pressuposto a necessidade da pena, a teoria da retribuição foi bastante criticada, em vários aspectos, como os seguintes: que é impossível eliminar o mal do delito com o mal da pena, considerando que o retribucionismo nunca é proporcional ao dano causado pelo mesmo; que apenas pune o delito praticado, mas nunca previne para que ele não volte a acontecer. Sendo baseada na retribuição do mal pelo mal era voltada ao passado.

Segundo Galvão Rocha[317], sob a denominação de teorias retributivas podem-se agrupar todas as argumentações que identificam na pena o aspecto essencial de castigo; defendendo assim o princípio de que aquele que violou um preceito legal deve ser castigo. Dentre estas teorias ele destaca a **retribuição divina,** a **retribuição moral** e a **retribuição jurídica.**

No que se refere a **retribuição divina** segundo Fernando Galvão Rocha, na Idade Média, o Estado Teocrático[318] fundamentou em crenças religiosas, no sobrenatural, na legitimidade do exercício do poder. A pena era definida como o instrumento pelo qual o Estado pretende vencer a vontade que deu causa ao delito e violou a lei que materializa a vontade do Divino Criador.

A **doutrina social da igreja** fundamenta-se principalmente no mandamento do amor: amar a Deus sobre todas as coisas e ao nosso próximo como a nós mesmos. Baseia-se também nos princípios da dignidade da pessoa humana, no bem comum e na subsidiariedade. "A doutrina social da igreja designa o conjunto de escritos e mensagens – cartas, encíclicas,

---

[315] JUNQUEIRA, Gustavo. *Op. cit.*, p. 36.

[316] ZAFFARONI, Eugenio Raul. et al. *Directo Penal Brasileiro*. Rio de Janeiro: Revan, 2003, p. 15.

[317] ROCHA, Fernando, *op. cit.*, p. 7.

[318] Ibid, p. 9. Nota: teocracia = regime político em que o poder é considerado como proveniente diretamente de Deus, exercido por aqueles que são investidos da autoridade religiosa.

exortações, pronunciamentos, declarações – que compõem o pensamento do magistério católico a respeito da chamada questão social."[319]

Ao abordar sobre a história da doutrina social da igreja, Dom Orlando Dotti assim se posiciona: "sabemos que a comunidade cristã é o sujeito da doutrina social da igreja; entretanto, os documentos papais e os documentos das igrejas particulares e regionais constituem o núcleo central do conteúdo da DSI".[320] Na concepção dele, todos esses documentos não foram produzidos aleatoriamente; antes, eles são uma tentativa de resposta às situações de lugar e tempo vividas pela humanidade; cada documento tem atrás de si um contexto histórico.

De acordo com o compêndio[321], os princípios da doutrina social da igreja são: dignidade da pessoa humana (o mais importante), o bem comum, a destinação universal dos bens, subsidiariedade, participação e solidariedade; os valores fundamentais da vida social são: verdade, liberdade, justiça e caridade (ou amor) e os temas centrais são: a família, o trabalho humano, a vida econômica, a comunidade política, a comunidade internacional, a salvaguarda do ambiente, a promoção da paz.

Em síntese, para o padre Alfredo Gonçalves[322], a doutrina social da igreja procura atualizar a dimensão do Evangelho para os distintos contextos da vida cotidiana, levando sempre em conta que o gênero humano encontra-se em uma fase nova de sua história, na qual mudanças profundas e rápidas estendem-se progressivamente ao universo inteiro; é o Evangelho tornado vivo e atual nos diferentes desafios da realidade social, política, econômica e cultural.

Na opinião de Jorge de Figueiredo Dias,[323] como teoria dos fins da pena, a doutrina da retribuição deve ser recusada, por não ser uma teoria dos fins da pena, pela sua inadequação à legitimação, à fundamentação e ao sentido da intervenção penal. Para ele, uma pena retributiva esgota o seu sentido no mal que se faz sofrer ao delinqüente como compensação ou expiação do mal do crime.

---

[319] GONÇALVES, Alfredo. *Doutrina social da igreja. História e desafios.* Disponível em <http://www.sinaisdostempos.org/igrejasocial>. Acesso em 08.11.07.

[320] DOTTI, Orlando. *História da Doutrina Social da Igreja e Introdução Geral do Compêndio da Doutrina Social da Igreja.* Disponível em: <http://www.catedraldecaxias.org.br/textos>. Acesso em 08.11.07.

[321] Ibid, *Op. cit.,* Acesso em 08.11.07.

[322] GONÇALVES, Alfredo. *Doutrina social da igreja. História e desafios.* Disponível em <http://www.sinaisdostempos.org/igrejasocial>. Acesso em 08.11.07.

[323] DIAS, Jorge de Figueiredo. *Direito Penal. Questões Fundamentais, op. cit.,* p. 47.

Esta teoria, que tem como propósito maior retribuir o mal causado com outro mal, não contribui para o processo de ressocialização do delinqüente, talvez fique mais revoltado e volte a delinqüir com facilidade. Para que isto não ocorra deve ser conscientizado sobre o ato praticado e trabalhado, por profissionais capacitados, no sentido de que não volte a delinqüir e posteriormente esteja apto ao convívio familiar e social; devendo a pena aplicada ser proporcional a gravidade do fato, observando, ainda, os critérios de cunho subjetivo, como: primariedade, bons antecedentes, periculosidade comportamento carcerário, dentre outros.

2.1.1.1. *Teorias defendidas por Kant e por Hegel – Noções Gerais*

Kant e Hegel defendiam a retribuição como a única finalidade da pena. Segundo Eduardo Correia[324], seja em homenagem a um imperativo categórico de justiça, que é substancialmente igualdade e que obriga a que o mal da pena seja igual ao do crime (Kant); seja porque a pena surge como reafirmação dialética violado pelo crime (Hegel). Kant[325] recusa de antemão. "*Hegel está totalmente de acuerdo con Kant, al no reconocer tampoco metas preventivas como intimidación y corrección como fines da la pena: según declara: "Com la fundamentación de la pena de esta manera, es como cuando se levanta um palo contra um perro: y al hombre no se le trata según su honor y libertad, sino como a un perro"*.[326]

No entendimento de Kant, a pena origina-se da infringência (violação) da lei penal, é aplicada em função do delito praticado, o castigo compensa o mal e tem como finalidade única o restabelecimento da ordem moral, perturbada pelo 'crime (**retribuição moral**). A fundamentação é de ordem ética. "A ética de Kant procurou estabelecer um único princípio supremo de moralidade, com autoridade racional para conduzir as paixões dos homens e não se deixar conduzir por elas; entendendo que a lei penal possui fundamento na ética, ele relaciona o direito penal à transgressão da lei moral[327]." A ética como a entende Kant, não pode ser

---

[324] Correia, Eduardo. *Direito Criminal, volume 1, op. cit.*, p. 44.

[325] Deleuze, Gilles. *A Filosofia crítica de Kant*. Lisboa: Edições 70, LDA. 2000, p. 11.

[326] Roxin, Claus – *Derecho Penal – Parte General, Tomo I*, trad. da 2.ª ed. alemã e notas por Diego-Manuel Luzón Pena, Miguel Díaz y García Conlledo e Javier de Vicente Remesal, Madrid: Editorial Civitas S. A., 1997, p. 83.

[327] Rocha, Fernando, *op. cit.*, p. 11.

empírica, não pode fundar-se em princípios da experiência, mas apenas em princípios à priori; os princípios éticos têm que ser necessariamente universais; não são fundamentados na natureza, mas sim nos princípios puros da razão.[328] "Pretender que o direito de castigar o delinqüente encontre sua base em supostas razões de utilidade social, não seria eticamente permitido".[329] A aplicação da pena decorre da simples infringência (violação) da lei penal, ou seja, da simples prática do delito. Kant "entende que o réu deve ser castigado porque delinqüiu, sem ater-se sobre a utilidade da sanção para o infrator ou para a sociedade; nega qualquer função preventiva, especial ou geral da pena".[330] Em razão da dupla face do Direito penal atual, de prevenção de crimes e garantia do indivíduo, a idéia kantiana, como sustenta Gustavo Junqueira porque não se propõe a finalidades preventivas que justifiquem a necessidade da pena, tampouco realiza garantia quando deixa de fixar quais os espaços possíveis de criminalização. Com muita precisão declara que no que se refere à legitimação, a pena apenas como "mal" imposto ao delinqüente, sem qualquer fim ressocializante, é contrária à própria compreensão social, por negativa demais.[331]

Conforme Immanuel Kant, a pena deve ser aplicada somente porque houve infringência à lei; seu objetivo é simplesmente realizar a justiça, porque "quando a justiça é desconhecida, os homens não têm razão de ser sobre a Terra". Para ele, não há nada melhor que o *ius talionis* para expressar a qualidade e a quantidade da pena, mas com a condição de ser apreciada por um tribunal, não pelo julgamento particular. A função retribucionista da pena é evidente na tese kantiana, que, com sua aplicação, pretendia alcançar a justiça.[332]

Já para Hegel, a fundamentação é de ordem jurídica; o direito é a manifestação da vontade racional, a vontade geral, sendo a racionalidade e a liberdade suas bases. "A noção da **retribuição de natureza jurídica**, elaborada de forma sistêmica por Hegel, fundamenta-se no princípio de que o Estado busca a manutenção da ordem jurídica e o crime causa a

---

[328] Moreira, Felipe Kern. *A ciência do direito em Hans Kelsen: Abordagem filosófico-crítica.* In: Âmbito Jurídico, nov. /2001. Disponível em <http:// www.ambito filosófico.com. br/aj/fil006.htm>. Acesso em 02/07/07.

[329] Bitencourt, Cezar Roberto. *Tratado de direito penal, op. cit.,* p. 71.

[330] Cipriani, Mário, *op. cit.,* p. 67.

[331] Junqueira, Gustavo, *op. cit.,* p. 45.

[332] Immanuel Kant apud Bitencourt. *Falência da pena de prisão: causas e alternativas.* 3.ª ed. São Paulo: Saraiva, 2004, p. 111.

destruição do direito."[333] Entende ele que o delito é a violência com que um ser lesiona o direito e a pena uma lesão à vontade do delinqüente, a lesão da lesão do direito, a negação da negação do direito. O crime nega o direito. O direito é um fim, uma finalidade da pena. Quando o juiz aplica a pena está negando o crime e reafirmando o direito. Logo, sintetiza o professor Cezar Bitencourt, "a pena vem, assim, retribuir ao delinqüente pelo fato praticado, e de acordo com o *quantum* ou intensidade da negação do direito será também o *quantum* ou intensidade da nova negação que é a pena".[334] No mesmo sentido se posiciona Gustavo Junqueira ao mencionar que a qualidade e a quantidade da pena para Hegel também devem vir do dogma da igualdade. Deve haver igualdade valorativa na retribuição. O valor da lesão não se encontra determinado de forma fixa, senão que é um valor relativo, que deve ser encontrado de forma racional e depende do estado da sociedade: quanto mais a sociedade está segura de si, mais o delito tem aparência débil, e o contrário, pois nessa situação a superação da lei individual não necessita de grande reparação e vice-versa[335]. Na concepção de Hegel só pode considerar como verdadeira realidade aquela que realiza as exigências e os fins da razão.

As penas devem ser aplicadas proporcionalmente à gravidade do fato delituoso e a culpa do delinqüente, como censura por ter agido como agiu. Hegel não entende a pena como mal a retribuir outro mal, porque assim seria irracional; a pena implica o restabelecimento da ordem lesada; o único instrumento capaz de restabelecer a ordem jurídica violada; realizando retribuição de natureza jurídica. O valor da lesão é relativo. "Para Hegel, a violência elimina-se com violência e a responsabilidade criminal tem como pressuposto a conduta racional do criminoso".[336]

Assevera Hegel que "a pena com que aflige o criminoso não é apenas justa em si; justa que é, é também o ser em si da vontade do criminoso, uma maneira da sua liberdade existir, o seu direito. E é preciso acrescentar que, em relação ao próprio criminoso, constitui ela um direito, está já implicada na sua vontade existente, no seu acto. Porque vem de um ser de razão, este acto implica a universalidade que por si mesmo o criminoso reconheceu e à qual se deve submeter como ao seu próprio direito. Considerando-se assim que a pena contém o seu direito, dignifica-se o criminoso como ser racional".[337]

---

[333] Rocha, Fernando, *op. cit.,* p. 12.
[334] Ibid, p. 72.
[335] Junqueira, Gustavo, *op. cit.,* p. 50.
[336] Rocha, Fernando, *op. cit.,* p. 13.
[337] Hegel apud Rocha, Fernando, *op. cit.,* p. 13.

2.1.2. Teorias Relativas ou Preventivas

A teoria relativa ou preventiva tem como fundamento a prevenção, a intimidação do agente no sentido de evitar que sejam cometidos novos delitos, novas transgressões, outras formas de violência. Segundo Cipriani, as principais idéias dessa teoria são a intimidação e a ponderação da racionalidade do homem. Para esta teoria a ameaça da pena produz no homem uma motivação para não cometer delitos. Intimidação de todos os membros da comunidade jurídica pela ameaça da pena. Ameaça que é, a pena constitui como assinala Nélson Hungria, "um poderoso meio profilático da *fames peccati*" e "um freio contra o crime" que, se de um lado, "reafirma o princípio da autoridade, que o criminoso afrontou", de outro representa "um indireto contramotivo aos possíveis criminosos de amanhã"[338]. São doutrinas relativas ou utilitárias todas aquelas que conferem à pena uma utilidade, um mal para quem a sofre. Discrepam no determinar qual seja a utilidade. Porque, "realmente, à pena pode ser concedida grande variedade de funções, conforme o ângulo em que se coloque o observador".[339] Foram precursores desta teoria, segundo Garcia: Jeremias Bentham, Anselm Von Feuerbach, Gian Domenico Romagnosi e Beccaria.

Reconhece que segundo sua essência, a pena se traduz num mal para quem a sofre, mas é criticada por justificar a necessidade da pena para que ocorra a redução da violência e a prática de novos crimes. Diferentemente da teoria absoluta, a teoria da retribuição relaciona-se com o futuro não para aplicar um mal ao delinqüente, mas para evitar que ele volte a delinqüir, a praticar novos crimes; fundamentando-se na sua necessidade de sobrevivência do grupo social.

No entendimento de Beccaria, "é impedir que o réu faça novos danos aos seus concidadãos, e impedir que os demais cometam outros iguais. Argumenta ainda que devem ser escolhidas aquelas penas e aqueles métodos de aplicá-las que, guardada a proporção, exerçam impressão mais eficaz e duradoura sobre os ânimos dos homens, e menos tormentosa sobre o corpo do réu".[340] Então, para ele, o fim da pena é o de

---

[338] Hungria, Nélson. *Novas questões jurídico-penais*. Rio de Janeiro: Jacintho, 1940, p. 132.

[339] Garcia, Basileu. *Instituições de Direito Penal*, vol. I, tomo II, 4.ª ed., 39.ª tiragem, São Paulo: Editora de Livros de Direito, 1977, p. 66.

[340] Beccaria, Cesare Bonesana. *Dos delitos e das penas*. Tradução: Vicente Sabino Júnior. São Paulo: CD, 2002, p. 59.

prevenção. Beccaria manifestava-se de forma contrária a pena de morte e a tortura. Entendia que a pena será mais justa e útil quanto mais próxima e rápida esteja do crime; e que um dos maiores freios dos delitos não é a crueldade das penas, mas a sua infalibilidade. Ele foi um dos grandes responsáveis pelo processo de humanização da pena. A partir dessa época, o direito penal passa por um período de evolução, saiu do período de barbárie, onde o direito de punir era ilimitado, passando a ser limitado.

A Escola Positiva adotava as teorias relativas, ou da prevenção, por entenderem ter a pena um fim prático e imediato de prevenção geral ou especial do crime. Preocupavam-se com a pessoa do delinqüente.

Claus Roxin assim assevera: "*La pena sirve a los fines de prevención especial y general. Se limita em su magnitud por la medida de la culpabilidad, pero se puede quedar por debajo de este limite en tanto lo hagan necessario exigencias preventivoespeciales y a ello no se opongan las exigencias mínimas preventivogenerales*".[341]

Para as teorias mencionadas: retribuição e prevenção, a existência de um fato ilícito é a condição da aplicação da pena, do direito penal intervir. Entretanto, para a teoria da retribuição, o fato, além de ilícito tem que ser culposo. O código penal brasileiro não define a culpa, mas fala de suas modalidades: negligência, imprudência e imperícia. Logo, crime culposo é o que resulta da inobservância de um cuidado necessário, manifestada na conduta que produz um resultado previsível, através de imprudência, negligência e imperícia; o agente não quer o resultado, mas assume o risco de produzir por tais modalidades de culpa. A culpa constitui o pressuposto e a medida de punição; ela é sempre retribuída por um castigo a um mal praticado.

As teorias preventivas são teorias de fim. A pena traduz-se num mal para quem a sofre. Mas, a pena tem de usar desse mal para alcançar a finalidade essencial *(precípua)* de toda a política criminal, a prevenção. Nas **teorias preventivas**, há que distinguir entre as doutrinas de **prevenção geral e as de prevenção especial.**[342]

---

[341] ROXIN, Claus – *Derecho Penal – Parte General, Tomo I*, trad. da 2.ª ed. alemã e notas por Diego-Manuel Luzón Pena, Miguel Díaz y García Conlledo e Javier de Vicente Remesal, Madrid: Editorial Civitas S. A., 1997, p. 103.

[342] GARCEZ JOSÉ, Antônio Filipe. *Apontamentos sem fronteiras*. Disponível em: <http://cogitoergosun4.no.sapo.pt/DP.doc>. Acesso em 15/11/07.

2.1.2.1. *Teoria da Prevenção Geral: Positiva e Negativa*

A **prevenção geral negativa ou de intimidação**, "ocorre quando a pena é concebida como **intimidação** das outras pessoas através do sofrimento que com ela se inflige ao delinqüente e cujo receio as conduzirá a não cometer factos puníveis".[343]

A **prevenção geral** está direcionada à generalidade dos cidadãos, todos os membros da comunidade, os quais são afastados da prática de crimes, por meio da intimidação, da ameaça de uma pena prevista em lei, de sua imposição, de sua aplicação e da efetividade da sua execução. Tal atuação em relação a generalidade das pessoas assume dois aspectos: de um lado, que sirva para intimidar aos delinqüentes potenciais a não cometerem crimes (**concepção estrita ou negativa da prevenção geral**), e, por outro lado, sirva para robustecer a consciência jurídica dos cidadãos e sua confiança e fé no Direito (**concepção ampla ou positiva da prevenção geral**). A intimidação por parte dos que acreditam na sua punição não tem como prevenir o crime. "Pretende a **teoria da prevenção geral positiva (ou de integração)** reafirmar a consciência social da norma ou confirmar sua vigência, por meio da imposição de sanções penais".[344] A reafirmação da norma é para a sociedade confiar no sistema, ao ser integrado na sociedade.

Comentando sobre os aspectos da prevenção, declara Roxin: *el aspecto negativo se puede describir con "el concepto de la intimidación de otros que corren el peligro de cometer delitos semejantes"; el aspecto positivo de la prevención general "comúnmente se busca em la conservación y el refuerzo de la confianza en la firmeza y poder de efecución del ordenamiento jurídico"*.[345]

Segundo Germano Silva, para as teorias da prevenção geral positiva, a missão do direito penal projecta-se fundamentalmente na educação colectiva e no foro íntimo das pessoas, procurando educá-las para a fidelidade ao direito.[346]

Consoante esta teoria, a ameaça da pena motivaria a não comissão de crimes. Por sua vez, Moraes Barros argumenta o seguinte: "Com a

---

[343] Ibid, Ibidem.

[344] MARQUES, *op. cit.*, p. 105.

[345] ROXIN, Claus – *Derecho Penal – Parte General*, *Tomo I*, trad. da 2.ª ed. alemã e notas por Diego-Manuel Luzón Pena, Miguel Díaz y García Conlledo e Javier de Vicente Remesal, Madrid: Editorial Civitas S. A., 1997, p. 91.

[346] SILVA, Germano Marques da. *Direito Penal Português. Parte Geral, III. Teoria das Penas e das Medidas de Segurança.* 1.ª ed. Lisboa: Editorial Verbo, 1999, p. 47.

prevenção geral esperam-se da ameaça e execução da pena a intimidação dos delinqüentes potenciais e, em geral, a estabilização da consciência normativa social. **A prevenção geral negativa**, como critério de determinação da pena, sujeita o indivíduo à generalidade; o indivíduo é sacrificado para que os demais aprendam a não delinqüir. E a prevenção geral positiva teria por fim perpetrar a eficácia estabilizadora da norma através da aplicação da pena; ela vem fundada na afirmação da validade da norma que se obteria com a justa punição do agente".[347]

Na opinião de Germano Silva, "a idéia de prevenção geral negativa ou da intimidação é uma constante na história do direito penal, embora ora se considere o factor essencial dessa prevenção à imposição concreta da sanção e a sua execução ora a cominação penal abstracta, como passou a considerar-se com o liberalismo."[348]

A pena tem um fim prático e imediato de **prevenção geral** (com relação a todos) ou **especial** (com relação ao condenado) do crime. Eram defensores da teoria da prevenção geral, dentre outros, Beccaria, Bentham e Filangieri. "Claus Roxin contraria a teoria da prevenção geral alegando que permanece em aberto a questão de saber face a que comportamentos possui o Estado a faculdade de intimidar; não pode fundamentar o poder punitivo do Estado nos seus pressupostos; nem limitá-lo nas suas conseqüências; é político-criminalmente discutível e carece de legitimação que esteja em consonância com os fundamentos do ordenamento jurídico".[349]

Não tendo as teorias unificadoras obtido o resultado desejado nos estudos e nas pesquisas realizadas sobre uma perfeita teoria sobre os fins da pena, surgiu a teoria da prevenção geral positiva, a qual subdivide-se em: **prevenção geral positiva fundamentadora** e **prevenção geral positiva limitadora.**

A teoria da prevenção geral positiva fundamentadora não tem como meta a intimidação ou a proteção dos bens jurídicos e sim a busca pela afirmação de vigência da lei. No pensamento de Cezar Bitencourt[350] esta teoria não constitui uma alternativa real que satisfaça as atuais necessidades da teoria da pena e é criticável em vários aspectos, como, por exemplo, pela sua pretensão de impor ao indivíduo de forma coativa,

---

[347] Barros, *op. cit.,* p. 62/63.

[348] *Op. cit.,* p. 44.

[349] Marcão, Renato Flavio. *Rediscutindo os fins da pena.* Disponível em <http:// trinolex.com/artigos-view.asp?icaso= artigo & id=386>. Acesso em 04/07/2007.

[350] Bitencourt, Cezar Roberto. *Falência da pena de prisão, op. cit.,* p. 148.

determinados padrões éticos, algo inconcebível em um Estado Social e Democrático de Direito.

Segundo Cezar Bitencourt, a **teoria da prevenção geral positiva limitadora,** em contraste com a teoria geral fundamentadora, importante setor da doutrina sustenta uma prevenção geral positiva limitadora e que essa orientação baseia-se, fundamentalmente, em que a prevenção geral deve expressar-se com sentido limitador do poder punitivo do Estado.[351] Para ele, a principal finalidade a que deve dirigir-se pena é a prevenção geral, em seus sentidos intimidatórios e limitadores, sem deixar de lado as necessidades da prevenção especial, no tocante à ressocialização do delinqüente.

Eduardo Correia conclui afirmando que a prevenção geral é conduzida a um sistema dualista, admitindo duas espécies de reações: a. penas para a generalidade das pessoas, cuja estrutura terá de se conseguir pela aceitação da idéia de que os homens podem ser censurados e pela graduação da culpa à luz de idéias de censura, de uma idéia retributiva, portanto; b. medidas de segurança para os inimputáveis e para os imputáveis especialmente perigosos.[352]

Ao abordar sobre a suposta obrigatoriedade de criminalização Janaina Conceição Paschoal[353] evidencia que esta resulta da tomada da Constituição enquanto fundamento do Direito Penal, quando, na verdade, tanto o instituto do bem jurídico quanto as teorias constitucionalistas foram concebidos para servir como limite a referido direito.

Argumenta ainda a referida advogada que tal como ocorre com a lei penal, a Constituição Federal revela-se um limite ao poder punitivo estatal, sendo desse limite impossível abdicar e que em um Estado social e democrático de direito, o legislador sabe o máximo a que pode chegar, não existindo, no entanto, um mínimo previamente determinado[354].

Na visão de Claus Roxin, "*en la prevención general positiva se pueden distinguir a su vez tres fines y efectos distintos, si bien imbricados entre si: el efecto de aprendizaje, motivado socialpedagógicamente; el ejercicio en la confianza del Derecho que se origina en la población por la actividad de la justicia penal; el efecto de confianza que surge cuando*

---

[351] *Op. cit.,* p. 150.

[352] CORREIA, Eduardo. *Direito Criminal, volume 1.* Coimbra-Portugal: Almedina, 2004, p. 60.

[353] PASCHOAL, Janaina Conceição. *Constituição, criminalização e direito penal mínimo.* São Paulo: Editora Revista dos Tribunais, 2003, p. 114.

[354] *Op. cit.,* p. 148.

el ciudadano ve que el Derecho se aplica; y, finalmente, el efecto de pacificación, que se produce cuando la conciencia jurídica general se tranquiliza, em virtud da la sanción, sobre el quebrantamiento da la lay y considera solucionado em último lugar, se alude hoy frecuentemente para la justificación de reacciones jurídicopenales con el término de "prevención integradora".[355]

2.1.2.2. *Teoria da Prevenção Especial: Positiva e Negativa*

A **prevenção especial** está direcionada ao delinqüente castigado com uma pena, visa a prevenção da criminalidade. Baseia-se na idéia de que a pena é um instrumento de atuação preventiva sobre a pessoa do delinqüente, com o fim de prevenir que o autor no futuro cometa novos delitos; pois para esta teoria o crime apresenta na sua base algumas particularidades da personalidade do delinqüente. Difere da prevenção geral porque o fato não se dirige à coletividade, mas sim a uma pessoa determinada. "A **prevenção especial** tem em vista o indivíduo, refere-se ao delinqüente".

O **aspecto negativo da prevenção especial** consiste na intimidação do agente, na sua inocuização para que não volte a delinqüir. A sua finalidade maior é impedir a reincidência, excluindo o sujeito ativo do convívio social. No entanto, afirma Gustavo Junqueira[356] que além da prevenção especial funcionar apenas após já cometido o crime e não trazer qualquer critério de proporcionalidade entre o crime e a pena, não faculta o crescimento individual do condenado, violando direitos básicos do cidadão, em desacordo com os postulados básicos do Estado liberal. "Já o **aspecto positivo** refere-se à socialização, à reeducação ou à correção. A pena tem o fim de readaptar o indivíduo à vida social".[357]

A **prevenção especial** atua sobre o delinqüente. Tem assim, como objetivo fundamental, evitar e prevenir a reincidência. "O foco de atenção do direito penal (da pena) deixa de ser o fato criminoso para ser centralizado no homem criminoso".[358] Nas palavras de Claus Roxin "*la teoría*

---

[355] Roxin, Claus – *Derecho Penal – Parte General, Tomo I*, trad. da 2.ª ed. alemã e notas por Diego-Manuel Luzón Pena, Miguel Díaz y García Conlledo e Javier de Vicente Remesal, Madrid: Editorial Civitas S. A., 1997, p. 92.

[356] *Op. cit.*, p. 148.

[357] Barros, Carmen, *op. cit.*, p. 57.

[358] Junqueira, Gustavo, *op. cit.*, p. 78.

de la "prevención especial", al contrario de la concepción de la pena retributiva, "absoluta", es una teoria "relativa" pues se refiere al fin de prevención de delitos. También esta posición se remont a los orígenes del pensamiento penal".[359]

A **prevenção especial negativa de inocuização** defende o afastamento do delinqüente da sociedade, admitindo para esse fim inclusive a pena de morte, o que é criticado.

A **prevenção especial negativa de intimidação** caracteriza-se segundo Gustavo Junqueira[360] na intimidação do apenado em tamanha proporção que o desencoraje a cometer novos crimes, para não sofrer novo suplício. Exemplifica afirmando que sofrendo o castigo, como uma criança ao ser educada, o homem seria condicionado a não mais buscar o prazer fácil do crime, uma vez que a dor do suplício seria muito maior.

A **Prevenção especial positiva – curativa** visa tratar o delinqüente concedendo-lhe um tratamento médico ressocializador fazendo com que desapareçam as suas tendências no cometimento de novos crimes. "A não-aceitação das convenções sociais e a prática dos comportamentos desviantes não poderia ter outra explicação que não um desvio patológico do sujeito".[361]

Na **prevenção especial positiva-ressocializadora** a finalidade da pena, conforme Gustavo Junqueira,[362] seria a emenda moral do criminoso, com a imposição da adesão, por parte deste, aos padrões morais entendidos como desejáveis pela sociedade. Não haveria um limite na fixação da pena sem um diagnóstico da ressocialização.

Na análise de Luiz Flávio Gomes o que se cumpre na prática é a função preventiva negativa da inocuização, mero enclausuramento, sem nenhum tipo de assistência ao recluso, sem a oferta das condições propícias à sua inserção social[363].

Esclarece Eduardo Correia que "o pensamento da **prevenção especial** repousa na idéia de que o crime tem na sua base certas tendências

---

[359] Roxin, Claus – *Derecho Penal – Parte General, Tomo I*, trad. da 2.ª ed. alemã e notas por Diego-Manuel Luzón Pena, Miguel Díaz y García Conlledo e Javier de Vicente Remesal, Madrid: Editorial Civitas S. A., 1997, p. 85.

[360] *Op. cit.,* p. 81.

[361] Junqueira, Gustavo, *op. cit.,* p. 83.

[362] Ibid, p. 86.

[363] Gomes, Luiz Flávio. *Funções da Pena no Direito Penal Moderno*. Jus Navigandi, Teresina, ano 10, n. 1037, 4 maio 2006. Disponível em: <http://jus2.uol.com.br/doutrina/texto.asp?id=8334>. Acesso em 11 de maio de 2007.

da personalidade do delinqüente, de tal maneira que o que em primeira linha interessa *é a actuação directa da execução da sanção na personalidade*".

Jorge de Figueiredo Dias[364] repele as teorias absolutas de retribuição e expiação ao argumentar que só finalidades relativas de prevenção geral e especial podem justificar a intervenção do sistema penal e conferir fundamento e sentido às suas reações específicas, assumindo, assim, a prevenção geral o primeiro lugar como finalidade da pena; não como prevenção geral negativa, de intimidação do delinqüente e de outros potenciais criminosos, mas como prevenção positiva ou de integração.

A determinação da pena a ser imposta está condicionada aos fins que o sistema jurídico lhes assegura, os quais no ordenamento jurídico português estão expressos no art. 40.º do Código Penal.

O Código Penal Português, em seu artigo 40.º, ao referir-se as finalidades das penas e das medidas de segurança assim dispõe: "*1. A aplicação de penas e medidas de segurança visa a protecção de bens jurídicos e a reintegração do agente na sociedade; 2. em caso algum a pena pode ultrapassar a medida de culpa; 3. a medida de segurança só pode ser aplicada se for proporcionada à gravidade do facto e à perigosidade do agente*".[365]

No que se refere a finalidade da pena descrita no item 2, Morais Rocha[366], argumenta que em determinados casos a perigosidade do agente excede os limites da culpa; surgindo então dois sistemas possíveis: o dualista e o monista. O primeiro, acentua o referido professor, consiste em aplicar ao agente medidas diversificadas, correspondentes à culpa e à perigosidade, sendo estes pressupostos vistos separadamente e o sistema monista consiste em aplicar ao agente uma única medida que, analisando conjuntamente a culpa e a perigosidade, tenha em conta a estrutura similar da execução da pena de prisão e da medida de segurança privativa de liberdade.

Germano Silva afirma o seguinte: "As penas e as medidas de segurança têm, pois, força de lei, como fins a tutela de bens jurídicos e a reintegração do agente na sociedade. A pena criminal é na sua natureza

---

[364] DIAS, Jorge de Figueiredo. *Direito Penal Português*. Parte Geral II. As conseqüências jurídicas do crime. Coimbra: Coimbra Editora, 2005. p. 72.

[365] *Código Penal Português*. Redação resultante das alterações introduzidas pela Lei 59/2007, de 04/09. Disponível em <http://www.verbojuridico.net/> Acesso em 02/12/2007.

[366] ROCHA, João Luís de Moraes. *Ordem Pública e Liberdade Individual: um estudo sobre a prisão preventiva*. Coimbra: Almedina, 2005, p. 12.

retribuição ou repressão, constitui a reacção jurídica ao crime".[367] Observamos neste artigo que a pena é proporcional à culpa, deve ser fixada com base na culpa, que é o seu limite máximo. A culpabilidade é um juízo de reprovação pessoal que recai sobre a pessoa. "A culpa compreende tanto a vontade culpável como o seu objecto, que é o facto ilícito, é a culpa como elemento constitutivo do conceito de crime, aquela culpa de que se trata quando se invoca o princípio da culpa".[368]

Para a teoria finalista constitui-se elemento da culpabilidade a possibilidade da consciência da antijuridicidade, ou consciência potencial da antijuridicidade. Sua consciência é vital porque é ela que possibilita o juízo de reprovação da culpabilidade.[369]

Por outro lado, embora não possa haver pena sem culpa ou a medida de pena ultrapassar a medida da culpa, esta não é suficiente para a aplicação da pena e como declara o professor Jorge de Figueiredo Dias "é precisamente esta circunstância que permite uma correcta incidência da idéia da prevenção especial positiva ou de socialização".[370]

Para ele, em matéria de finalidades das reações criminais, não existem diferenças fundamentais entre penas e medidas de segurança; diferente é apenas a forma de relacionamento entre as finalidades de prevenção geral e especial. Nas penas, a finalidade de prevenção geral de integração assume o primeiro e indisputável lugar; enquanto finalidades de prevenção especial de qualquer espécie atuam só no interior da moldura construída dentro do limite da culpa, mas na base exclusiva daquelas finalidades de prevenção de integração. Nas medidas de segurança, diferentemente, as finalidades de prevenção especial (de socialização e de segurança) assumem lugar absolutamente predominante, não ficando, todavia excluídas considerações de prevenção geral de integração sob uma forma que, a muitos títulos, se aproxima das exigências mínimas de tutela do ordenamento jurídico.[371]

2.1.3. Teoria Mista ou Eclética

A teoria mista, eclética ou unitária é a junção das teorias anteriores. De acordo com esta teoria, a pena tem dupla função: a de retribuição, ao

---

[367] MARQUES, *op. cit.,* p. 45.

[368] SILVA, Germano Marques da. *Direito Penal Português. Parte Geral, III. Teoria das Penas e das Medidas de Segurança.* 1.ª ed. Lisboa: Editorial Verbo, 1999, p. 128.

[369] BRANDÃO, Cláudio. *Teoria Jurídica do Crime.* Rio de Janeiro: Forense, 2003, p. 143.

[370] *Op. cit.,* p. 73.

[371] *Op. cit.,* p. 429/430.

punir o delinqüente através do castigo, como reação contrária à prática do delito e a de prevenção geral, como instrumento de defesa da sociedade; no sentido de impedir que ele retorne a delinqüir prevenindo assim, a prática do crime, como instrumento de defesa social. Tenta agrupar em um conceito único os fins da pena. Acolhe a retribuição e o princípio da culpabilidade como critérios limitadores da intervenção da pena. "Para a teoria mista, a pena, por sua natureza, é retributiva, tem seu aspecto moral, mas sua finalidade não é simplesmente prevenção, mas um misto de educação e correção".[372]

Ao referir-se às teorias mistas, Gustavo Junqueira[373] declara ser possível, dentro das mesmas classificar idéias meramente **aditivas**, segundo as quais as diversas finalidades da pena são apenas somadas e reconhecidas como presentes dentro de um sistema, sem critérios firmes que permitam reconhecer regras para o equilíbrio dos fins ou traçar limites para a compensação/aplicação da pena; e dialéticas, cujas teorias, embora aceitem multiplicidade de funções para a pena, indicam qual deve prevalecer para efeito de limites e necessidade de punição.

O Brasil adota a teoria mista aditiva ao defender a idéia de que a pena além de retribuir o mal causado, realizando justiça, tem como objetivo também prevenir a prática de novos crimes pela intimidação dirigida à coletividade. O Código Penal Brasileiro, no seu artigo 59.º estabelece que a pena deve ser individualizada, conforme seja necessário e suficiente para reprovação e prevenção do crime; devendo assim, o juiz ao fixá-la analisar a culpabilidade, os antecedentes, à conduta social, à personalidade do agente, aos motivos, às circunstâncias e conseqüências do crime, bem como o comportamento da vítima.

Por outro lado, esta teoria sofreu críticas, como de Roxin, para quem a adição dos princípios das teorias preventivas e retributivas aumenta o âmbito de aplicação da pena, que se converte em meio de reação apto para qualquer realização. Além disso, os críticos sustentam que os princípios de cada teoria são incompatíveis entre si, pois não se pode conciliar a idéia retributiva com a socializadora.[374]

A finalidade da pena para Beccaria era impedir a prática de novos crimes pelo delinqüente e que outros praticassem. Não concordava com

---

[372] MIRABETE, Julio Fabbrini. *Execução penal: comentários à lei n.º 7.210, de 11.07.84*. 9.ª ed. rev. e atual. São Paulo: Atlas, 2000, p. 23.

[373] JUNQUEIRA, *op. cit.*, p. 99/100.

[374] MARQUES, *op. cit.*, p. 116.

os rigores da pena, retribucionista, como entendiam vários dos seus defensores naquela época. Defendia a proporcionalidade da pena, a idéia de prevenção, a eliminação das penas de morte, por serem ineficazes e as penas corporais; por entender que a crueldade das penas só produz resultados nocivos e não previnem a ocorrência de delitos. "Beccaria propiciou o surgimento da Escola Clássica, embora sua influência no pensamento desta seja relativa, já que seus pensadores adotarão posições extremamente radicais em relação às do mentor Beccaria".[375]

O art. 1.º da Lei de Execução Penal assim descreve: "a execução penal tem por objetivo efetivar as disposições de sentença ou decisão judicial e proporcionar condições para a harmônica integração social do condenado e do internado".[376] Em relação a este artigo Luiz Flávio Gomes tece o seguinte comentário: "no momento da sentença, como se vê a pena deve ser aplicada com o sentido retributivo e preventivo. No momento da execução, firmou-se a orientação primordial da integração social (prevenção especial). De qualquer modo, o sentido da pena em um determinado momento (da sentença) não se exclui quando ela passa para a fase seguinte (executiva)".[377]

Contudo, a Criminologia Crítica, também denominada Criminologia Radical contesta a finalidade da pena como medida de integração social do condenado, justificando o fato de que a criminalidade é um fenômeno social normal de toda estrutura social, até útil ao desenvolvimento sociocultural, e não um estado patológico social ou individual. A Criminologia então, é orientada para o crime enquanto fenômeno social. O Estado começa a preocupar-se não apenas em punir; mas também a discutir e analisar os motivos que conduzem o indivíduo a praticar crimes, vez que não é com o aumento da pena que consegue diminuir a criminalidade e sim pela prevenção de outros.

Por outro lado, conforme já relatamos, a Criminologia Moderna vem aprimorando suas pesquisas em torno da recuperação do delinqüente, da readaptação do condenado à sociedade; todavia, neste particular é de fundamental importância, a participação efetiva do Poder Público. "A superpopulação carcerária aliada à falta de uma política criminal séria e

---

[375] Costa, Cláudia Pinheiro da. *Sanção Penal: sua gênese e tendências modernas.* Rio de Janeiro: Lúmen Júris, 2001, p. 42.

[376] Mirabete, Julio Fabbrini. *Execução penal, op. cit.*, p. 17.

[377] Gomes, Luiz Flávio. *Funções da Pena no Direito Penal Moderno*. Jus Navigandi, Teresina, ano 10, n. 1037, 4 maio 2006. Disponível em: <http://jus2.uol.com.br/doutrina/texto.asp?id=8334>. Acesso em 11 de maio de 2007.

competente tem postergado, há décadas, o problema prisional, tornando a recuperação simplesmente um mito".[378]

Não obstante algumas teses formuladas, para Basileu Garcia "*a pena não constitui tão-somente castigo, nem exclusivamente meio de correção e readaptação*".[379] Segundo ele, deve ser considerada útil e necessária pelo conjunto dos resultados que visa, e que pode conseguir em maior ou menor escala; e proveitosa pelo sentimento de reparação que desperta, de reparação da injustiça, ligado ao seu inevitável sentido retributivo.

A Lei de Execução Penal do Brasil, Lei n.º 7.210/84 preocupada com o retorno do delinqüente ao convívio social sem retornar a delinqüir refere no seu art. 1.º a outra finalidade, ao afirmar que um dos objetivos da execução penal é proporcionar condições para a harmônica integração social do condenado e do internado. Tal finalidade é a **ressocialização do condenado**. A pena é, na verdade, um mecanismo de defesa social. Evidentemente que, ela é necessária como medida de justiça, reparadora e impostergável. Por outro lado, os objetivos da prevenção, reinserção e ressocialização do condenado devem ser observados com mais rigor, mais ênfase e compromisso. Esta lei proporciona várias oportunidades para que a ressocialização seja alcançada, de forma gradativa, como a progressão do regime, o estímulo ao trabalho, ao estudo e as saídas temporárias.

Ressalta Julio Fabbrini Mirabete[380] que estas orientações têm sido seguidas, em sua maior parte, pelas modernas legislações da Execução Penal, como se pode observar nos seguintes dispositivos: art. 27 da Constituição Italiana de 1947; art. 26 da Lei de Execução Penal da Holanda, de 21-12-1951; art. 13 do Regulamento Geral Belga, de 1965; art. 2.º da Lei das Normas Mínimas Mexicana, de 8-2-1971; art. 4.º da Lei Penitenciária Sueca, de 1974; artigos D 70.2, D. 97, D. 188 e D 189 do Código de Processo Penal Francês; art. 2.º da Lei de Execução Penal Portuguesa; e art. 1.º da Lei Geral Penitenciária, de 26-9.1979, da Espanha.

De acordo com Everardo da Cunha "a finalidade das penas privativas de liberdade, quando aplicadas, é ressocializar, recuperar, reeducar ou educar o condenado, tendo uma finalidade educativa que é de natureza jurídica".[381]

---

[378] Moreira Filho, Guaracy. *Vitimologia: o papel da gênese do delito*. 2.ª ed. São Paulo: Editora Jurídica Brasileira, 2004, p. 17.

[379] Garcia, *op. cit.*, p. 425.

[380] Mirabete, Julio Fabbrini. *Execução penal, op. cit.*, p. 26.

[381] Cunha, Everardo apud Mirabete, Júlio. Mirabete, Julio Fabbrini. *Execução penal:* comentários à lei n.º 7.210, de 11.07.84. 9.ª ed. rev. e atual. São Paulo: Atlas, 2000, p. 23.

Na verdade, para combater a criminalidade vários fatores necessitam ser priorizados, tais como: políticas públicas e sociais adequadas, fortalecimento da polícia, do sistema judicial e do sistema prisional, criação de empregos para que as pessoas tenham condições de viverem dignamente, sem precisarem delinqüir. Alguns benefícios previstos na nossa Lei de Execução Penal, como trabalho externo, permissão de saída, e o livramento condicional podem contribuir bastante no processo de ressocialização; como também o apoio da família, dos amigos e da sociedade como um todo.

As conseqüências que a prisão pode provocar ao aprisionado são várias, dentre elas destacamos as seguintes: produz o efeito de etiquetamento, passando ele muitas vezes a se comportar como eterno criminoso, o estigma o acompanha o resto da vida, e quase sempre não recebe oferta de emprego. No entanto, se o egresso tivesse um acompanhamento sério após deixar o cárcere com uma equipe interdisciplinar, envolvendo também sua família e para ele fosse oferecido uma oportunidade de emprego elevaria sua auto-estima e estas conseqüências diminuiriam ou até desapareceriam.

Por outro lado, caso o Estado implantasse mais políticas públicas que atendessem a comunidade como um todo, assegurasse os principais direitos fundamentais, tivesse um compromisso mais sério com a educação, talvez o desemprego e a criminalidade diminuíssem e a comunidade passasse a ter uma vida mais tranqüila.

Segundo Vera Regina Andrade "na medida em que se trata no sistema penal, de gerir diferencialmente a criminalidade e de pôr em circulação social sinais de punição perfeitamente ajustados, sem excessos nem lacunas, esta gerência requer o diferencial no marco do universal, fazendo com que a codificação do sistema delitos – punições e a individualização do par criminoso – punição caminhem juntos e se chamem um ao outro. A universalidade e igualdade postulada pelo "jurídico" requer o diferencial que o "criminológico" inscreve no seu interior.[382]

2.1.3.1. *Tendências Atuais em matéria de penas*

O **Direito Penal Moderno** apresenta outras tendências; como: abolicionismo; garantismo penal; movimento de lei e ordem e modelos alternativos, como o direito penal mínimo, as penas e medidas alternativas.

---

[382] ANDRADE, Vera Regina Pereira de. *A ilusão de segurança jurídica: do controle da violência à violência do controle penal.* 2.ª ed. Porto Alegre: Livraria do Advogado, 2003, p. 256.

Tais tendências são discutidas por Damásio de Jesus, na sua obra "Penas Alternativas".

Abolicionismo (política criminal alternativa), que pretende a extinção do direito penal, ou uma nova forma de pensar sobre o mesmo, discutindo sobre o significado das punições, das instituições e apresentando outras formas de liberdade e justiça. Embora seja espantoso, há uma corrente pugnando pela extinção do Direito Penal. Como a pena privativa de liberdade, pela qual o Direito Penal se expressa, não funciona, há uma tendência minoritária para que o Direito Penal seja abolido e os problemas resolvidos por outras disciplinas. "A história do Direito Penal é a história da abolição de crimes e penas".[383] O **abolicionismo penal** é um movimento cuja finalidade é alterar a concepção atual do Direito Penal, demonstrando que o caminho é a descriminalização e a despenalização máximas, evitando-se encarcerar pessoas a pretexto de castigá-las ou promover a sua recuperação.[384]

Garantismo penal: é um sistema equilibrado de aplicação da norma penal, reservando o seu campo de atuação para as infrações penais mais graves, abolindo-se tipos penais que contemplem crimes de menor potencial ofensivo, mas sempre com o respeito ao devido processo legal e seus corolários.[385]

Outra tendência é a do "**Movimento de lei e ordem**", que vem ganhando espaço na Alemanha e nos Estados Unidos. Esse movimento pretende agravar as penas, criar novos crimes, liquidar com os direitos dos réus e tornar a fase de cumprimento da pena um dos momentos mais terríveis na vida do cidadão. O **Movimento de lei e ordem** tem como propósito a criação de novos tipos incriminadores, atribuindo o aumento da criminalidade ao tratamento benigno imposto aos infratores; razão pela qual os defensores desse movimento postulam penas privativas de liberdade de longa duração e o retorno da pena de morte. Os defensores do **Movimento de Lei e Ordem** alegam que os atentados terroristas, as gangues, os crimes bárbaros e seqüestros só poderão ser controlados através de leis rigorosas, severas.

Opinião contrária tem Renato de Lima Castro[386] quando afirma que o problema da criminalidade não se resolve com a criação de leis penais

---

[383] Reale Júnior, Miguel. *Direito penal aplicado.* São Paulo: RT, 1990, p. 68.

[384] Nucci, Guilherme de Souza. *Manual de direito penal, op. cit.,* p. 341.

[385] Nucci, *op. cit.,* p. 341.

[386] *Direito Penal contemporâneo: estudos em homenagem ao Professor José Cerejo Mir*/ coordenação Luiz Regis Prado. São Paulo: Editora Revista dos Tribunais, 2007, p. 133.

mais severas ou simplesmente com a exasperação das penas já existentes e que o direito penal não tem o condão de solucionar os problemas que afligem uma sociedade desestruturada e desorganizada socialmente.

Na visão de Paulo Cunha "o discurso de endurecimento das penas, além de não constituir nenhuma política criminal digna desse nome nos nossos dias não compensa[387]". Ratificamos tal posicionamento; pois a história demonstra que as penas severas em nada contribuíram no processo de ressocialização do delinqüente, na sua auto-estima, na sua vontade de mudar e conviver dignamente na sociedade.

Há também a tendência do **Direito Penal mínimo**, que se manifesta no sentido da intervenção criminal mínima. Doutrinariamente, somos partidários de que o Direito Penal só intervenha quando haja lesão de bens jurídicos importantes e não em todos os casos, notadamente naqueles em que outro ramo do direito não possa resolver o problema. Desta forma, o direito penal só deveria atuar para proteger bens jurídicos necessários e relevantes à vida em sociedade. A criminalização de condutas de pouca relevância é contrária aos fundamentos do Estado Democrático de Direito, de um Direito Penal Ideal.

Ao afirmarmos que a intervenção do Direito Penal deveria ser mínima estamos defendendo a idéia de que o Direito Penal deve ser a 'ultima ratio', atuando, por exemplo, quando a conduta de outros ramos do direito não for suficiente e adequada à gravidade da conduta. A idéia de um Direito Penal mínimo se encontra em uma posição intermediária, ou seja, entre o abolicionismo penal e a maximização do direito penal.

Acerca deste princípio, Rogério Greco assim dispõe: o direito penal deve interferir o menos possível na vida em sociedade, devendo ser solicitado somente quando os demais ramos do direito, comprovadamente, não forem capazes de proteger aqueles bens considerados da maior importância.[388]

Neste sentido também se posiciona Silmara Aguiar Mendez, ao afirmar: Intervenção mínima significa que o direito penal só deve cuidar de situações graves, de modo que o juiz criminal só venha a ser acionado para solucionar fatos relevantes para a coletividade. É um princípio a ser observado prioritariamente pelo legislador na criação das leis penais.

[387] Cunha, Paulo Ferreira da. *A Constituição do Crime. Da Substancial Constitucionalidade do Direito Penal.* Coimbra: Coimbra Editora, 1998, p. 24.

[388] Greco, Rogério. *Curso de Direito Penal. Parte Geral.* 10.ª ed. Rio de Janeiro: Impetus, 2008, p. 49.

A razão deste princípio é pelo fato da sanção penal atingir um bem jurídico fundamental do ser humano ou seja a liberdade.Por isso sendo possível outros ramos do direito devem abranger situação menos graves, deixando para o Direito penal situações mais graves que justifiquem a necessidade de restringir a liberdade.[389]

O Modelo Alternativo (**direito penal mínimo**) aconselha a adoção de um direito penal de intervenção mínima, limitado à necessidade de proteção dos bens jurídicos fundamentais, com base na teoria da prevenção geral e especial positiva; promovendo uma busca de alternativas à prisão que atinge principalmente aos setores sociais menos favorecidos, estabelecendo uma política de descriminalização da criminalidade menor ou de bagatela no âmbito da criminalidade clássica, reservando a pena de prisão como *ultima ratio*, quando os outros meios coercitivos se mostrarem insuficientes. A **tendência moderna** é que a pena corresponda também a idéia de **humanização**, além da punição.

Com muita propriedade, Fernando Silva apresenta as seguintes argumentações, com as quais concordamos plenamente: "A Constituição fixa os limites de intervenção do direito penal, marca os princípios de intervenção, mas a gestão das políticas criminais, ou seja, as decisões relativas à descriminalização de certas condutas, e a determinação de valores a proteger penalmente competem ao legislador penal que atende sempre à proporcionalidade que obriga a uma ponderação dos valores entre si, para concretização dos que merecem tutela penal".[390]

Os adeptos do **Movimento de Lei e Ordem** entendem que a justiça morosa e direito penal liberal podem ocasionar a impunidade, o aumento da criminalidade, motivo pelo qual defendem a criação de outros tipos penais, com penas mais severas, mais rigorosas, mais drásticas. Com base nestas idéias, no apoio da mídia e de uma parte da sociedade foi editada a Lei dos Crimes Hediondos em 1990, lei 8.072. Esta lei considera hediondos os crimes de homicídio, quando praticado em atividade típica de grupo de extermínio, ainda que cometido por um só agente e homicídio qualificado; o latrocínio, a extorsão qualificada pela morte; a extorsão mediante seqüestro e na forma qualificada, o estupro; o atentado violento ao pudor; a epidemia com resultado morte; a falsificação,

---

[389] MENDEZ, Silmara Aguira. *Princípios Penais e Penais Constitucionais. Disponível em:* <http://monografias.brasilescola.com/direito/principios-penais-penais-constitucionais>. Acesso em 02/11/2008.

[390] SILVA, Fernando. *Direito Penal Especial: Os Crimes Contra a Pessoa.* Lisboa: Quid Júris, 2005, p. 13.

corrupção, adulteração ou alteração de produto destinado a fins terapêuticos ou medicinais e o crime de genocídio. O art. 2.º § 1.º da lei afirmava anteriormente que a pena por crime previsto neste artigo seria cumprida integralmente em regime fechado. Depois de muitos questionamentos sobre a constitucionalidade ou inconstitucionalidade da mesma, inclusive posicionamentos do Superior Tribunal de Justiça e do Supremo Tribunal Federal, no que se refere às finalidades da pena, foi decretada e sancionada a lei n.º 11.464, em 28 de março de 2007; pelo Presidente da República, dando nova redação ao art. 2.º da Lei n.º 8.072, de 25 de julho de 1990, que passou a vigorar com a seguinte redação: *"Art. 2.º § 1.º A pena por crime previsto neste artigo será cumprida inicialmente em regime fechado. § 2.º A progressão de regime, no caso dos condenados aos crimes previstos neste artigo, dar-se-á após o cumprimento de 2/5 (dois quintos) da pena, se o apenado for primário, e de 3/5 (três quintos), se reincidente".*

Surgiu ainda a Lei n.º 9.034/95, que dispõe sobre a utilização de meios operacionais para a prevenção e repressão de ações praticadas por organizações, criminosas, alterada pela Lei n.º 10.217, de 11 de abril de 2001; e a Lei n.º 10.792/ 03, que alterou a Lei n.º 7.210, de 11 de junho de 1984 – Lei de Execução Penal e o Decreto-Lei n.º 3.689, de 3 de outubro de 1941 – Código de Processo Penal e dá outras providências.

Com efeito, como bem declara Marcelo Monteiro,[391] contrários à teoria da "lei e ordem", estão os adeptos ao "Direito Penal Mínimo". Segundo ele, a produção legislativa no Brasil não tem seguido uma linha única, pois embora sejam editadas leis rigorosas, em contrapartida são editadas outras, como a Lei dos Juizados Especiais em 1995, das Penas Alternativas em 1998, e dos Juizados Especiais Federais em 2001.

Sidio Rosa de Mesquita Júnior, em sua obra "Manual de execução penal" designa de "**Novíssima Criminologia**", a que representa o lado oposto do "Movimento de Lei e Ordem"; para a qual a pena de prisão deveria ser extinta e o Estado ser responsabilizado pelos danos decorrentes de crimes resultantes de sua omissão. Para os defensores desta corrente, "o Estado quase sempre seria o responsável pela ocorrência do delito, principalmente porque o mesmo não adota medidas preventivas sérias, *verbi gratia,* educação adequada de seu povo, manutenção de reserva para manter um mercado de trabalho sem desemprego, controle dos meios

---

[391] Monteiro, Marcelo Valdir. *Penas Restritivas de Direito.* Campinas: Impactus, 2006, p. 67.

de comunicação, já que a televisão e o rádio, pelo excesso de liberdade, incentivam a prática de crimes".[392] Caso o Estado fosse responsabilizado por não adotar medidas preventivas sérias, a taxa de criminalidade diminuiria e a pena de prisão seria aplicada em uma menor escala; no entanto, na atualidade, extingui-la por completo será extremamente difícil.

Na opinião de Alessandro Barata[393] o Direito Penal Contemporâneo continua a autodefinir-se como direito penal do tratamento, em razão da legislação mais recente atribuir ao tratamento a finalidade de reeducar ou reinserir o delinqüente na sociedade.

Em relação a este tipo de pena, Cláudio Guimarães faz o seguinte comentário: "atualmente, em razão da crise de legitimidade por que passa a pena de prisão, são muitos os estudiosos que vêem nessa modalidade de pena somente a função neutralizadora, significando, em última instância, que a pena ainda se legitima por segregar pessoas completamente inadaptadas ao convívio social, pelo maior período de tempo possível".[394]

Na mesma linha de raciocínio no que tange ao papel neutralizador da pena, o jurista Evandro Lins e Silva fez o seguinte comentário.[395] Há, hoje, um consenso universal, a partir da Organização das Nações Unidas, que preconiza a adoção de penas alternativas, em substituição à pena de prisão, destinada a esta, *ultima ratio*, como verdadeira medida de segurança, para a segregação dos delinqüentes perigosos. Hoje, não se ignora que a prisão não regenera nem ressocializa ninguém; perverte, corrompe, deforma, avilta, embrutece, é uma fábrica de reincidência, é uma universidade às avessas onde se diploma o profissional do crime. Se não a pudemos eliminar de uma vez, só devemos conservá-la para os casos em que ela é indispensável. (...) A pena de prisão é um remédio opressivo e violento, de conseqüências devastadoras sobre a personalidade humana, e que deve ser aplicada, como verdadeira medida de segurança, aos reconhecidamente perigosos.

---

[392] MESQUITA JÚNIOR, Sídio Rosa de. *Manual de execução penal:* teoria e prática. 2.ª ed., São Paulo: Atlas, 2002, p. 57.

[393] BARATA, Alessandro. *Criminologia crítica e crítica do direito penal: introdução à sociologia do direito penal.* Tradução Juarez Cirino dos Santos. 2.ª ed. Rio de Janeiro: Freitas Bastos: Instituto de Criminologia, 1999, p. 168/169.

[394] GUIMARÃES, Cláudio Alberto Gabriel. *A função neutralizadora como fonte de legitimação da pena privativa de liberdade.* Revista Jurídica, Ano 50, N.º 292, fev./2002, p. 80.

[395] LINS E SILVA, Evandro. De Beccaria a Filippo Gramática. In: ARAÚJO JÚNIOR, João Marcelo. *Sistema penal para o terceiro milênio.* 2.ª ed., Rio de Janeiro: Revan, 1991.

2.1.4. Outras finalidades: reparação do dano, interesse da vítima, sociedade

Precisamos pensar em outras medidas para combater a criminalidade, partindo da análise de suas causas e conseqüências. Enquanto a sociedade não perceber, não contribuir de forma contundente, o sistema não consegue ressocializar o delinqüente, passando este para a marginalidade. É necessário nos atentarmos também para o interesse da vítima e para a reparação do dano, que deve atender aos anseios desta. Embora o direito de punir pertença ao Estado, o titular do bem jurídico tutelado é a vítima, a qual deveria ser ouvida sobre determinadas condutas a serem adotadas, quando estas não ferirem os interesses da sociedade e da lei.

Aponta Germano Silva[396] que na atualidade, o estudo da vítima está a retomar a relevância que deve ter a ciência do direito penal pela importância que freqüentemente tem na gênese do crime e pela função do direito penal na sua proteção e reparação dos danos que sofre com o crime.

A mesma concepção tem Figueiredo Dias, quando assim assevera: "*refere-se hoje, cada vez com maior insistência, como uma autónoma e nova finalidade da pena o propósito de com ela se operar a possível concertação entre o agente e a vítima através da reparação dos danos, não apenas necessariamente patrimoniais, mas também morais causados pelo crime*".[397]

Guaracy Moreira Filho[398] defende a posição de que o arrependimento posterior deve ser estimulado em nossa sociedade. Para ele, a vítima nos crimes sem violência prefere ser reparada ou restituída a ver punido o autor do crime.

Pesquisando sobre o tema em termos de Brasil, o referido professor é de opinião de que a desinformação e a deseducação do nosso povo bem como a insensibilidade e a morosidade do Poder Público são as principais causas da vitimização. Destaca que "as vítimas querem ver seu bem recuperado, seu dano ressarcido, seu direito readquirido, os criminosos punidos, e não mais uma polícia algemada, à beira do abismo. É típico da cidadania".[399]

---

[396] SILVA, Germano Marques da. *Direito Penal Português. Parte Geral, I. Introdução e Teoria da Lei Penal.* 2.ª ed. Lisboa: Editorial Verbo, 2001, p. 175.

[397] DIAS, Jorge de Figueiredo. *Direito Penal. Questões Fundamentais. Op. cit.*, p. 58.

[398] MOREIRA FILHO, Guaracy. *Vitimologia: o papel da gênese do delito*. 2.ª ed. São Paulo: Editora Jurídica Brasileira, 2004, p. 72.

[399] Ibid, p. 113 e 141.

Talvez até, acreditamos nós, em função da morosidade dos órgãos jurisdicionais em solucionar as questões a eles dirigidas, oriundas muitas vezes, do próprio ordenamento jurídico que contempla vários recursos e que nem sempre funciona com um número suficiente de membros, para atender a grande demanda da sociedade.

O interesse da vítima pode levá-la a ingressar com uma ação de reparação de dano; sendo incapaz, a ação deve ser ajuizada por seu representante legal. Morto o ofendido, seus herdeiros podem propor a ação.

A vítima de delito que tenha sofrido lesões corporais ou prejuízos de sua saúde física ou mental como conseqüência de delito grave pode manifestar o seu consentimento em relação ao valor da indenização financeira oferecida pelo Estado, quando não for suficiente a indenização procedente do delinqüente ou de outras fontes.

A vítima pode decidir a não levar o delito sofrido ao conhecimento das autoridades, por uma série de razões, como: não querer se expor, não querer que os outros tomem conhecimento da agressão ou lesão por ela sofrida, desconfiança no sistema penal; pensar que o fato ocorrido com ela não constitui crime ou não é grave ou até por medo do acusado posteriormente não lhe deixar tranqüila, ameaçá-la ou desviar a atenção para um membro da sua família; decidindo, então, sofrer calada. Logo, pode ser observado que nem sempre a vítima e o acusado pelo crime cometido andam de lados opostos. "É através do comportamento das vítimas que são descobertos alguns fatos relevantes, dentre eles, os motivos que as fizeram não levar o delito sofrido ao conhecimento das autoridades. Esse "silêncio" das vítimas é conhecido na criminologia como "cifra negra" da criminalidade".[400]

Segundo Winfried Hassemer está vinculado à consideração da vítima um direcionamento para um conceito normativo do objetivo da pena: satisfação ou reparação de danos significam não somente indenização empírica, também está subentendido, acima de tudo, algo normativo, ou seja, a reabilitação da pessoa lesionada, o restabelecimento de sua dignidade humana, a reprodução obrigatória dos limites entre a ação justa e injusta, a confirmação posterior para a vítima de que foi "vítima" e não autor e tampouco não um mero incidente.[401]

A criminalidade apresenta conseqüências irreparáveis, prejuízos imensuráveis, tanto físicos quanto patrimoniais, psicológicos, financeiros

---

[400] NOGUEIRA, Sandro D'Amato. *Vitimologia*. Brasília: Brasília Jurídica, 2006, p. 51.

[401] HASSEMER, Winfried. *Direito Penal Libertário*. Tradução de Regina Greve; coordenação e supervisão de Luiz Moreira. Belo Horizonte: Del Rey, 2007, p. 88.

e morais. Temos o mesmo posicionamento de Guaracy Moreira Filho de que o desconhecimento da lei faz com que as pessoas não usem de seus direitos para serem reparados dos danos que lhe foram causados.

O Direito Penal desde a escola clássica e a escola positiva preocupava--se tão somente com o trinômio delinqüente-pena-crime, a preocupação sobre a vítima começou a ocorrer no século passado. Sustenta Vladimir Brega Filho que as primeiras manifestações sobre a vítima apareceram na metade do século XX, tendo como pioneiro o professor alemão Hans Von Hentig, que publicou na década de 1940 o livro "*The criminal and victim*", onde pela primeira vez aparece a consideração da vítima como um fator na delinqüência. Hans Von Hentig analisa a juventude, a velhice, a concupiscência, a depressão do sujeito passivo como um fator até mesmo decisivo na ação do delinqüente. Outra obra importante foi publicada no ano de 1956, pelo advogado de origem israelita Benjamin Mendelsohn, nela constando um artigo sobre "Vitimologia", que era parte de uma obra que projetava muito mais ampla (*Horixons nouveaux bio-psychosociaux. La victimiologie*). Alega ainda que Mendelsohn foi o primeiro a utilizar a expressão vitimologia, hoje consagrada na doutrina.[402]

Para Antônio Beristain, a atitude da vítima, quanto ao seu desejo de que ao delinqüente se lhe imponha a justa sanção punitiva, vai mudando com o transcorrer do tempo de maneira distinta que a exigência de receber ela sua devida compensação.[403]

Com a lei n.º 9.099/95, na opinião de Luiz Flávio Gomes, ocorreu a "redescoberta da vítima". Esta lei, "no âmbito da criminalidade pequena e média, introduziu no Brasil o chamado modelo consensual de Justiça Criminal. A prioridade agora não é o castigo do infrator, senão, sobretudo, a indenização dos danos e prejuízo causados pelo delito em favor da vítima".[404] Esta lei constitui um dos maiores avanços no âmbito da reparação de danos no Brasil.

A lei 9.099/95, que dispõe sobre os juizados cíveis e criminais e instituiu no Brasil a suspensão condicional do processo, ao afirmar no art. 89 § 1.º, I, que ao aceitar "*a proposta pelo acusado e seu defensor, na*

---

402 Brega Filho, Vladimir. *A Reparação do dano no direito penal brasileiro – perspectivas*. Disponível em: <http:// www.advogado.adv.br/artigos/2004/vladimir filho/reparação.htm>. Acesso em 05/07/07

403 Beristain, Antônio. *Nova Criminologia à luz do direito penal e da vitimologia*. Brasília: Editora Universidade de Brasília, 2000, p. 107.

404 Gomes, Luiz Flávio. *A vitimologia e o modelo consensual de justiça consensual*. In RT/Fasc. V.745, p. 423/430, nov. 1997, p. 430.

presença do juiz, este, recebendo a denúncia, poderá suspender o processo, submetendo o acusado a período de prova, sob as seguintes condições, I. reparação do dano, salvo impossibilidade de fazê-lo".[405]

Para Sandro Nogueira[406], é inteiramente conveniente a presença da vítima para que se possa tentar uma conciliação, inclusive no que se relaciona com a reparação de danos. Sendo possível o acordo, tudo fica resolvido; não sendo possível, remete-se para a via cível.

A reparação penal admitida como conseqüência jurídico-penal autônoma do delito, como uma terceira via no direito penal, paralela as penas e as medidas de segurança, poderá surtir efeitos mais rápidos e atender os interessses imediatos da vítima, que muitas vezes prefere mais a reparação do que a prisão do autor do delito; pode contribuir com a ressocialização deste ao obrigá-lo a assumir as consequências de sua conduta para com ela. Poderá também em se tratando de crimes de baixo e médio potencial ofensivo atender as expectivas da comunidade, não sendo então necessário a aplicações ou outras sanções. Segundo Selma Santana[407] não se trataria de compensar o dano civil decorrente do delito, mas de buscar atingir, na realidade, uma compensação das consequências do delito, mediante uma prestação voluntária, por parte do autor que terminaria servindo de mecanismo de restabelecimento da paz jurídica. Esta reparação não deve ser direcionada predominantemente ao autor do delito ou a vítima; deve ser levada em consideração ambas as linhas de visão.

A lei 9.503, de 23 de setembro de 1997, que instituiu o *Código de Trânsito*, no seu art. 297, declara: *a penalidade de multa reparatória consiste no pagamento, mediante depósito judicial em favor da vítima, ou seus sucessores, de quantia calculada com base no disposto no § 1.º do art. 49 do Código Penal, sempre que houver prejuízo material resultante do crime*".[408]

O art. 45 § 1.º do Código Penal, com a redação dada pela lei n.º 9.714, de 25.11.98, estabelece também a prestação pecuniária que nos termos do citado artigo "*consiste no pagamento em dinheiro à vítima, a seus dependentes ou a entidade pública ou privada com destinação*

---

[405] *VADE MECUM ACADÊMICO DE DIREITO/* Organização Anne Joyce Angher. 3.ª ed. São Paulo: Rideel, 2006. (Coleção de leis Rideel), p. 980.

[406] NOGUEIRA, Sandro D'Amato. *Vitimologia*. Brasília: Brasília Jurídica, 2006, p. 66.

[407] SANTANA, Selma Pereira de. *A reparação como sanção autônoma e o Direito Penal Secundário*. Disponível em: <http://www.ibjr.justicarestaurativa.nom.br/pdfs/A_reparacao.pdf>. Acesso em 26/05/2009

[408] *VADE MECUM ACADÊMICO DE DIREITO, op. cit.*, p. 1007.

social, de importância fixada pelo juiz, não inferior a um salário mínimo nem superior a trezentos e sessenta salários mínimos. O valor pago será deduzido do montante de eventual condenação em ação de reparação civil, se coincidentes os beneficiários".[409]

A lei 9.605, de 12.2.98, que dispõe sobre as sanções penais e administrativas derivadas de condutas e atividades lesivas ao meio ambiente, adota como uma modalidade de penas restritivas de direitos a prestação pecuniária, que segundo o art. 12, "*consiste no pagamento em dinheiro à vítima ou à entidade pública ou privada, com fim social, de importância, fixada pelo juiz, não inferior a um salário mínimo nem superior a 360 salários mínimos. O valor pago será deduzido do montante de eventual reparação civil a que for condenado o infrator.*"[410]

Ao tratar dos interesses e da proteção da vítima no universo penal, como um todo, destacando tanto o direito penal substantivo quanto o direito processual penal, a criminologia e a política criminal global, o professor Figueiredo Dias[411], com muita precisão, sintetiza tais questões afirmando que o direito penal, até então exclusiva ou predominantemente feito na base do diálogo entre o Estado, como face da sociedade punitiva e o delinqüente, não poderia furtar-se mais a refletir o caráter triangular das relações mútuas entre o Estado, o delinqüente e a vítima. Assim, então, o princípio vitimológico assumiu ao longo das décadas da sua proclamação três vetores fundamentais em tema de política criminal.

Destaca o referido mestre que o primeiro resolve a sua atuação no âmbito do movimento da criminalização/descriminalização; o segundo, assume-se na colocação da vítima como destinatário da política criminal relativamente ao discurso da vitimização e ao papel da vítima face às instâncias formais de controle. A terceira vertente é no requisitório a favor da idéia de tornar a reparação do dano derivado de um crime numa terceira espécie de sanção criminal, ao lado das penas e das medidas de segurança. Concordamos com esta posição face às razões acima mencionadas.

No Brasil, a Lei 9099 de 1995[412] que dispõe sobre os Juizados Especiais Cíveis e Criminais defende sempre que possível, tratando-se de infrações de menor potencial ofensivo, cuja pena máxima não ultrapasse

---

[409] *Op. cit.*, p. 434.

[410] *Op. cit.*, p. 1328.

[411] Dias, Jorge de Figueiredo. *Direito Penal Português*. Parte Geral II. As conseqüências jurídicas do crime, Coimbra: Coimbra Editora, 2005, p. 76.

[412] *Lei 9.099, de 26/09/1995*. Disponível em: <http://www.planalto.gov.br/ccivil_03/Leis/L9099.htm>. Acesso em 15/06/08.

dois anos, a reparação dos danos sofridos pela vítima e a aplicação de pena não privativa de liberdade, o que sem dúvida é salutar para as três vertentes: Estado, delinqüente e vítima. O Estado não assumirá despesas em relação ao delinqüente no sistema carcerário, não terá agravado o problema da superlotação e terá possibilidade de contribuir com a reintegração de um dos seus membros na sociedade; o delinqüente terá mais oportunidade de reintegrar-se ao meio social, de tornar-se uma pessoa responsável e imbuída com o propósito de mudança; e a vítima, não ficará por muito tempo aguardando a solução do litígio, o que muitas vezes, não é este o seu propósito.

Da mesma forma que no Brasil, em Portugal também a condenação em indenização cível pode ocorrer no processo penal mesmo em caso de absolvição. Sobre esta questão, o art. 84.º Código de Processo Penal Português, que trata do caso julgado, diz o seguinte: *"A decisão penal, ainda que absolutória que conhecer do pedido civil constitui caso julgado nos termos em que a lei atribui eficácia de caso julgado às sentenças civis."*[413]

Segundo Figueiredo Dias "isto se diz sem ignorar ou minimizar o extenso requisitório de uma parte da doutrina internacional mais recente no sentido de conferir relevo penal à indenização emergente do crime". Assevera ainda que a idéia de atribuir à reparação do dano proveniente de um crime de natureza especificamente sancionatória de caráter penal vai buscar as suas raízes à doutrina da escola positiva, proposta e sufragada, sobretudo por Ferri, segundo a qual deveria fazer-se da reparação uma verdadeira sanção penal reparatória."[414] Todavia, o Código Penal de 1982, no seu artigo 128.º abandonou esta idéia, até então existente.

Na concepção abalizada e segura de Figueiredo Dias, no tocante à questão da natureza e função da reparação do dano proveniente do crime, o art. 128.º do Código Penal constitui um retrocesso na evolução do sistema sancionatório de Portugal, do qual os artigos 71.º e seguintes do Código de Processo Penal se limitaram a retirar as conseqüências processualmente impostas. (art. 71.º: O pedido de indenização civil fundado na prática de um crime é deduzido no processo penal respectivo, só podendo ser em separado, perante o tribunal civil, nos casos previstos na lei).

---

[413] *Código de Processo Penal.* Redação resultante das alterações introduzidas pela Lei 48/2007, de 29 de agosto. Disponível em <http://www.verbojuridico.net/> Acesso em 02/12/2007.

[414] *Op. cit.*, p. 77.

A legislação processual penal portuguesa consagra o dever de informação inserindo no art. 75.º inciso 2 do CPP, o seguinte; "2. Quem tiver sido informado de que pode deduzir pedido de indemnização civil nos termos do número anterior, ou, não o tendo sido, se considere lesado, pode manifestar no processo, até ao encerramento do inquérito, o propósito de o fazer".[415]

O Código Penal Português, no art. 72.º, que dispõe sobre a atenuação especial da pena estabelece que: I. O Tribunal atenua especialmente a pena, para além dos casos expressamente previstos na lei, quando existirem circunstâncias anteriores ou posteriores ao crime, ou contemporâneas dele, que diminuam por forma acentuada a ilicitude do facto, a culpa do agente ou a necessidade da pena. 2. Para efeito do disposto no número anterior, são consideradas, entre outras, as circunstâncias seguintes: c. ter havido actos demonstrativos de arrependimento sincero do agente, nomeadamente a reparação, até onde lhe era possível, dos danos causados; d. ter decorrido muito tempo sobre a prática do crime, mantendo o agente boa conduta".[416]

A Declaração sobre os princípios fundamentais de justiça relativos às vítimas da criminalidade e de abuso de poder, adotada pela Assembléia Geral das Nações Unidas (ONU) na sua resolução 40/34, de 29 de Novembro de 1985, estabelece em alguns dos seus dispositivos o seguinte: "*8. Os autores de crimes ou os terceiros responsáveis pelo seu comportamento devem se necessário, reparar de forma eqüitativa o prejuízo causado às vítimas, às suas famílias ou às pessoas a seu cargo. Tal reparação deve incluir a restituição dos bens, uma indenização pelo prejuízo ou pelas perdas sofridos, o reembolso das despesas feitas como conseqüência da vitimização, a prestação de serviços e o restabelecimento dos direitos. 9. Os Governos devem reexaminar as respectivas práticas, regulamentos e leis, de modo a fazer da restituição uma sentença possível nos casos penais, para além das outras sanções penais. 12. Quando não seja possível obter do delinqüente ou de outras fontes uma indenização completa, os Estados devem procurar assegurar uma indenização financeira: a) Às vítimas que tenham sofrido um dano corporal ou um atentado importante à sua integridade física ou mental, como conseqüência de atos criminosos graves; b) À família, em particular às pessoas a cargo*

---

[415] *Código de Processo Penal.* Redação resultante das alterações introduzidas pela Lei 48/2007, de 29 de agosto, Ibid.

[416] Ibid, Ibidem.

das pessoas que tenham falecido ou que tenham sido atingidas por incapacidade física ou mental como conseqüência da vitimização. 14. As vítimas devem receber a assistência material, médica, psicológica e social de que necessitem, através de organismos estatais, de voluntariado, comunitários e autóctones."[417]

2.1.5. Sistema Penitenciário em Portugal

Em Portugal, o Sistema Penitenciário é regulamentado pelo Decreto-Lei n.º 265/ 79, que entrou em vigor em 01/01/1980. No entanto, no dia 22/03/1980, foi assinado um outro Decreto-Lei, o de n.º 49/80, de 22 de março, o qual recebeu a denominação de "Nova Lei Prisional", tendo este apresentado algumas alterações. Deu nova redacção aos artigos 8.º, 12.º, 15.º, 24.º, 26.º e 40.º do DL n.º 265/79, 1 de Agosto (reestrutura os serviços que têm a seu cargo as medidas privativas de liberdade.[418]

De acordo com o Decreto-Lei n.º 265/ 79, de 01 de agosto, o direito penitenciário tem sido em Portugal objeto de largos estudos e tratamentos legais de aperfeiçoamento. O art. 2.º do mesmo, que trata das finalidades da execução, assim dispõe:[419] 1. "a execução das medidas privativas de liberdade deve orientar-se de forma a reintegrar o recluso na sociedade, preparando-o para, no futuro, conduzir a sua vida de modo socialmente responsável, sem que pratique crimes; 2. a execução das medidas privativas de liberdade serve também a defesa da sociedade, prevenindo a prática de outros factos criminosos".

Com base no dispositivo legal supracitado conclui-se que a finalidade da pena é a prevenção especial positiva ou de socialização; finalidade esta que, conforme Figueiredo Dias,[420] se traduz concretamente em oferecer ao recluso as condições objetivas necessárias não à sua emenda ou reforma moral, sequer à aceitação ou reconhecimento por aquele dos critérios de valor da ordem jurídica, mas à prevenção da reincidência por esforço dos *Standards* de comportamento e de interação na vida comunitária.

---

[417] Beristain, Antônio. *Nova Criminologia à luz do direito penal e da vitimologia.* Brasília: Editora Universidade de Brasília, 2000, p. 129.

[418] *Decreto Lei n.º 49/80, de 22 de Março.* Disponível em <http://www.pgdlisboa.pt/pgdl/leis/. php?nid=159&tabela=leis&ficha=1&pagina=1>.

[419] *Decreto-Lei n.º 265/79.* Disponível em <http: / www.sncgp.com/265-anotado.pdf>. Acesso em 05/07/07.

[420] Dias, Jorge de Figueiredo. *Direito Penal Português. Parte Geral II. As conseqüências jurídicas do crime.* Coimbra: Coimbra Editora, 2005, p. 110.

Opinião semelhante tem Germano Silva quando afirma que é no âmbito da denominada prevenção especial que há de buscar-se em concreto a finalidade de reintegração do agente na sociedade.[421]

Como já mencionamos, as finalidades das penas e das medidas de segurança no sistema jurídico penal português estão inseridas no art. 40.º do Código Penal. No que se refere à escolha e medida da pena, devem ser analisados os preceitos constantes dos artigos 70.º e 71.º O art. 70.º estabelece os critérios quanto à escolha da pena; ao estipular o seguinte: "Se ao crime forem aplicáveis, em alternativa, pena privativa de liberdade e pena não privativa de liberdade, o tribunal dá preferência à segunda sempre que esta realizar de forma adequada e suficiente as finalidades da punição".

Por sua vez, o art. 71.º que dispõe sobre a determinação da medida da pena, declara no inciso I, que a determinação da medida da pena, dentro dos limites definidos na lei é feita em função da culpa do agente e das exigências de prevenção. Todavia, nos termos dos incisos seguintes podemos observar que a culpa, embora seja condição necessária, não é suficiente para a aplicação da pena. Os incisos II e III estabelecem o seguinte: II – Na determinação concreta da pena o tribunal atende a todas as circunstâncias que, não fazendo parte do tipo de crime, depuserem a favor do agente ou contra ele, considerando, nomeadamente: a) o grau de ilicitude do facto, o modo de execução deste e a gravidade das suas consequências, bem como o grau de violação dos deveres impostos ao agente; b) a intensidade do dolo ou da negligência; c) os sentimentos manifestados no cometimento do crime e os fins ou motivos que o determinaram; d) as condições pessoais do agente e a sua situação económica; e) a conduta anterior ao facto e a posterior a este, especialmente quando esta seja destinada a reparar as consequências do crime; f) a falta de preparação para manter uma conduta lícita, manifestada no facto, quando essa falta deva ser censurada através da aplicação da pena; III – Na sentença são expressamente referidos os fundamentos da medida da pena.[422]

Ao referir-se sobre o princípio da culpa, Figueiredo Dias faz o seguinte comentário: "o princípio da culpa é o princípio segundo o qual, como se sabe, em caso algum pode haver pena sem culpa ou a medida da pena ultrapassar a culpa; fica reconhecido no essencial o bom fundamento da afirmação segundo a qual a culpa é condição necessária, mas

---

[421] Silva, Germano, *op. cit.*, p. 130.

[422] *Código Penal Português.* Redação resultante das alterações introduzidas pela Lei 59/2007, de 04/09. Ibid.

não suficiente, de aplicação da pena; e é precisamente esta circunstância que permite uma correta incidência da idéia da prevenção especial positiva ou de socialização".[423]

O artigo 42.º do Código Penal Português, ao referir-se sobre a execução da pena de prisão, declara, *in verbis*: "1 – a execução da pena de prisão, servindo a defesa da sociedade e prevenindo a prática de crimes, deve orientar-se no sentido da reintegração social do recluso, preparando-o para conduzir a sua vida de modo socialmente responsável, sem cometer crimes; 2 – a execução da pena de prisão é regulada em legislação própria, na qual são fixados os deveres e os direitos dos reclusos".[424]

A reforma total do sistema das penas na Espanha aprovada pela Lei Orgânica 10/1995, de 23 de novembro e modificada por outras propõe alcançar na medida do possível os objetivos da ressocialização que a Constituição lhe atribui. Tem como intenção de um lado simplificar a regulamentação das penas privativas de liberdade, ampliando, por sua vez, as possibilidades de substituí-las por outras que afetem a bens jurídicos menos essenciais e de outro, introduzindo mudanças nas penas pecuniárias, adotando o sistema de dias-multa e adicionando os trabalhos em benefício da comunidade.

A Ley Orgânica 1/1979, sustenta, em seu artigo 1.º o seguinte: "as instituições penitenciárias reguladas na presente Lei têm como fim primordial a reeducação e a reinserção social dos sentenciados a penas e medidas penais privativas de liberdade, assim como a retenção e custódia dos detidos, presos ou apenados. Igualmente têm a seu cargo um trabalho assistencial e de ajuda para internos e liberados".[425]

Na visão de Romeu Falconi[426] pouquíssimos países no mundo se preocupam tanto com o problema penitenciário quanto a Espanha. Entende ainda que Portugal é o que mais se assemelha ao trabalho realizado na Espanha em matéria de legislação.

Não podemos esquecer que John Howard, como já nos referimos, é considerado o pai da Ciência Penitenciária. Ele relatou em seu livro The State of Prisons in England, de 1770, os horrores que presenciou, e encabeçou, na Inglaterra, o movimento humanitário da reforma das pri-

---

[423] Dias, Jorge de Figueiredo. *Direito Penal Português. Parte Geral II. Op. cit.*, p. 73.

[424] *Código Penal Português.* Redação resultante das alterações introduzidas pela Lei 59/2007, de 04/09, Ibid.

[425] Falconi, Romeu. *Sistema presidial: reinserção social.* São Paulo: Ícone, 1998, p. 237.

[426] *Op. cit.*, p. 235.

sões. Propugnou um tratamento mais humano ao encarcerado, o que repercutiu, já no século XVIII, para a reforma penitenciária empreendida na Inglaterra, nos Estados Unidos, na Prússia, na Itália e nos Países Baixos. Bentham, nas ilhas britânicas, e Mirabeau, na França, que semearam essas idéias para o incremento de condições do bem-estar entre os presos.[427]

Como já mencionamos anteriormente a prevenção especial negativa consiste na intimidação do agente, na sua inocuização para que não volte a delinqüir. "No entanto, além da prevenção especial funcionar apenas após já cometido o crime e não trazer qualquer critério de proporcionalidade entre o crime e a pena, não faculta o crescimento individual do condenado, violando direitos básicos do cidadão, em desacordo com os postulados básicos do Estado liberal".[428]

A prevenção especial positiva diz respeito à socialização, à reeducação ou à correção. A pena tem o fim de readaptar o indivíduo à vida social. Todavia sofre críticas, uma vez que, quando busca a reeducação forçada encontra limites na dignidade humana e nas bases da democracia pluralista, uma vez que seria ilegítimo obrigar um indivíduo a aceitar os valores majoritários de determinada comunidade.[429]

---

[427] Arêa Leão Júnior, Teófilo Marcelo de. *Detração penal até o Código Criminal do Império* (1830). *Jus Navigandi*, Teresina, ano 4, n. 39, fev. 2000. Disponível em: <http://jus2.uol.com.br/doutrina/texto.asp?id=973>. Acesso em: 26 maio 2009.

[428] Junqueira, Gustavo Octaviano Diniz. *Finalidades da pena*. Barueri, São Paulo: Manole, 2004, p. 148.

[429] *Op. cit.*, p. 149

Capítulo III

TIPOS DE PENAS. UMA ABORDAGEM COMPARADA ENTRE BRASIL E PORTUGAL

A Constituição da República Federativa Brasileira, de 1988 menciona em seu art. 5.º, inciso XLVI as espécies de penas permitidas pelo Ordenamento Jurídico, que são: privação ou restrição de liberdade; perda de bens; multa; prestação social alternativa; suspensão ou interdição de direitos. Estes tipos de penas foram aplicadas em diversos países.

A esta classificação, o legislador brasileiro pode acrescentar outras penas além destas; com exceção das que o inciso XLVII do art. 5.º proíbe que são: penas de morte, salvo em caso de guerra declarada, nos termos do art. 84, XIX; penas de caráter perpétuo; penas de trabalhos forçados; penas de banimento (expulsão de um nacional de seu pais, negando-lhe a possibilidade de retorno) e penas cruéis. No Brasil o Código Penal militar também só prevê a pena de morte, em caso de guerra declarada.

Doutrinariamente, segundo Maurício Kuehne,[430] as penas classificam-se em: corporais; privativas de liberdade; restritivas de liberdade; pecuniárias; e privativas e restritivas de direitos.

Já segundo o Código Penal Brasileiro, as penas são classificadas em: 1 – privativas de liberdade: reclusão, detenção e prisão simples (lei das contravenções penais); 2 – restritivas de direitos: prestação pecuniária, perda de bens e valores, prestação de serviços à comunidade ou a entidades públicas; interdição temporária de direitos; limitação de fim de semana; 3 – pecuniárias: multa.

Em Portugal, declara Germano Silva: "em conformidade com o direito que afectam é costume classificar as penas em corporais, privativas de

---

[430] Kuehne, Maurício apud Jesus, Damásio de. *Teoria e Prática da Aplicação da Pena*. 3. ed. Curitiba: Juruá, 2002, p. 27.

liberdade, restritivas de liberdade, pecuniárias e privativas de direitos".[431] Tal classificação, entretanto, deve ser considerada historicamente na perspectiva evolucionista; pois o conceito de pena tem evoluído bastante desde o período das ordenações, quando o culpado era punido com penas degradantes, cruéis, com sofrimentos físicos e até com a pena de morte. As penas corporais foram abolidas desde a Carta Constitucional, no art. 145.º § 18.º, que diz: *"desde já ficam abolidas os açoites, a tortura, a marca de ferro quente, e todas as demais penas cruéis"*. A Constituição de 1976 também proibiu as penas corporais nos artigos 24.º e 25.º[432]

Portugal foi um país pioneiro na abolição da pena de morte. Em 1867, a pena capital deixou de constar na lei portuguesa, exceptuando-se os crimes militares (cuja abolição viria apenas a ser decretada em definitivo no ano de 1976). Aos poucos foi sendo abolida em diversos outros ordenamentos jurídicos que passaram a analisar as penas de forma mais humanizadas, mais civilizadas. Por outro lado, alguns países, bem como alguns estados dos Estados Unidos da América continuam ainda hoje adotando a pena de morte no rol das penas criminais.

As **penas corporais** são as penas que atuam sobre o corpo do criminoso, atingindo a sua integridade física ou privando-o da vida: são os açoites, as mutilações e a morte. Estas penas foram abolidas em diversas nações; e substituídas pela pena prisional; tendo o direito canônico contribuído bastante para esta mudança; especialmente no que se refere às primeiras idéias sobre a reforma do delinqüente.

Os suplícios foram bastante usados na Idade Média. Apresentavam característica da socialidade e importância essencialmente pública. Era uma espécie de ligação pena/religião, que aos poucos foi sendo abolida. O degredo podia ser perdoado, em caso de greve, se o condenado aceitasse lutar e o fizesse bravamente.[433] Quando não eram condenados à pena de morte, os réus geralmente eram condenados ao degredo, que dependendo do caso, podia consistir apenas na expulsão da Comarca ou no exílio. Várias Nações enfatiza Franciele Cardoso utilizaram o sistema do degredo, como: Portugal, para suas colônias no Brasil e Angola; Rússia para a Sibéria; Itália para as Ilhas ao longo de sua Costa; França, Espanha, dentre outras.

---

[431] SILVA, Germano Marques da. *Direito Penal Português. Parte Geral, III. Op. cit.*, p. 65.

[432] Ibid, p. 68.

[433] CARDOSO, Franciele, *op. cit.*, p. 25.

3.1. Penas Privativas de Liberdade

A pena privativa de liberdade é aquela que, como afirma Cláudio Oliveira "restringe com maior ou menor intensidade a liberdade do condenado, consistente em permanecer em algum estabelecimento prisional, por um determinado tempo".[434]

As penas privativas de liberdade podem apresentar efeitos negativos e positivos. Elas têm contribuído para o aumento populacional nas prisões e demonstrado a dificuldade do Estado em atingir os principais objetivos da pena, principalmente no que tange à reintegração, reeducação e ressocialização do preso no meio social, todavia, continuam sendo as mais utilizadas nas legislações modernas. Por outro lado, caso sejam garantidas ao preso condições mínimas de existência, personalidade, liberdade, honra, o resultado de reintegração ocorrerá de forma mais contundente. Nestes tipos de penas ocorre uma diminuição do direito à liberdade do criminoso, o qual é encaminhado para um estabelecimento prisional adequado, conforme a espécie e a pena fixada.

A prisão, como acentua com muita pertinência Manoel Pedro Pimentel[435], deveria ser um lugar destinado à execução das penas privativas de liberdade, com rigor penitenciário, objetivando sempre alcançar o duplo fim que é atribuído à pena de encarceramento: punir e educar para a liberdade; todavia, o sonho que via na prisão o instrumento ideal para cumprir esse duplo fim acabou. No entendimento dele, o que a prisão faz é apenas envernizar a personalidade do interno por fora, ao mesmo tempo em que introjeta mais profundamente sua fatoração criminógena, reforçando-a. Argumenta ainda que a reincidência é regra geral aplicável aos egressos da prisão fechada, exatamente por isso.

Empregada no Direito Canônico, sem, contudo apresentar natureza de pena, a pena de prisão foi utilizada pelo clero como meio de expiação, penitência dos pecados de seus membros. "Somente na era moderna é que surgiram as primeiras penitenciárias com feições atuais, como as casas correicionais de Amsterdã em 1595, para homens e em 1597 para as mulheres".[436] Portanto, como revela Cláudia Costa, a principal forma

---

[434] Oliveira, Cláudio Márcio de. *O fundamento de punir e os fins da pena. Jus Navigandi*, Teresina, ano 5, n. 51, out. 2001. Disponível em: <http://jus2.uol.com.br/doutrina/texto.asp?id=2069>. Acesso em: 11 de maio 2007.

[435] Pimentel, *op. cit.*, p. 150.

[436] Costa, Cláudia, *op. cit.*, p. 75.

de sanção penal passou a ser a prisão celular, mudando-se toda a ótica do Direito Penal; a perda de liberdade deixou de ser um instrumento propiciador da emenda do condenado, pelo efeito que o claustro deveria exercer sobre a pessoa para funcionar como um verdadeiro castigo, de mera retribuição pelo delito cometido.

Pondera oportunamente Jason Albergaria que: "a pena de prisão não se enquadra no Estado Social e Democrático de Direito, nem no objetivo ressocializador da pena, cujo elemento nuclear é o desenvolvimento da personalidade e dignidade da pessoa; a pena de prisão determina a perda da liberdade e da igualdade, que derivam da dignidade humana".[437]

Embora tenha contribuído na eliminação das penas infamantes, aflitivas e cruéis, com os castigos físicos e as mutilações, a pena de prisão não apresentou o efeito que se aspirava em relação a reforma do condenado. Atesta Manoel Pedro Pimentel[438] que ela está sendo questionada quanto à possibilidade de servir como instrumento de retificação do caráter, para a correção da personalidade delinqüente, através do processo de reeducação sistemática, em que se inculquem valores aprovados e desejados pela sociedade convencional, ensinando-lhe as regras do bem viver socialmente.

A pena privativa de liberdade deve ter como meta principal corrigir e recuperar o delinqüente, a teor do que determina a Convenção Americana de Direitos Humanos (1969), (Pacto de San José da Costa Rica), adotada e aberta à assinatura na Conferência Especializada Interamericana sobre Direitos Humanos, em San José de Costa Rica, em 22 de novembro de 1969 e ratificada pelo Brasil em 25 de setembro de 1992, nos seus artigos 5.º e 6.º[439]

---

[437] ALBERGARIA, Jason. *Das penas e da execução penal.* 3.ª ed. Belo Horizonte: Del Rey, 1996, p. 41.

[438] PIMENTEL, *op. cit.*, p. 148.

[439] PENTEADO FILHO, Nestor Sampaio. *Manual de Direitos Humanos*. São Paulo: Editora Método, 2006, p. 173. *Artigo 5.º* – Direito à integridade pessoal: 1 – Toda pessoa tem direito a que se respeite sua integridade física, psíquica e moral. 2 – Ninguém deve ser submetido a torturas, nem a penas ou tratos cruéis, desumanos ou degradantes. Toda pessoa privada de liberdade deve ser tratada com o respeito devido à dignidade inerente ao ser humano. 3 – A pena não pode passar da pessoa do delinqüente. 4 – Os processados devem ficar separados dos condenados, salvo em circunstâncias excepcionais, e devem ser submetidos a tratamento adequado à sua condição de pessoas não condenadas. 5 – Os menores, quando puderem ser processados, devem ser separados dos adultos e conduzidos a tribunal especializado, com a maior rapidez possível, para seu tratamento. 6 – As penas privativas de liberdade devem ter por finalidade essencial a reforma e a readaptação social dos condenados. *Artigo 6.º* – Proibição da escravidão e da servidão. 1 – Ninguém poderá ser submetido a escravidão ou servidão e tanto estas como o tráfico de escravos e o tráfico

No Brasil, as **penas privativas de liberdade** estão previstas no inciso XLVI do art. 5.º da Constituição Federal; nos artigos 33 a 42 do Código Penal e nos artigos 105 a 119 da Lei de Execução Penal. São as mais usadas nas legislações modernas; que atualmente manifestam-se preocupações, com a recuperação e a ressocialização do delinqüente. O condenado fica privado de sua liberdade, cumprindo a pena em um estabelecimento prisional. Começou a ser utilizada desde a época do Direito Canônico, quando a igreja punia seus infiéis, seus pecadores, com a pena de penitência, realizada nas celas.

Tratando-se de criminosos de alta periculosidade, que não tenham condições de ser tratados em liberdade, ela não pode deixar de ser utilizada, sendo, assim, necessária e fundamental; todavia, como frisa o professor Mário Luís Lírio Cipriano[440], é necessário que sejam estabelecidos limites à sanção penal para que seja aplicada às situações de particular gravidade e que demonstrem maior dano social, tendo ainda, para essas situações, o fim social de prevenção e ressocialização. Com muita propriedade, argumenta Manoel Pedro Pimentel o seguinte: "é preciso reconhecer que a pena de prisão quando cumprida em estabelecimento de segurança máxima somente serve para punir, retributivamente, não se prestando para a tarefa de ressocialização do criminoso; sem negar que a dupla meta formal da pena – punir e ressocializar não podem ser buscadas ao mesmo tempo".[441]

As penas privativas de liberdade implicam na perda do direito à liberdade do delinqüente, que é encaminhado para um estabelecimento

---

de mulheres são proibidos em todas as suas formas. 2 – Ninguém deve ser constrangido a executar trabalho forçado ou obrigatório. Nos países em que se prescreve, para certos delitos, pena privativa de liberdade acompanhada de trabalhos forçados, esta disposição não pode ser interpretada no sentido de proibir o cumprimento da dita pena, imposta por um juiz ou tribunal competente. O trabalho forçado não deve afetar a dignidade, nem a capacidade física e intelectual do recluso. 3 – Não constituem trabalhos forçados ou obrigatórios para os efeitos deste artigo: 4 – Os trabalhos ou serviços normalmente exigidos de pessoa reclusa em cumprimento de sentença ou resolução formal expedida pela autoridade judiciária competente. Tais trabalhos ou serviços devem ser executados sob a vigilância e controle das autoridades públicas, e os indivíduos que os executarem não devem ser postos à disposição de particulares, companhias ou pessoas jurídicas de caráter privado; 5 – Serviço militar e, nos países em que se admite a isenção por motivo de consciência, qualquer serviço nacional que a lei estabelecer em lugar daqueles; 6 – o serviço em casos de perigo ou de calamidade que ameacem a existência ou o bem-estar da comunidade; 7 – o trabalho ou serviço que faça parte das obrigações cívicas normais.

[440] CIPRIANI, Mário, *op. cit.*, p. 23.

[441] PIMENTEL, *op. cit.*, p. 185/186.

prisional, nem sempre adequado e muitas vezes lotado de presos que praticam diferentes tipos de crimes, e de alta periculosidade, para os quais continuam sendo o único recurso aplicável. Estas penas, de acordo com a teoria mais aceita sobre o direito de punir do Estado, não têm como finalidade apenas castigar; visam também recuperar o delinqüente, devolvendo-o sadio ao convívio social. Por outro lado, em razão de vários fatores, elas não têm correspondido às expectativas esperadas e desejadas, ocorrendo assim um verdadeiro descompasso entre a sua execução e seus fins. Deveria ser conferida a pena a função unificadora ou mista, vez que além da necessidade da reprovação, do castigo pelo mal praticado visa a prevenção do crime, a reeducação e ressocialização do condenado, readaptando-a a vida social, intimidar o agente no sentido de evitar que sejam cometidos novos delitos e impedir a reincidência. "A pena como instrumento de reeducação e recuperação do delinqüente aparece-nos ligada ao império da pena de prisão, que substitui, de modo quase totalitário, as penas corporais e o degredo que a precederam".[442]

3.1.1. Penas Privativas de Liberdade no Brasil

A Exposição de motivos da nova parte geral do Código Penal, lei n.º 7.209, de 11/07/1984, publicada no diário do Congresso (Seção II), de 29 de março de 1984, declara nos primeiros parágrafos da parte relativa às Penas, o seguinte:[443]

---

[442] Almeida, Carlota, *op. cit.*, p. 103.

[443] BRASIL. *Código Penal*; *Código de Processo Penal*; *Constituição Federal/* obra coletiva de autoria da Editora Saraiva com a colaboração de Antônio Luiz de Toledo Pinto, Márcia Cristina Vaz dos Santos e Lívia Céspedes. 2.ª ed. São Paulo: Saraiva, 2006. "Uma política criminal orientada no sentido de proteger a sociedade terá de restringir a pena privativa de liberdade aos casos de reconhecida necessidade, como meio eficaz de impedir a ação criminógena cada vez maior do cárcere. Esta filosofia importa obviamente na busca de sanções outras para delinqüentes sem periculosidade ou crimes menos graves. Não se trata de combater ou condenar a pena privativa de liberdade como resposta penal básica ao delito. Tal como no Brasil, a pena de prisão se encontra no âmago dos sistemas penais de todo o mundo. O que por ora se discute é a sua limitação aos casos de reconhecida necessidade. As críticas que em todos os países se têm feito à pena privativa da liberdade fundamentam-se em fatos de crescente importância social, tais como o tipo de tratamento penal frequentemente inadequado e quase sempre pernicioso, a inutilidade dos métodos até agora empregados no tratamento de delinqüentes habituais e multireincidentes os elevados custos da construção e manutenção dos estabelecimentos penais, as conseqüências maléficas para os infratores primários, ocasionais ou responsáveis

Todas as Constituições brasileiras desde a primeira reservaram espaço para a prisão. A partir da Constituição de 1988, os princípios da prisão foram dirigidos ao preso. A Lei de execução penal regula a individualização da pena.

Segundo o artigo 32.º do Código Penal Brasileiro[444] as penas classificam-se em: privativas de liberdade, restritivas de direitos e multa; podendo-se acrescentar ainda, a prisão simples (regulamentada pelo Decreto Lei n.º 3.688/41 – Lei das Contravenções Penais).[445] O juiz, ao fixar a pena deve obedecer aos critérios previstos em lei, em relação ao delinqüente, como: antecedentes criminais, personalidade, motivos e circunstâncias do crime.

As penas privativas de liberdade, nos termos do art. 53 do Código Penal Brasileiro têm seus limites estabelecidos na sanção correspondente a cada tipo penal de crime.

O tempo de cumprimento das penas privativas de liberdade não pode ultrapassar a trinta anos, como prescreve o artigo 75 do Código Penal Brasileiro.[446] Caso a pena imposta ultrapasse a trinta anos, o juízo da execução deve proceder à unificação para a quantia estipulada na lei. Este limite relaciona-se apenas ao tempo de cumprimento da pena, não podendo servir de parâmetro para o cálculo de outros benefícios, como

---

por delitos de pequena significação, sujeitos, na intimidade do cárcere, a sevícias, corrupção e perda paulatina da aptidão para o trabalho. Esse questionamento da privação da liberdade tem levado penalistas de numerosos países e a própria Organização das Nações Unidas a uma "procura mundial" de soluções alternativas para os infratores que não ponham em risco a paz e a segurança da sociedade".

[444] NUCCI, Guilherme de Souza. *Código penal comentado. Op. cit.*, p. 276.

[445] O regime inicial da execução da pena privativa de liberdade é estabelecido na sentença de condenação, com base no artigo 33 seus parágrafos do Código Penal Brasileiro. Dispõe ainda que as penas privativas de liberdade deverão ser executadas em forma progressiva, segundo o mérito do condenado, ressalvadas algumas hipóteses, que vedam a transferência para o regime menos rigoroso, tais como: 1 – o condenado a pena superior a oito anos deverá começar a cumpri-la em regime fechado; 2 – o condenado não reincidente, cuja pena seja superior a quatro anos e não exceda a oito, poderá, desde o princípio, cumpri-la em regime semi-aberto; 3 – o condenado não reincidente, cuja pena seja igual ou inferior a quatro anos, poderá, desde o início, cumpri-la em regime aberto.

[446] Art. 75: "O tempo de cumprimento das penas privativas de liberdade não pode ser superior a trinta anos; § 1.º: Quando o agente for condenado a penas privativas de liberdade cuja soma seja superior a trinta anos, devem elas ser unificadas para atender ao limite máximo deste artigo; § 2.º Sobrevindo condenação por fato posterior ao início do cumprimento da pena, far-se-á nova unificação, desprezando-se, para esse fim, o período de pena já cumprido".

livramento condicional e progressão de regime, cujos requisitos para suas concessões encontram-se estipulados na lei de execução penal.

A unificação é um incidente da execução, já que por ela se reduz a duração das penas aplicadas nas várias sentenças. Somente o juiz da execução é competente para a unificação, sendo meios inadequados para tal fim o habeas corpus e a revisão.[447]

As penas de reclusão e de detenção originam da prática de crimes e a pena de prisão simples é aplicada às contravenções penais.

A **pena de reclusão** é uma pena mais grave, mais severa; aplicada também em tese, para crimes mais graves. Poderá ser cumprida inicialmente no regime fechado; sendo este regime obrigatório para os reincidentes. Posteriormente, caso o condenado demonstre preencher os requisitos objetivos e subjetivos, a sua pena será progredida, ou transferida do regime mais rigoroso para o menos rigoroso, para os regimes semi-aberto e aberto. Está sujeita então aos três tipos de regimes penitenciários, previstos na legislação.

A **pena de detenção** é prevista para os delitos de menor gravidade; deve ser cumprida em regime semi-aberto ou aberto, salvo a sua transferência para o fechado; no caso de regressão; que é a transferência de um regime menos rigoroso para um mais rigoroso. Os detentos deveriam ficar separados dos reclusos, o que no sistema penitenciário brasileiro não é cumprido.

Outras diferenças entre a reclusão e a detenção no âmbito da legislação penal e processual penal brasileira:

1 – *limitação na concessão de fiança.* Segundo o art. 322 do Código de Processo Penal Brasileiro[448] "a autoridade policial poderá conceder fiança apenas nas infrações punidas com detenção ou prisão simples". Nos demais casos, serão requeridos ao juiz, obedecendo aos dispositivos subseqüentes.

2 – *incapacidade para o exercício do pátrio poder* (art. 92, II do Código Penal Brasileiro).A reclusão pode ter por efeito da condenação a incapacidade para o exercício do pátrio poder, tutela ou curatela, nos crimes dolosos, sujeitos a esse tipo de pena, cometidos contra filho, tutelado ou curatelado.

3 – *medidas de segurança*: nos termos do art. 97 do Código Penal Brasileiro, se o agente for inimputável, o juiz determinará a sua internação; no entanto, se o delito for punível com detenção, poderá o juiz submete-lo ao tratamento ambulatorial.

---

[447] Mirabete, Julio Fabbrini. *Execução penal, op. cit.*, p. 180.

[448] *Op. cit.*, p. 436.

4 – *prioridade na ordem de execução no concurso material*: a pena de reclusão é cumprida em primeiro lugar; depois, a detenção ou prisão simples. (artigos 69, caput e 76, ambos do Código Penal Brasileiro).

5 – *influência nos pressupostos da prisão preventiva:* em relação a esta diferença, assim preceituam os seguintes dispositivos do Código de Processo Penal Brasileiro:

Artigo 312: "*a prisão preventiva poderá ser decretada como garantia da ordem pública, da ordem econômica, por conveniência da instrução criminal, ou para assegurar a aplicação da lei penal, quando houver prova da existência do crime e indício suficiente de autoria*". Art. 313: "*em qualquer das circunstâncias, previstas no artigo anterior, será admitida a decretação da prisão preventiva nos crimes dolosos: I: punidos com reclusão; II: punidos com detenção, quando se apurar que o indivíduo é vadio ou, havendo dúvida sobre sua identidade, não fornecer ou não indicar elementos para esclarecê-la*".

A **prisão simples** é uma pena de privação de liberdade mais branda, prevista na Lei das Contravenções Penais (Decreto-Lei n.º 3.688, de 3 de outubro de 1941); a qual nos termos do seu art. 6.º deve ser cumprida, sem rigor penitenciário, em estabelecimento especial de prisão comum, em regime semi-aberto ou aberto; o condenado à pena de prisão simples fica sempre separado dos condenados à pena de reclusão ou de detenção e o trabalho é facultativo, se a pena aplicada não exceder a quinze dias.

No que se refere à cominação das penas, devemos destacar que as mesmas podem ser cominadas: a. isoladamente: no caso de apenas uma pena ser prevista para o agente, como por exemplo, a privativa de liberdade, no caso de determinado crime); cumulativamente; b. quando é aplicada mais de uma modalidade de pena, no caso por exemplo de uma privativa de liberdade cumulada com uma multa e c. alternativamente: quando há possibilidade da opção entre duas modalidades diferentes, privativa de liberdade ou multa; no caso do Brasil, no crime de ameaça.

Na opinião dos doutrinadores Álvaro Costa e Marcelo Lessa atualmente, a tendência é a abolição da diversidade de espécie de penas, com a adoção de uma pena única, orientada no sentido da unificação do sistema prisional. Esta pena unitária se faria diferenciar na execução através dos instrumentos relativos à individualização. Tal tendência já é observada no Código Penal de Portugal (art. 40), do Panamá (art. 46, I), da Alemanha (§ 38) e no Código Penal Tipo para a América Latina (art. 42).[449]

---

[449] COSTA, Álvaro Mayrink da. *Direito Penal – Parte Geral*. Rio de Janeiro, editora Forense, 1992, v. 1, t. II, p. 263.

3.2.2. Penas Privativas de Liberdade em Portugal

Em Portugal, conforme o artigo 41.º do Código Penal Português, a única pena privativa de liberdade adotada é a pena de prisão, que em regra, tem a duração mínima de um mês e duração máxima de vinte anos; o limite máximo de vinte e cinco anos, nos casos previstos em lei e em nenhuma hipótese poderá ultrapassar tal limite. O item 4, acrescentado pela Lei n.º 59/2007, de 4 de setembro declara que a contagem dos prazos da pena de prisão é feita segundo os critérios estabelecidos na lei processual penal e, na sua falta, na lei civil. A aplicação de penas visa a proteção de bens jurídicos e a reintegração da sociedade; não podendo em caso algum ultrapassar a medida de culpa.

Quando a pena de prisão aplicada não superar um ano, pode ser substituída por pena de multa ou por outra pena não privativa de liberdade, exceto, como preceitua o art. 43.º, se a execução da prisão for exigida pela necessidade de prevenir o cometimento de futuros crimes. No caso de não pagamento da pena de multa, cumpre-se a pena privativa de liberdade aplicada.

Nos termos do art. 45.º, verifica-se que a pena de prisão não superior a um ano, que não deve ser substituída por pena de outra espécie, pode ser cumprida em dias livres, desde que cumpridos os requisitos legais; e quando o tribunal concluir que esta forma de cumprimento realiza-se de modo adequado e suficiente com as finalidades da punição. A pena de prisão por dias livres consiste na privação de liberdade por períodos correspondentes a fins de semana, não podendo exceder setenta e dois períodos; tendo cada período duração mínima de trinta e seis horas e máxima de quarenta e oito horas, equivalendo a cinco dias de prisão contínua. Dispõe ainda que os dias feriados que antecederem ou seguirem-se a um fim de semana podem ser utilizados para execução da prisão por dias livres, sem prejuízo da duração máxima estabelecida para cada período.

O regime de semidetenção pode ser estabelecido quando a pena de prisão não for superior a um ano, que não deva ser substituída por pena de outra espécie, nem cumprida em dias livres, pode ser executada em dias regime de semidetenção, se o condenado nisso consentir. Tal regime consiste numa privação de liberdade que permite ao mesmo prosseguir suas atividades profissionais normais, a sua formação profissional ou os seus estudos, por força de saídas estritamente limitadas ao cumprimento das suas obrigações, como dispõe o art. 46.º do Código Penal Português.

Ainda em relação a pena de prisão, Marcelo Monteiro declara o seguinte: "a pena privativa de liberdade não superior a três anos pode ter sua execução suspensa pelo prazo de um a cinco anos, desde que o condenado preencha os requisitos do art. 50. Esta suspensão da execução da pena de prisão pode ser simples, subordinada, com imposição de regras de consulta ou acompanhada de regime de prova".[450]

Com a nova redação da Lei n.º 59/2007, de 4 de setembro, o art. 50.º, que descreve sobre os pressupostos e duração da suspensão da execução da pena de prisão, passou a afirmar o seguinte: 1 – O tribunal suspende a execução da pena de prisão aplicada em medida não superior a cinco anos se, atendendo à personalidade do agente, às condições da sua vida, à sua conduta anterior e posterior ao crime e às circunstâncias deste, concluir que a simples censura do facto e a ameaça da prisão realizam de forma adequada e suficiente as finalidades da punição. 2 – O tribunal, se o julgar conveniente e adequado à realização das finalidades da punição, subordina a suspensão da execução da pena de prisão, nos termos dos artigos seguintes, ao cumprimento de deveres ou à observância de regras de conduta, ou determina que a suspensão seja acompanhada de regime de prova. 3 – Os deveres e as regras de conduta podem ser impostos cumulativamente. 4 – A decisão condenatória especifica sempre os fundamentos da suspensão e das suas condições. 5 – O período de suspensão tem duração igual à da pena de prisão determinada na sentença, mas nunca inferior a um ano, a contar do trânsito em julgado da decisão.[451]

3.2. Penas Restritivas de Liberdade

São penas que limitam em parte o poder de locomoção do condenado. Apesar de não serem recolhidos à prisão condicionam sua liberdade física. Como exemplos destas penas destacamos: o banimento (perda dos direitos políticos e de habitar o país); degredo ou confinamento (residência em local determinado pela sentença); desterro (saída obrigatória do território da comarca e do domicílio da vítima).

---

[450] MONTEIRO Valdir apud GONÇALVES Manuel. *Penas Restritivas de Direito*. Campinas: Impactus, 2006, p. 81.

[451] *Código Penal Português*. Redação resultante das alterações introduzidas pela Lei 59/2007, de 04/09. Disponível em <http://www.verbojuridico.net/>. Acesso em 02/12/ /2007.

Segundo Basileu Garcia[452], no direito alienígena, existem como penas restritivas de liberdade, entre outras, a expulsão de estrangeiro e o desterro, que obriga o condenado a deixar o território do Estado; o confinamento, em que lhe é fixado um lugar de residência, do qual não pode afastar-se. Há também a relegação, a transportação, em virtude das quais o delinqüente é conduzido para as colônias. Declara ainda que as penas de relegação e transportação, que entre si diferem por certas particularidades, não são, somente, restritivas da liberdade e sim privativas, porquanto o condenado é submetido a um regime de prisão e trabalho. Na antiguidade, havia a pena de exílio. Em Roma, sob a ameaça de morte, o condenado que sofresse essa medida interditiva não poderia mais entrar no território da nação.

3.2.1. Penas Restritivas de Liberdade no Brasil

O Ordenamento constitucional brasileiro proíbe o banimento, o degredo e o desterro, penas de caráter perpétuo, penas cruéis e de trabalhos forçados; como demonstra o art. 5.º inciso XLVII. O inciso XLVI do mesmo dispositivo legal prescreve: "a lei regulará a individualização da pena e adotará, entre outras, as seguintes: a. privação ou restrição da liberdade; b. perda de bens; c. multa; d. prestação social alternativa; e. suspensão ou interdição de direitos.[453] A lei n.º 7.209/ 84 aboliu medidas de segurança que implicavam limitações da liberdade.

O parágrafo 2.º do art. 78 do Código Penal estabelece: "Se o condenado houver reparado o dano, salvo impossibilidade de fazê-lo, e se as circunstâncias do artigo 59 deste Código lhe forem inteiramente favoráveis, o juiz poderá substituir a exigência do parágrafo anterior por uma ou mais das seguintes condições: a. proibição de freqüentar determinados lugares; b. proibição de ausentar-se da comarca onde reside, sem autorização do juiz; c. comparecimento pessoal e obrigatório a juízo, mensalmente, para informar e justificar suas atividades".

E o 59, do mesmo código, ao referir-se sobre a fixação da pena preceitua *ipsis litteris*: "O juiz, atendendo à culpabilidade, aos antecedentes, à conduta social, à personalidade do agente, aos motivos, às circuns-

---

452 GARCIA, Basileu, *op. cit.*, p. 411.

453 BRASIL. *Código Penal*; *Código de Processo Penal*; *Constituição Federal, op. cit.*, p. 13.

tâncias e conseqüências do crime, bem como ao comportamento da vítima, estabelecerá, conforme seja necessário e suficiente para reprovação e prevenção do crime: I: as penas aplicáveis dentre as cominadas; II: a quantidade de pena aplicável, dentro dos limites previstos; III: o regime inicial de cumprimento da pena privativa de liberdade; IV: a substituição da pena privativa da liberdade aplicada, por outra espécie de pena, se cabível".[454]

A lei n.º 6.815, de 19/08/1980, que define a situação jurídica do estrangeiro no Brasil, cria o Conselho Nacional de Imigração e dá outras providências prevê medidas de deportação, expulsão e extradição; não entendendo estas como penas e sim como medidas administrativas. As infrações serão punidas, consoante o art. 127, em processo administrativo, que terá por base o respectivo auto, conforme se dispuser em regulamento.[455] Entretanto, a extradição fundamenta-se no direito penal. Guilherme de Souza Nicci[456] define *extradição* como um instrumento de cooperação internacional para a entrega de pessoa acusada da prática de crime a Estado estrangeiro, seja para responder ao processo, seja para cumprir a pena; *deportação* como a saída compulsória do território nacional, quando o estrangeiro aqui se encontra de maneira irregular, seja porque ingressou sem ter visto, que pode ter expirado ou porque, a despeito de turista, exerceu atividade laborativa remuneratória e *expulsão* é a saída compulsória do território nacional do estrangeiro que seja considerado inconveniente ou nocivo aos interesses nacionais. Basileu Garcia[457] afirma que em nosso meio, durante certas crises, falava-se muito no exílio de políticos; mas não temos, nem no Código Penal, nem na legislação especial, a pena de exílio; a residência fora do país resultava de deliberação do interessado (às vezes para esquivar-se ao cumprimento da pena por delito político), ou de violenta e ilegal imposição da Polícia.

Devemos aqui ressaltar que, o Código Criminal de 1830 adotava penas restritivas da liberdade e privativas de direitos. "Esse duplo caráter encontrava-se na de banimento, que privava para sempre o réu dos seus direitos de cidadão e o inibia perpetuamente de habitar o território do Império; os banidos que voltassem ao país seriam condenados a prisão perpétua; a pena de degredo obrigava o réu a residir, por tempo prefixado,

---

[454] *Op. cit.*, p. 281.
[455] *Op. cit.*, p. 633.
[456] NUCCI, Guilherme de Souza. *Código penal comentado*, *op. cit.*, p. 96.
[457] GARCIA, Basileu, *op. cit.*, p. 412.

no lugar que a sentença indicasse, não podendo sair dali".[458] Tal Código previa ainda a pena de desterro e a de galés. Conforme Basileu Garcia, dentre essas penas, a de banimento foi mantida pelo Código de 1890, tendo sido eliminada através da Constituição de 1891 e posteriormente pelas cartas políticas de 1934, 1946 e 1969, porém, mantido com exceções pela Emenda Constitucional de 1969.

3.2.2. Penas Restritivas de Liberdade em Portugal

A restrição da liberdade, segundo Germano Silva[459], entra na estrutura de todas as penas que condicionam a liberdade física.

3.3. Penas Restritivas de Direitos

As penas restritivas de direitos são autônomas e substituem as penas privativas de liberdade, de curta duração, caso sejam comprovados os requisitos estabelecidos por lei e impõem algumas restrições e obrigações ao condenado. Têm então caráter substitutivo. Elas extinguem, limitam ou diminuem direitos; não perdem o caráter de castigo; no entanto, evitam os malefícios da pena de prisão, mesmo que ela seja de curta duração. São sanções penais autônomas, por terem características e forma de execuções próprias e subsistirem por si mesmas após a substituição. Em razão de serem substitutivas não podem ser aplicadas cumulativamente com as penas privativas de liberdade. Serão convertidas em privativas de liberdade se o condenado deixar de cumprir as obrigações impostas. Em sentido estrito, são medidas alternativas. Não há tipos penais prevendo, no preceito secundário, pena restritiva de direito. Estão inseridas no rol das medidas alternativas à prisão. "São medidas de execução do regime de confiança, que se cumprem em liberdade, ainda que de forma descontínua, como a casa do albergado, o trabalho externo, a freqüência a cursos, as autorizações de saída, remissão parcial da pena, livramento condicional e sursis".[460]

---

[458] *Op. cit.*, p. 212.

[459] SILVA, Germano Marques da. *Direito Penal Português*. Parte Geral, III, *op. cit.*, p. 68.

[460] ALBERGARIA, Jason. *Das penas e da execução penal*. 3.ª ed., Belo Horizonte: Del Rey, 1996, p. 67.

Ao aplicar uma pena privativa de liberdade, o juiz pode substituí-la por uma restritiva, pelo mesmo prazo da primeira; caso o crime não tenha sido praticado com violência ou grave ameaça, o condenado não seja reincidente e a pena privativa de liberdade seja leve. Para que seja argüida nulidade, o juiz deve especificar qual a pena restritiva de direitos que substitui a privativa de liberdade.

As penas restritivas de direitos são autônomas e substitutivas. Não podem ser cumuladas com penas privativas de liberdade, ser suspensas nem substituídas por multa. Foram introduzidas como uma alternativa à prisão. Penas alternativas são as restritivas de direitos que substituem a pena privativa de liberdade aplicada e já assumiram a designação de penas alternativas. "A Lei 9.714, de 25 de novembro de 1998 ampliou a aplicação das penas restritivas de direitos, permitindo a substituição da privação da liberdade por penas alternativas que, na realidade, são substitutivas, nos casos de condenados em crimes dolosos, cuja pena não supere quatro anos e os delitos não tenham sido praticados com violência ou grave ameaça e no crime culposo, qualquer que seja a pena".[461]

Guilherme Nucci apresenta o seguinte conceito de penas restritivas de direitos: "são penas alternativas às privativas de liberdade, expressamente previstas em lei, tendo por fim evitar o encarceramento de determinados criminosos, autores de infrações penais consideradas mais leves, promovendo-lhes a recuperação através de restrições a certos direitos".[462]

3.3.1. Penas Restritivas de Direitos no Brasil

Penas restritivas de direitos, conforme mencionamos são penas substitutivas (ou substitutos penais). Foram introduzidas no Código Penal Brasileiro, através da reforma da parte geral de 1984, pela lei n.º 7.209, que admitiu no país a possibilidade de substituir a pena privativa de liberdade por penas restritivas de direitos, às quais estão inseridas nos artigos 43 a 48.

Segundo o art. 43 do Código Penal, as penas restritivas de direitos são: prestação pecuniária, perda de bens e valores, prestação de serviços à comunidade ou a entidades públicas, interdição temporária de direitos e limitação de fim de semana.

---

[461] Monteiro Valdir apud Gonçalves Manuel. *Penas Restritivas de Direito*. Campinas: Impactus, 2006, p. 90.

[462] Nucci, Guilherme de Souza. *Código penal comentado*, *op. cit.*, p. 323.

Fernando Capez[463] apresenta a seguinte classificação: 1 – penas alternativas: penas restritivas de direitos e pena de multa; 2 – penas restritivas de direitos: penas restritivas de direitos em sentido estrito e penas restritivas de direitos pecuniárias; 3 – penas restritivas de direitos em sentido estrito, que consistem em uma restrição qualquer ao exercício de uma prerrogativa ou direito em: prestação de serviços à comunidade, limitação de fim de semana e interdições temporárias de direitos; 4 – penas restritivas de direitos pecuniárias: prestação pecuniária em favor da vítima, prestação inominada e perda de bens e valores.

De acordo com o art. 54 do Código Penal, as penas restritivas de direitos são aplicáveis, independentemente de cominação na parte especial, em substituição à pena privativa de liberdade, fixada em quantidade inferior a um ano ou nos crimes culposos. Este artigo foi derrogado pela lei n.º 9.714/98, que previu no art. 44, I, a possibilidade de substituição da pena privativa de liberdade de até quatro anos para pena restritiva de direitos; evidentemente que, se o delito não tiver sido cometido com violência ou grave ameaça à pessoa, ou, qualquer que seja a pena aplicada, se o crime for culposo e se o réu não for reincidente em crime doloso. Além destes requisitos, o inciso III deste mesmo artigo ressalta outros, como: a culpabilidade, os antecedentes, a conduta social e a personalidade do condenado; bem como os motivos e as circunstâncias indicarem que essa substituição seja suficiente. Comentando sobre os requisitos subjetivos, Newton Fernandes assim os define: conduta pessoal é o comportamento da pessoa em público, como na sociedade, na escola e no trabalho; personalidade é a forma moral de ser da pessoa; motivo é a razão do delito (motivo torpe, cruel, abominável ou quiçá nobre); circunstâncias são dados que cercam ou rodeiam o delito (local, modo de execução, instrumento).

As penas restritivas de direitos podem ser convertidas em privativa de liberdade caso seja descumprido pelo condenado as restrições e obrigações impostas. Quando isto ocorrer, será deduzido o tempo cumprido da pena restritiva de direitos, respeitado nos termos do art. 44 § 4.º do Código Penal Brasileiro, o saldo mínimo de trinta dias de detenção ou reclusão. O parágrafo seguinte estatui que sobrevindo condenação à pena privativa de liberdade, por outro crime, o juiz da execução penal decidirá sobre a conversão, podendo deixar de aplicá-la se for possível ao condenado cumprir a pena substitutiva anterior.

---

[463] CAPEZ, Fernando. *Curso de direito penal:* parte geral. Vol. 1, 4.ª ed. ver. e atual., São Paulo: Saraiva, 2002, p. 346.

A pena de multa distingue-se da pena restritiva de multa no seguinte aspecto: enquanto a pena de multa não pode ser convertida em pena privativa de liberdade, sendo considerada, para fins de execução, dívidas de valor, de acordo com o art. 51 do Código Penal a pena pecuniária, ao contrário, permite a conversão; como pode ser observado no art. 44 § 4.º, do mesmo diploma legal, quando ocorrer o descumprimento injustificado da restrição imposta.

A Execução Penal foi instituída no nosso ordenamento jurídico pela lei n.º 7.210/84. O art. 147 da Lei de Execução Penal declara ipsis litteris: "Transitada em julgado a sentença que aplicou a pena restritiva de direitos, o juiz da execução, de ofício ou a requerimento do Ministério Público, promoverá a execução, podendo, para tanto, requisitar, quando necessário, a colaboração de entidades públicas ou solicitá-la a particulares".[464]

Tal lei, no seu art. 48, prescreve o seguinte: "Na execução das penas restritivas de direitos, o poder disciplinar será exercido pela autoridade administrativa a que estiver sujeito o condenado. Parágrafo único: Nas faltas graves, a autoridade representará ao juiz da execução para os fins dos artigos 118, inciso I, 125, 127, 181 §§ 1.º, letra d, e 2.º desta Lei".

Nos termos estipulados pela lei de execução penal, lei 7.210/84, observamos que o poder disciplinar, na execução das penas privativa de liberdade e restritivas de direitos será exercido pela autoridade administrativa, podendo esta recorrer a autoridade judiciária, no caso, ao juiz da execução, caso haja infringência às normas estabelecidas pela lei ou pelo regulamento. Por sua vez, consoante o parágrafo único do dispositivo supracitado, ocorrendo a prática de falta grave pelo condenado a pena privativa de liberdade e preso provisório, a autoridade administrativa não pode estabelecer as penas previstas para tal infração, ficando tal atribuição a critério do juiz da execução penal. O artigo 118 é bem claro quando determina que na execução da pena privativa de liberdade o condenado que praticar fato definido como crime doloso ou falta grave ficará sujeito à forma regressiva, com a transferência para um regime mais rigoroso. Perderá também segundo o art. 127 o direito ao tempo remido, começando o novo período a partir da data da infração disciplinar. Da prática de falta grave poderá advir outras conseqüências na execução, como, por exemplo, a conversão das penas restritivas em privativas de liberdade, conforme dispõe o art. 181 do mesmo diploma legal supra. O condenado à pena privativa de liberdade comete falta grave, nos termos da lei de

---

[464] MIRABETE, Julio Fabbrini. *Execução penal. Op. cit.*, p. 493.

execução penal quando: incitar ou participar de movimento para subverter a ordem ou a disciplina; fugir; possuir indevidamente, instrumento capaz de ofender a integridade física de outrem; provocar acidente de trabalho; descumprir, no regime aberto, as condições impostas e inobservar os deveres previstos na mencionada lei.

No que tange as penas restritivas de direitos, o art. 51 estipula o seguinte: "comete falta grave o condenado à pena restritiva de direitos que: I – descumprir, injustificadamente, a restrição imposta; II – retardar, injustificadamente, o cumprimento da obrigação imposta; III – inobservar os deveres previstos nos incisos II e V do art. 39 desta Lei.[465]

3.3.2. Penas Restritivas de Direitos em Portugal

O Ordenamento jurídico português distingue as penas em principais e acessórias. As primeiras podem ser fixadas pelo juiz na sentença independente de qualquer outra; enquanto que as acessórias pressupõem a fixação na sentença de uma pena principal.

São penas acessórias: proibição do exercício de função e suspensão do exercício de função (artigos. 66.º e 67.º); proibição de conduzir veículos motorizados (art. 69). Germano Silva[466] classifica-as como penas privativas de direitos; acrescentando ainda a inibição do poder paternal (art. 179.º); e a incapacidade para eleger Presidente da República, membro do Parlamento Europeu, membros de assembléia legislativa ou de autarquia local, para ser eleito como tal ou para ser jurado (art. 246).

Para Figueiredo Dias[467], a forma por excelência de previsão da pena pecuniária, por ser a que verdadeiramente realiza as intenções político-criminais mais profundas do ordenamento jurídico-penal vigente é como alternativa à pena de prisão; quando, pois, a lei pune um crime com prisão até *x* meses (ou anos) ou com multa até *y* dias. Em todos os casos, a multa é legalmente preferida. Ao referir-se a determinação da medida da pena, o art. 71.º do Código Penal Português assim dispõe:[468]

---

[465] *Op. cit.*, p. 141.

[466] Silva, Germano Marques da. *Direito Penal Português*. Parte Geral, III. Teoria das Penas e das Medidas de Segurança. 1.ª ed. Lisboa: Editorial Verbo, 1999, p. 69.

[467] Dias, Jorge de Figueiredo. *Direito Penal. Questões Fundamentais. A Doutrina Geral do Crime*. 2.ª ed. Coimbra: Coimbra Editora, 2005, p. 124.

[468] *Código Penal Português*. Redação resultante das alterações introduzidas pela Lei 59/ /2007, de 04/09. Ibid. Art. 71.º 1 – A determinação da medida da pena, dentro dos limites definidos na lei, é feita em função da culpa do agente e das exigências de prevenção. 2 – Na

A pena de multa pode também ser aplicada como substituição da pena de prisão devendo então ser observado os critérios estabelecidos no art. 43.º, incisos I e II do Código Penal Português. [469]

Penas substitutivas: são as penas que substituem as penas principais, isto é, que são aplicáveis em substituição de uma pena principal. Elas podem ser: substituições na cominação legal, substituição na aplicação judicial e ainda substituição na execução da pena.

Pena substitutiva na cominação legal é aquela que é desde logo prevista na norma incriminadora. Segundo o art. 43.º do Código Penal Português, as Penas substitutivas na aplicação judicial da pena são aquelas que podem substituir a pena de prisão aplicada em medida não superior a um ano por pena de multa ou por outra pena não privativa da liberdade aplicável, exceto se a execução da prisão for exigida pela necessidade de prevenir o cometimento de futuros crimes: a multa (art. 47.º), a prisão por dias livres (art. 45.º); a prestação de trabalho a favor da comunidade (art. 58.º) e a admoestação (art. 58.º). E por fim, Penas substitutivas na execução da pena de prisão são: o regime de semidetenção (art. 46.º); a suspensão da execução da pena (art. 50.º) e o regime de prova (art. 53.º).

3.4. Penas de Multa

As penas de multa apresentam um caráter econômico, patrimonial, o que faz com que ocorra uma diminuição no patrimônio do condenado.

---

determinação concreta da pena o tribunal atende a todas as circunstâncias que, não fazendo parte do tipo de crime, depuserem a favor do agente ou contra ele, considerando, nomeadamente: a) O grau de ilicitude do facto, o modo de execução deste e a gravidade das suas consequências, bem como o grau de violação dos deveres impostos ao agente; b) A intensidade do dolo ou da negligência; c) Os sentimentos manifestados no cometimento do crime e os fins ou motivos que o determinaram; d) As condições pessoais do agente e a sua situação económica; e) A conduta anterior ao facto e a posterior a este, especialmente quando esta seja destinada a reparar as consequências do crime; f) A falta de preparação para manter uma conduta lícita, manifestada no facto, quando essa falta deva ser censurada através da aplicação da pena. 3 – Na sentença são expressamente referidos os fundamentos da medida da pena.

[469] Art. 43.º 1 – A pena de prisão aplicada em medida não superior a um ano é substituída por pena de multa ou por outra pena não privativa da liberdade aplicável, excepto se a execução da prisão for exigida pela necessidade de prevenir o cometimento de futuros crimes. É correspondentemente aplicável o disposto no artigo 47.º 2 – Se a multa não for paga, o condenado cumpre a pena de prisão aplicada na sentença. É correspondentemente aplicável o disposto no n.º 3 do artigo 49.º.

Consistem no pagamento de determinada quantia pelo autor da infração penal, calculada com base em determinados critérios. Para que sejam fixadas evidentemente que devem estar previstas no tipo penal. Apenas, em casos excepcionais, o juiz pode aplicá-la quando não prevista como um substitutivo penal. "A multa é uma sanção penal consistente no pagamento de uma determinada quantia em pecúnia, previamente fixada em lei".[470]

3.4.1. Penas de Multa no Brasil

O Código Penal, nos termos do art. 49, estabelece que a pena de multa consiste no pagamento ao fundo penitenciário da quantia fixada e calculada em dias-multa. Será no mínimo de dez e no máximo de trezentos e sessenta dias-multa. Os parágrafos 1.º e 2.º deste dispositivo legal determinam o seguinte: "§ 1.º: O valor do dia-multa será fixado pelo juiz não podendo ser inferior a um trigésimo do maior salário mínimo mensal vigente ao tempo do fato, nem superior a cinco vezes esse salário; § 2.º: O valor da multa será atualizado, quando da execução, pelos índices de correção monetária".

A este critério de dia-multa a nossa legislação prevê algumas exceções, como por exemplo, no caso do art. 244 do Código Penal (abandono material), que fixa a pena em termos de salário mínimo e na lei n.º 8.245/91 (lei de locação de imóveis urbanos), que prevê multa equivalente ao valor do último aluguel atualizado.

Duas são as características essenciais da multa penal: a possibilidade de sua conversão em pena de prisão, caso não seja paga; b. seu caráter personalíssimo, ou seja, a impossibilidade de ser transferida para os herdeiros ou sucessores do apenado.[471]

O sistema de aplicação é bifásico; são analisadas as condições estabelecidas no art. 59 do Código Penal, que trata da fixação da pena e o art. 60, que dispõe sobre os critérios especiais da pena de multa, sendo um deles, as condições econômicas do réu.

A pena de multa é regida pela lei de execução penal e é considerada dívida de valor, após transitada em julgado a sentença condenatória, aplicando-se-lhe com respaldo no art. 51 do CP, as normas da legislação relativa à dívida ativa da Fazenda Pública, inclusive no que concerne às causas interruptas e suspensivas da prescrição.

---

[470] NUCCI, Guilherme de Souza. *Código penal comentado, op. cit.*, p. 49.

[471] BITENCOURT, Cezar Roberto. *Falência da pena de prisão, op. cit.*, p. 272.

"Por dívida de valor aplicam-se as normas relativas da chamada dívida ativa da Fazenda Pública, inclusive com as regras contidas na legislação pertinente referentes à suspensão e interrupção da prescrição da dívida (lei n.º 6.830/80)".[472]

O pagamento da multa deve ser feito em sintonia com o art. 50, que determina o seu pagamento dentro de dez dias depois de transitada em julgado a sentença. A requerimento do condenado e conforme as circunstâncias, o juiz pode permitir que o pagamento se realize em parcelas mensais.

Conforme o art. 60 do Código Penal Brasileiro, na fixação da pena de multa o juiz deve atender, principalmente, à situação econômica do réu. § 1.º: A multa pode ser aumentada até o triplo, se o juiz considerar que, em virtude da situação econômica do réu, é ineficaz, embora aplicada no máximo. § 2.º: A pena privativa de liberdade aplicada, não superior a seis meses, pode ser substituída pela de multa, observados os critérios dos incisos II(se o réu não for reincidente em crime doloso) e III (a culpabilidade, os antecedentes, a conduta social e a personalidade do condenado, bem como os motivos e as circunstâncias indicarem que essa substituição seja suficiente) do art. 44.

3.4.2. Penas de Multa em Portugal

A multa tem natureza personalíssima, não pode ultrapassar a pessoa do condenado, ser paga por terceiros ou por herdeiros. Não pode haver pena sem culpa ou a medida da pena ultrapassar a medida da culpa. Portanto, no âmbito penal, a pena deve incidir apenas sobre a pessoa do condenado. Conforme já referimos, assevera o art. 71.º do Código Penal Português que a determinação da medida da pena, dentro dos limites definidos na lei, é feita em função da culpa do agente e das exigências da prevenção. Ao referir-se aos limites das penas e das medidas de segurança, a Constituição da República Portuguesa, em seu art. 30.º inciso III assevera ser a responsabilidade penal insusceptível de transmissão.[473]

A lei portuguesa só prevê como pena pecuniária a pena de multa. "A intenção do Código Penal vigente de fazer da multa a pena legalmente

---

[472] PAGLIUCA, Marcelo de Camargo, MILANI, Walter Pinto da Fonseca Filho. *Direito Penal Moderno.* São Paulo: Juarez de Oliveira, 2002, p. 133.

[473] SILVA, Germano, *op. cit.,* p. 66.

preferida face à de prisão, para sancionamento da pequena e da média criminalidade é incondicionalmente de aplaudir. Na sua base reside a convicção fundada de que o sistema sancionatório e nomeadamente o sistema penitenciário pode ser substancialmente melhorado se diminuírem de forma significativa os casos de aplicação de penas de prisão efectiva".[474]

Embora acarrete diminuição do patrimônio do condenado, a pena de multa apresenta algumas vantagens, como a de não suspender o vínculo de ligação entre ele e os seus familiares, a execução da mesma é através de prestações e ser mais fácil a sua execução. Apresenta também alguns inconvenientes, como cita Figueiredo Dias[475]: peso desigual para os pobres e ricos; pode desencadear conseqüências familiares desfavoráveis pelo reflexo que sobre a família terá a deterioração da situação econômico-financeira do condenado, podendo acabar mesmo por representar um sofrimento injusto para quem não é responsável pelo crime; apresenta uma eficácia geral preventiva de grau menor e em muitos casos insuficiente e por fim, é indiferente às exigências de prevenção especial de socialização.

A pena de multa pode apresentar-se de forma autônoma, alternativa, complementar e de substituição. Sua fixação ocorre em função da culpa do agente e das exigências de prevenção, nos termos do art. 72.º incisos 1 e 2. Nos termos do art. 47.º, 1 – a pena de multa é fixada em dias, de acordo com os critérios estabelecidos no n.º 1 do art. 71.º, sendo que de regra, o limite mínimo de dez dias e o máximo de trezentos e sessenta dias. (art. 71.º, 1 – a determinação da medida da pena, dentro dos limites definidos na lei, é feita em função da culpa do agente e das exigências de prevenção).

A requerimento do condenado, conforme estabelece o art. 48.º, pode o tribunal ordenar que a pena de multa fixada seja total ou parcialmente substituída por dias de trabalho em estabelecimentos, oficinas ou obras do Estado ou de outras pessoas coletivas de direito público, ou ainda, de instituições particulares de solidariedade social, quando concluir que esta forma de cumprimento realiza de forma adequada e suficiente as finalidades da punição.

Caso a multa, que não tenha sido substituída por trabalho, não seja paga voluntária ou coercitivamente, é cumprida prisão subsidiária pelo

---

[474] DIAS, Jorge de Figueiredo. *Direito Penal Português*. Parte Geral II. As conseqüências jurídicas do crime. Coimbra: Coimbra Editora, 2005, p. 120.

[475] Ibid, p. 122.

tempo correspondente reduzido a dois terços, ainda que o crime não seja punível com prisão, não se aplicando, para o efeito, o limite mínimo dos dias de prisão constante do n.º 1 do art. 41.º, consoante assegura o art. 49.º (art. 41.º, 1. a pena de prisão tem, em regra, a duração mínima de um mês e a duração máxima de vinte anos).

Preceitua o art. 47.º do Código Penal Português: 1 – A pena de multa é fixada em dias, de acordo com os critérios estabelecidos no n.º do artigo 71.º, sendo, em regra, o limite mínimo de 10 dias e o máximo de 360. 2 – Cada dia de multa corresponde a uma quantia entre € 5 e € 500, que o tribunal fixa em função da situação económica e financeira do condenado e dos seus encargos pessoais. 3 – Sempre que a situação económica e financeira do condenado o justificar, o tribunal pode autorizar o pagamento da multa dentro de um prazo que não exceda 1 ano, ou permitir o pagamento em prestações, não podendo a última delas ir além dos 2 anos subsequentes à data do trânsito em julgado da condenação. 4 – Dentro dos limites referidos no número anterior e quando motivos supervenientes o justificarem, os prazos de pagamento inicialmente estabelecidos podem ser alterados. 5 – A falta de pagamento de uma das prestações importa o vencimento de todas.[476]

[476] *Código Penal Português.* Redação resultante das alterações introduzidas pela Lei 59/2007, de 04/09, ibid.

Capítulo IV

FORMAS DE PRISÃO

Faremos uma análise evolutiva das formas de prisão desde a antiguidade até os dias atuais. Posteriormente, abordaremos as principais modalidades dos regimes prisionais e em seguida os obstáculos da pena de prisão na ressocialização do condenado, os quais sob a nossa ótica interferem, prejudicam e não ajudam o delinqüente no processo de recuperação.

4.1. Análise Evolutiva

Na Antiguidade não ocorria a privação de liberdade no sentido de sanção penal; bem como no período medieval. A prisão tinha finalidade essencialmente custodial, muitas vezes como meio de evitar a fuga dos infratores, seus julgamentos perante os Tribunais. Continuavam valorizando as penas de morte, as penas corporais. Naquele período, as penas eram aplicadas pelos governantes com base no *status* social do criminoso.

Em Roma, inicialmente a pena tinha um caráter sacral, como modo de expiação para tranqüilizar a ira dos deuses. "A privação de liberdade era apenas uma forma de manter seguros os processados durante a instrução processual e também era imposta em casos de desobediência por dívidas".[477] Assim como em Roma, na Grécia havia a prisão por dívidas, que perdurava até o devedor saldar a dívida. Naquela época não havia penitenciárias, por conseguinte, vários locais eram utilizados como prisões, como: aposentos em ruínas, torres, conventos abandonados, palácios, edifícios

---

[477] Cipriani, Mário, *op. cit.*, p. 26.

diversos, dentre outros. No direito germânico, a prisão não tinha caráter de pena; predominavam a pena capital e as penas corporais.[478]

Com efeito, como sustenta Mário Cipriani[479], apesar da finalidade preventiva, começa na fase da Idade Média a existência de vestígios de uma pena de prisão que podia ser aplicada aos delitos menos graves, os quais não mereciam a pena de morte ou de mutilações. A prisão de Estado então, surgiu paralelamente à prisão eclesiástica. Tal prisão apresentava-se sob duas modalidades: a prisão custodial, onde ficavam os réus à espera da execução da verdadeira pena a ser aplicada, ou a detenção perpétua ou temporal até receberem o perdão real. Às vezes, estas prisões apresentavam outra finalidade. Na prisão de Estado, na Idade Média, somente podiam ser recolhidos os inimigos do poder real ou senhorial, que tivessem cometido delitos de traição ou os adversários políticos dos governantes.

No que se refere à prisão eclesiástica, Cezar Bitencourt[480] afirma ter sido ela destinada aos clérigos (sacerdotes) rebeldes e respondia às idéias de caridade, redenção e fraternidade da Igreja, dando ao internamento um sentido de penitência e meditação. Os infratores ficavam recolhidos em uma ala dos mosteiros para que, através de penitência e oração, se arrependessem do mal causado e obtivessem a correção ou emenda.

O Direito Canônico teve uma importância fundamental no surgimento da prisão moderna, principalmente em relação à reforma do delinqüente.

Na Idade Moderna (séculos XVI e XVII), segundo Cezar Bitencourt[481] a pobreza se abateu e se estendeu por toda a Europa. Ocorreram vários tipos de reações penais, tendo todas falhado. Citando De Groote, ele afirma que as vítimas da escassez subsistiam das esmolas, do roubo e assassinatos. Em virtude da violência ter aumentado de forma assustadora, a pena de morte não era mais a solução adequada; posto que não podia ser aplicada a tanta gente. Vários fatores contribuíram com o aumento da criminalidade em fins do século XVII e inicio do XVIII, dentre eles, refere Mário Cipriani[482]: as longas guerras, as destruidoras expedições militares, a crise da economia agrícola e o endividamento do Estado. "Na segunda metade do século XVI iniciou-se um movimento de

---

[478] Ibid. p. 27.

[479] Ibid. p. 28.

[480] Bitencourt, Cezar Roberto. *Tratado de direito penal:* parte especial. Vol. 2. 8.ª ed. ver. e ampl., São Paulo: Saraiva, 2003, p. 411.

[481] Ibid, p. 413.

[482] Cipriani, Mário, *op. cit.,* p. 30.

grande transcendência no desenvolvimento das penas privativas de liberdade, a criação e construção de prisões organizadas para a correção dos apenados".[483] O recolhimento objetivava a reforma dos delinqüentes, através, por exemplo, do trabalho e da disciplina.

Com muita precisão, afirma categoricamente Cezar Bitencourt que a instituição[484] tinha objetivos relacionados com a prevenção geral, já que pretendia desestimular a outros da vadiagem e da ociosidade.

Posteriormente, surgiram na Inglaterra casas de correção e casas de trabalho e em seguida, na Holanda e na Itália. Tais instituições, conforme Bitencourt, geralmente eram criadas para tratar a pequena delinqüência. Para os que cometiam delitos mais graves continuavam adotando outras penalidades, dentre elas: o exílio, açoites, pelourinho.

Outra forma de pena de prisão surgida no séc.XVI foi a pena de galés; pena essa, bastante cruel, que consistia em uma prisão flutuante. O condenado era acorrentado em um banco de navio e sob ameaça de um chicote, obrigado a remar. Este tipo de pena foi utilizada em vários países, tais como:França, Inglaterra, Espanha e Portugal. Refere Mário Cipriani que, "pelo século XVII, surge a obra de Filippo Franci, que introduziu, buscando a reforma dos desencaminhados, o sistema celular de prisão".[485] Argumenta ainda que na primeira metade do século XVIII ocorreu a transformação da prisão-custódia em prisão-pena, decorrente de vários fatores que vão desde as exigências de defesa social até os objetivos de reeducação e recuperação do delinqüente.

No período do Cristianismo, a prisão usada não era considerada como uma forma de pena e sim como uma medida preventiva. A Igreja utilizava as prisões geralmente para a penitência de seus membros, os sacerdotes. Destaca Cláudia Costa[486], que a prisão tinha duplo objetivo: de propiciar o arrependimento do faltoso e reagir a instituição àquele comportamento rebelde, sendo estas as suas finalidades éticas, visando a reparação de ordem moral e reconciliação do infrator com Deus, tendo sido na internação dos mosteiros e da reclusão nas suas celas que se originaram as modernas penas privativas de liberdade.

"No início do século XIX, a prisão torna-se a forma essencial de execução da pena, a detenção torna-se a pena por excelência, relegando

---

[483] Bitencourt, Cezar Roberto. *Tratado de direito penal:* parte especial. Vol. 2. 8.ª ed. ver. e ampl., São Paulo: Saraiva, 2003, p. 414.

[484] Ibid, p. 414.

[485] Cipriani, Mário, *op. cit.,* p. 32.

[486] Costa, Cláudia, *op. cit.,* p. 20.

ao esquecimento todas as outras formas de punição imaginadas pelos reformadores do século XVIII".[487]

Atualmente o pensamento dominante é que a prisão é um mal necessário, que só deve ocorrer em último caso, em extrema necessidade, uma vez que não conseguiu atingir sua finalidade primordial. A pena tem sido vista com um caráter recuperador e ressocializador. Outras soluções estão sendo pensadas pelos representantes dos poderes (executivo, legislativo e judiciário), para delinqüentes de baixa periculosidade, que cometeram delitos considerados pelas legislações leves ou menos gravosos para a sociedade. "A prisão em si, é uma violência à sombra da lei. O problema da prisão tem sua raiz na estrutura econômica, política e social do país".[488]

Na visão de Cláudio Oliveira[489], as críticas que em todos os países se têm feito à pena privativa de liberdade fundamentam-se em fatos de crescente importância social, tais como o tipo de tratamento penal freqüentemente inadequado e quase sempre pernicioso, a inutilidade dos métodos até agora empregados no tratamento de delinqüentes habituais e multireincidentes, elevados custos de construção e manutenção dos estabelecimentos penais, as conseqüências maléficas para os infratores primários, ocasionais ou responsáveis por delitos de pequena significação, sujeitos, na intimidade do cárcere, às sevícias corrupção e perda paulatina da aptidão para o trabalho.

A crise da pena de prisão pode ser observada de forma bem transparente através das falhas do sistema penitenciário, que não tem conseguido cumprir o seu objetivo primordial, que é o de reintegrar o condenado ao convívio social, de modo que não volte a delinqüir. Ademais, os estabelecimentos prisionais estão sempre superlotados, o número de vagas é insuficiente, ensejando a superlotação permanente, o que, sem dúvida, estimulam a violência e não reabilitam o detento para viver novamente em sociedade. Logo, a prisão não pode e não deve ser reconhecida como o único instrumento a ser utilizado para o controle da criminalidade. Devemos, portanto, defender a aplicação das penas alternativas em larga escala por parte dos magistrados.

---

[487] Barros, Carmen, *op. cit.*, p. 50.

[488] Aquino, Carlos Pessoa. *Teoria e prática da execução penal*. São Paulo: Quartier Latin, 2003, p. 34.

[489] Oliveira, Cláudio Márcio de. *O fundamento de punir e os fins da pena. Jus Navigandi*, Teresina, ano 5, n. 51, out. 2001. Disponível em: <http: //jus2. uol.com. br/ doutrina/texto.asp?id=2069>. Acesso em: 11/05/2007.

Anteriormente havia a concepção de que a pena privativa de liberdade resolveria ou pelo menos amenizaria o problema da violência. No entanto, esta concepção clássica do Direito Penal vem sendo paulatinamente substituída pela idéia de prisão como *ultima ratio*; aplicando-se apenas para casos de grande gravidade. A pena de prisão representa ainda uma forma de exclusão social e de desrespeito aos direitos humanos, à dignidade humana. "Ainda hoje, países que se dizem desenvolvidos e cultos, a exemplo dos Estados Unidos da América do Norte, aplicam a pena capital sob diversas formas (cadeira elétrica, injeção letal etc..). Mesmo que com alguns retrocessos, o sistema de aplicação da lei penal tende a eliminar a cominação de penas que atinjam a dignidade da pessoa humana".[490]

A política criminal que orienta o sistema penal português é de caris humanista, no sentido em que atribui ao direito penal a função de proteção dos valores fundamentais da pessoa e das condições sociais indispensáveis à realização desses valores, assumindo a pena como um mal, só legitimado quando indispensável para prevenir a prática de crimes, sendo sempre de aplicar a pena que seja menos gravosa, pena que tem por objetivo prioritário a recuperação do delinqüente.[491]

Para Carlos Pessoa de Aquino[492], a prisão é violenta, é uma universidade do crime sendo impossível eliminar a violência das prisões senão eliminando as próprias prisões. Entendemos que, para diminuir a violência, deveríamos iniciar com o processo de humanização das prisões, que nelas fossem respeitados os direitos dos presos e com uma redução do aprisionamento.

Conforme Luiz Flávio Gomes[493] a pena de prisão, na atualidade, longe está de cumprir sua missão (ou finalidade) ressocializadora. Afirma ainda que ela, não tem cumprido bem nem sequer a função inocuizadora (isolamento), visto que, com freqüência, há fugas no nosso sistema e que a pena de prisão no nosso país hoje é cumprida de maneira totalmente inconstitucional (é desumana, cruel e torturante). Os presídios não apresentam sequer condições mínimas para ressocializar alguém. Ao contrário,

---

[490] GRECO, Rogério, *op. cit.*, p. 524.

[491] ROCHA, João Luís de Moraes. *Entre a reclusão e a liberdade. Estudos Penitenciários. Volume I.* Coimbra: Almedina, 2005, p. 26.

[492] AQUINO, Carlos, *op. cit.*, p. 51.

[493] GOMES, Luiz Flávio. *Funções da pena no Direito Penal brasileiro. Jus Navigandi*, Teresina, ano 10, n. 1037, 4 maio 2006. Disponível em: <http://jus2.uol.com.br/doutrina/texto.asp?id=8334>. Acesso em: 11 maio 2007.

dessocializam, produzindo efeitos devastadores na personalidade da pessoa. Presídios superlotados, vida subumana etc. Essa é a realidade. Pouco ou nada é feito para se cumprir o disposto no art. 1.º da LEP (implantação de condições propícias à integração social do preso).

A prevenção da criminalidade, como assevera Germano Silva,[494] não se pode fazer, nem de modo predominante, pela cominação de sanções penais para quem viola os respectivos preceitos; exige, antes de tudo, que a sociedade crie condições de liberdade, condições em que a escolha da conduta conforme aos imperativos legais seja razoavelmente exigível.

Retrata Moraes Rocha, em sua obra "Ordem Pública e Liberdade Individual" a situação penal dos reclusos de Portugal, do período compreendido entre 1987 a 2003.[495] Revela ainda dados de outras Nações, a seguir expostas: na Alemanha, o nível de ocupação prisional no ano de 2002 era de 96,2%; a Áustria apresentava um nível de ocupação prisional de 84,4% no ano de 2001; na Bélgica, o nível de ocupação prisional em 2001 era de 127,1%. Já na Bulgária, tal nível neste mesmo ano girava em torno de 90,7%; enquanto que na Dinamarca, membro da União Européia desde 1973, no ano de 2001, o nível de ocupação prisional perfazia um total de 89,9%.

No que se refere a Espanha, Moraes Rocha assevera ter tal país entrado para a União Européia em 1986, no mesmo ano de Portugal. Segundo ele, no ano de 2002, a Espanha apresentava um nível de ocupação prisional de 107,6%. No mesmo ano, o índice da França era de 106,9% e o da Itália, de 133,3%. Vimos então, que a superlotação carcerária tem sido um empecilho no processo de ressocialização do preso.

---

[494] SILVA, Germano Marques da. *Direito Penal Português.* Parte Geral, I. *Op. cit.*, p. 67.

[495] João Luís de Moraes Rocha, na sua obra "Ordem Pública e Liberdade Individual: um estudo sobre a prisão preventiva", apresenta de forma bastante didática a situação penal dos reclusos de Portugal, do período compreendido entre 1987 a 2003, tendo como fonte as estatísticas apresentadas pelo Ministério da Justiça, que no decorrer de todos esses anos sempre apresentaram taxas de sobrelotação: no ano de 1987, de 111,3%; no ano de 1988, de 112,5%; no ano de 1989, de 116, 7%; no ano de 1990, de 112,5%; no ano de 1991, de 110, 7%. Conforme o autor, no ano de 1991 foi publicada a lei n.º 23/91, de 04 de julho referente a anistia de diversas infrações e outras medidas de clemência, diminuindo assim a população reclusa em relação a 1990. Em 1992, a taxa de sobrelotação foi de 132, 2%; em 1993, de 154, 8%; em 1994, de 130, 6%; em 1995, de 149, 4%; em 1996, de 157, 5%; em 1997, de 136%; em 1998, de 131,9%; em 1999, de 114, 5%. No ano de 1999 foi publicada a lei n.º 29/29, de 12 de maio, referente a perdão genérico e anistia de pequenas infrações. No ano de 2000, a taxa de sobrelotação foi de 113, 8%; em 2001, de 115,3%; em 2002, de 120,1% e em 2003, de 112,1%.

Assevera Anabela Rodrigues, que a criminologia tem revelado que a prisão, a pena em torno da qual gira o sistema punitivo, não só produz efeitos de dessocialização como também cria problemas e dificuldades ulteriores, quando se perspectiva o regresso do recluso à comunidade.[496] Com base nesta assertiva argumenta sobre os objetivos da prisão, dividindo-os em dois aspectos: o primeiro seria o de evitar a dessocialização do recluso e o segundo, o de promover a sua não dessocialização, sendo este o maior desafio que se coloca atualmente à organização do regime prisional.

Na concepção de Anabela Rodrigues, a finalidade socializadora da execução não se limita a aglutinar, a dar um corpo objetivo aos direitos fundamentais do recluso. É também um objetivo da política penal do Estado – prevenção (especial) da reincidência e, enquanto tal inscreve-se no programa da ação estatal como fim heterônomo ao indivíduo.[497] Conclui suas argumentações afirmando que "a renovação do pensamento socializador poderá condensar-se em três proposições: o respeito pela liberdade de consciência do recluso, a realização positiva dos direitos fundamentais do recluso e a obrigação de intervenção social do Estado".

4.2. Regimes Prisionais no Brasil

Abordaremos neste tópico alguns dados por nós considerados relevantes no que diz respeito aos Regimes Prisionais no Brasil, por termos além do conhecimento teórico, o conhecimento prático, em razão da nossa atuação como representante do Ministério Público na Vara de Execuções Penais durante alguns anos.

Regimes Prisionais são as normas que dispõem sobre a vida, a forma de tratamento e acompanhamento dos reclusos em estabelecimentos penais. Referem-se ao cumprimento da prisão. "São categorias jurídicas que definem o modelo de tratamento punitivo a ser dispensado ao condenado".[498]

Segundo Cezar Bitencourt[499], a lei n.º 7.209/84 manteve a classificação dos regimes de cumprimento de pena instituído pela lei n.º 6.416/77;

---

[496] Rodrigues, Anabela Rodrigues. *Novo olhar sobre a questão penitenciária.* 2.ª ed. Coimbra: Coimbra Editora, 2002, p. 45.

[497] Ibid, p. 91.

[498] Rocha, Fernando, *op. cit.*, p. 477.

[499] Bitencourt, Cezar Roberto. *Tratado de direito penal, op. cit.*, p. 422.

tendo abandonado a periculosidade como fator determinante para a adoção deste ou daquele regime, como fazia aquele diploma legal. Os regimes então, passaram a ser determinados fundamentalmente pela espécie e quantidade da pena e não pela reincidência, juntamente com o mérito do condenado, num autêntico sistema progressivo. São três os regimes prisionais: fechado, semi-aberto e aberto. "Cada regime de cumprimento de pena possui regras próprias, de modo que estabelecem níveis de severidade na execução penal; esta distinção de tratamento foi concebida formalmente pela lei, ao definir estabelecimentos penais adequados para cada regime".[500]

Nos termos da lei de execução penal brasileira, lei 7.210/ 84, (art. 110), o Juiz, na sentença, estabelecerá o regime no qual o condenado iniciará o cumprimento da pena privativa de liberdade, observado o disposto no artigo 33 e seus parágrafos do Código Penal.

Em relação a tais regimes, o Código Penal Brasileiro, no seu art. 33, apresenta, de forma clara e concisa suas principais características, estatuindo o seguinte:

Art. 33. A pena de reclusão deve ser cumprida em regime fechado, semi-aberto ou aberto. A de detenção, em regime semi-aberto, ou aberto, salvo necessidade de transferência a regime fechado.

§ 1.º Considera-se: a) regime fechado a execução da pena em estabelecimento de segurança máxima ou média; b) regime semi-aberto a execução da pena em colônia agrícola, industrial ou estabelecimento similar; c) regime aberto a execução da pena em casa de albergado ou estabelecimento adequado.

§ 2.º As penas privativas de liberdade deverão ser executadas em forma progressiva, segundo o mérito do condenado, observados os seguintes critérios e ressalvadas as hipóteses de transferência a regime mais rigoroso: a) o condenado a pena superior a 8 (oito) anos deverá começar a cumpri-la em regime fechado; b) o condenado não reincidente, cuja pena seja superior a 4 (quatro) anos e não exceda a 8 (oito), poderá, desde o princípio, cumpri-la em regime semi-aberto; c) o condenado não reincidente, cuja pena seja igual ou inferior a 4 (quatro) anos, poderá, desde o início, cumpri-la em regime aberto.

§ 3.º A determinação do regime inicial de cumprimento da pena far-se-á com observância dos critérios previstos no art. 59 deste Código.

§ 4.º O condenado por crime contra a administração pública terá a progressão de regime do cumprimento da pena condicionada à reparação

---

[500] Rocha, Fernando, *op. cit.*, p. 478.

do dano que causou, ou à devolução do produto do ilícito praticado, com os acréscimos legais. (Inclusão Lei n.º 10.763/2003)[501]

No regime fechado conforme determina o art. 34 § 1.º do Código Penal Brasileiro, o condenado fica sujeito a trabalho no período diurno e a isolamento durante o repouso noturno; todavia, na prática não funciona. Os requisitos básicos estipulados pela lei de execução penal, mais precisamente pelo seu art. 88: a. salubridade do ambiente pela concorrência dos fatores de aeração, insolação e condicionamento térmico adequado à existência humana; b) área mínima de 6,00m2 (seis metros quadrados) deixam muito a desejar e seguramente podemos afirmar que não são cumpridos, principalmente em razão da superlotação carcerária verificada nos estabelecimentos prisionais. Este regime constitui a forma mais grave da execução penal.

A escolha do regime deve ser bem fundamentada pelo magistrado; o qual em sintonia com o art. 59 do Código Penal tem que analisar a culpabilidade, os antecedentes, à conduta social, à personalidade do agente, os motivos, às circunstâncias e conseqüências do crime, como também o comportamento da vítima. Logo, a gravidade do crime não é o único requisito para a fixação do regime. Se a pena for mais elevada, o regime estabelecido também é mais rigoroso; se no mínimo, o regime é mais favorável. Todavia, posiciona Guilherme Nucci, "em situações excepcionais, poder-se-ia admitir a pena no mínimo e regime mais severo".[502] No início do cumprimento da pena, como prescreve o caput do art. 34, o condenado será submetido a exame criminológico de classificação e individualização. Esta norma também é estabelecida pela lei de execução penal, no seu art. 8.º

Tratando-se do regime fechado o Código Penal assegura o trabalho, que com base no art. 34, será em comum dentro do estabelecimento, na conformidade das aptidões ou ocupações anteriores do condenado, desde que compatíveis com a execução da pena. Já o trabalho externo só é admissível em serviços de obras públicas. Embora seja um direito de todo condenado, é limitado, quando ele é obrigado a cumprir pena neste tipo de regime, onde existe uma maior vigilância e controle, suas atividades são limitadas. Este regime não permite direito ao condenado de freqüentar cursos de instrução ou profissionalização.

Por sua vez, nem todos os presos têm direito ao citado trabalho. Este benefício, antes de ser concedido pela direção do estabelecimento prisional,

---

[501] *Op. cit.*, p. 276.

[502] NUCCI, Guilherme de Souza. *Código penal comentado*, *op. cit.*, p. 291.

passa por uma análise de alguns critérios fundamentais, consoante prevê a lei de execução penal no seu art. 37, critérios esses de: aptidão, disciplina e responsabilidade, além do cumprimento mínimo de um sexto da pena; podendo também ser revogado quando o preso vier a praticar fato definido como crime, for punido por falta grave ou tiver comportamento contrário aos requisitos mencionados. No caso do regime semi-aberto, o juiz pode concedê-lo desde o início do cumprimento da pena, sem que seja necessária a comprovação das exigências do art.37 da lei de execução penal.

As regras do regime semi-aberto estão mencionadas no art. 35 do Código Penal. De acordo com o caput deste artigo e com o parágrafo único do art. 8.º da Lei de Execução Penal, o condenado ao cumprimento da pena privativa de liberdade em regime semi-aberto poderá ser submetido ao exame criminológico para a obtenção dos elementos necessários a uma adequada classificação e com vistas à individualização da pena. Por outro lado, para o condenado ao cumprimento da pena privativa de liberdade, em regime fechado, este exame é obrigatório. O exame criminológico tem como finalidade estudar a personalidade do delinqüente; através de exames médico-biológico, psicológico, psiquiátrico, interdisciplinar e análise detalhada de cunho social. Para Jason Albergaria, este exame "tem por objetivo o diagnóstico criminológico do delinqüente, a prognose de sua conduta futura e o programa de tratamento ou plano de readaptação social".[503]

No regime semi-aberto, como estipula o mesmo dispositivo substantivo penal, o condenado fica sujeito a trabalho em comum durante o período diurno, em colônia agrícola, industrial ou estabelecimento similar. O trabalho externo é admissível, bem como a freqüência a cursos supletivos profissionalizantes, de instrução de segundo grau ou superior. É a fase intermediária da execução penal.

Quando o magistrado determina que o condenado inicie o cumprimento de sua pena em regime semi-aberto, o delito por ele praticado foi de gravidade mediana e que o tratamento prisional deve ser menos rigoroso. Ao ser beneficiado com o instituto da progressão, do regime fechado para o semi-aberto, o condenado demonstrou que cumpriu as condições objetivas e subjetivas. Demonstrou nas palavras de Fernando Rocha que o tratamento aplicado no regime anterior foi satisfatório, e o mérito

---

[503] ALBERGARIA, Jason. *Das penas e da execução penal.* 3.ª ed. Belo Horizonte: Del Rey, 1996, p. 33.

de sua conduta indica a oportunidade de conferir-lhe gradativa liberdade, o que implica verdadeiro voto de confiança.[504]

Ao referir-se sobre a falta de vagas no regime semi-aberto, Guilherme Nucci adota a posição de que "quem está preso no fechado, salvo em situações excepcionais, nesse regime deve aguardar a vaga no semi-aberto. Quem está em liberdade, deve continuar assim até que a vaga no regime intermediário seja providenciada".[505] Este posicionamento também é defendido pela jurisprudência. Embora a pena de detenção seja cumprida pelo condenado em regime semi-aberto, pode ocorrer a transferência dele para o fechado, em caso de regressão.

O regime aberto, conforme estipula o art. 36 do Código Penal Brasileiro baseia-se na autodisciplina e senso de responsabilidade do condenado. § 1.º: O condenado deverá, fora do estabelecimento e sem vigilância, trabalhar, freqüentar curso ou exercer outra atividade autorizada, permanecendo recolhido durante o período noturno e nos dias de folga. § 2.º: O condenado será transferido do regime aberto, se praticar fato definido como crime doloso, se frustrar os fins da execução ou se, podendo, não pagar a multa cumulativamente aplicada. Trata-se da forma mais branda de execução.

Em virtude do regime aberto fundar-se na autodisciplina e no senso de responsabilidade, o detento deverá comprovar que merece ser beneficiado pelo mesmo e que estar ciente da responsabilidade a ele atribuída; caso contrário, poderá ser transferido para outro regime mais rigoroso; no caso o semi-aberto. Cezar Bitencourt considera que "o maior mérito do regime aberto é manter o condenado em contato com a sua família e com a sociedade, permitindo que o mesmo leve uma vida útil e prestante e outra grande vantagem é a obrigatoriedade do trabalho".[506]

A lei de execução penal, no seu art. 117 admite em casos excepcionais que o condenado cumpra o regime aberto em prisão-albergue domiciliar; ao declarar *ipsis litteris* o seguinte: Art. 117. Somente se admitirá o recolhimento do beneficiário de regime aberto em residência particular quando se tratar de: I – condenado maior de 70 (setenta) anos; II – condenado acometido de doença grave; III – condenada com filho menor ou deficiente físico ou mental; IV – condenada gestante.[507] Além destas hipóteses, a jurisprudência tem admitido também a prisão domiciliar

---

[504] *Op. cit.,* p. 486.
[505] *Op. cit.,* p. 292.
[506] BITENCOURT, Cezar Roberto. *Tratado de direito penal. Op. cit.,* p. 424.
[507] MIRABETE, Julio Fabbrini. *Execução penal. Op. cit.,* p. 380.

quando inexistir na comarca casa de albergado na qual o sentenciado possa recolher-se. A prisão-albergue, a prisão em estabelecimento adequado e a prisão domiciliar são espécies do gênero prisão-aberta.

Segundo o art. 37 do Código Penal Brasileiro, denominado por este diploma legal de regime especial: as mulheres cumprem pena em estabelecimento próprio, especial, observando-se os deveres e direitos inerentes à sua condição pessoal, bem como, no que couber, o disposto neste Capítulo[508]. Como assevera Fernando Rocha, o regime especial não constitui forma diferenciada de tratamento penitenciário; o estabelecimento prisional separado dos que acolhem presos homens é a única peculiaridade do regime especial.[509]

Nos termos do art. 82 § 1.º da Lei de Execução Penal, Lei 7.210/ 1984, a mulher e o maior de sessenta anos, separadamente, serão recolhidos a estabelecimento próprio e adequado à sua condição pessoal.

No tocante às Contravenções Penais, assim prescreve o art. 6.º da Lei n.º 3.688/41 (brasileira) "a pena de prisão simples deve ser cumprida, sem rigor penitenciário, em estabelecimento especial ou seção especial de prisão comum, em regime semi-aberto ou aberto; § 1.º: o condenado à pena de prisão simples fica sempre separado dos condenados à pena de reclusão ou de detenção; § 2.º: o trabalho é facultativo, se a pena aplicada não excede a quinze dias".[510]

A Lei de Execução Penal Brasileira sofreu alterações com a Lei n.º 10.792, de 1/12/2003, que instituiu o **regime disciplinar diferenciado**, vulgarmente conhecido como RDD. "A edição da lei verifica-se em momento de grave comoção social, decorrente da prática de crimes violentos contra autoridades públicas a mando de presos que se encontravam internos em estabelecimentos prisionais".[511] O RDD, regime disciplinar diferenciado é uma sanção disciplinar, uma forma especial de cumprimento de regime prisional; não é um regime prisional. Tal forma de sanção disciplinar somente poderá ser utilizada para os condenados submetidos ao regime fechado.

Com o advento da Lei n.º 10.792, de 1/12/2003, o art. 52 da Lei de Execução Penal Brasileira, Lei n.º 7.210/84 passou a ter a seguinte redação: Art. 52. A prática de fato previsto como crime doloso constitui falta

---

[508] *VADE MECUM ACADÊMICO DE DIREITO*/ Organização Anne Joyce Angher. 3.ª ed. São Paulo: Rideel, 2006. (Coleção de leis Rideel), p. 433.

[509] *Op. cit.*, p. 488.

[510] *Op. cit.*, p. 761.

[511] ROCHA, *op. cit.*, p. 493.

grave e, quando ocasione subversão da ordem ou disciplina internas, sujeita o preso provisório, ou condenado, sem prejuízo da sanção penal, ao regime disciplinar diferenciado, com as seguintes características: (Redação dada pela Lei n.º 10.792, de 1.º 12.2003)

I – duração máxima de trezentos e sessenta dias, sem prejuízo de repetição da sanção por nova falta grave de mesma espécie, até o limite de um sexto da pena aplicada; (Incluído pela Lei n.º 10.792, de 1.º 12.2003); II – recolhimento em cela individual; (Incluído pela Lei n.º 10.792, de 1.º 12.2003); III – visitas semanais de duas pessoas, sem contar as crianças, com duração de duas horas; (Incluído pela Lei n.º 10.792, de 1.º 12.2003); IV – o preso terá direito à saída da cela por 2 horas diárias para banho de sol. (Incluído pela Lei n.º 10.792, de 1 /12. /2003); § 1.º O regime disciplinar diferenciado também poderá abrigar presos provisórios ou condenados, nacionais ou estrangeiros, que apresentem alto risco para a ordem e a segurança do estabelecimento penal ou da sociedade. (Incluído pela Lei n.º 10.792, de 1/12/.2003); § 2.º Estará igualmente sujeito ao regime disciplinar diferenciado o preso provisório ou o condenado sob o qual recaiam fundadas suspeitas de envolvimento ou participação, a qualquer título, em organizações criminosas, quadrilha ou bando. (Incluído pela Lei n.º 10.792, de 1.12.2003)

4.3. Obstáculos da Pena de Prisão na ressocialização do condenado

Há uma série de obstáculos que interferem, prejudicam, não estimulam e não ajudam o delinqüente no processo de ressocialização, alguns dos quais discorreremos no decorrer deste tópico.

Às cadeias públicas são encaminhados presos provisórios e presos condenados, em razão muitas vezes da inexistência de vagas nas penitenciárias existentes e em atividades. Vários presos encontram-se em situação irregular; muitos deles em delegacias ou em cadeias públicas, quando deveriam estar em presídios. Acabam em razão da superlotação, da falta de controle, cuidado e atenção contraindo diversos tipos de enfermidades, encarecendo mais ainda o sistema e dificultando suas ressocializações. "O direito à salvaguarda da dignidade, o direito ao respeito da pessoa humana, o direito à intimidade são os direitos mais agredidos na maior parte das prisões do mundo".[512]

[512] Aquino, Carlos, *op. cit.*, p. 42.

Os estabelecimentos penais, quase sempre lotados, ocasionam violência de diferentes formas: física, psicológica e sexual. Contribuem também com este quadro, que juntamente com a falta de higiene podem causar epidemias, a presença da droga com mais freqüência, a promiscuidade, os assassinatos e os desvios da personalidade.

O problema sexual nas prisões pode originar-se com a abstinência sexual, podendo acarretar graves conseqüências no comportamento dos reclusos, como a perversão da personalidade do indivíduo, o homossexualismo.

As rebeliões que ocorrem com freqüência geram conflitos, insegurança e certamente também dificultam no processo de ressocialização.

Na opinião de René Ariel Dotti, "a crise carcerária constitui um antigo problema penal e penitenciário, com acentuado caris criminológico. Ela é determinada, basicamente, pela carência de estruturas humanas e materiais e tem provocado nos últimos anos um novo tipo de vitimidade de massa. O presidiário é, as mais das vezes, um ser errante, oriundo dos descaminhos da vida pregressa e um usuário da massa falida do sistema".[513]

O preso além de deveres tem direitos reconhecidos pelas legislações das diferentes nações, tais como: alimentação e vestuário, trabalho, assistência material, à saúde, jurídica, educacional, social e religiosa. A legislação brasileira reconhece-os através da lei de execução penal, no seu art. 41.[514]

---

[513] DOTTI, René Ariel. *A crise do sistema penitenciário.* Disponível em: <http://www.mj.gov./depen/publicações/re-dotti-pdf>. Acesso em 04/07/07.

[514] MIRABETE, Julio Fabbrini. *Execução penal:* comentários à lei n.º 7.210, de 11.07.84. 9.ª ed. rev. e atual. São Paulo: Atlas, 2000, p. 115. No Brasil, a Lei de Execução Penal, Lei n.º 7.210, de 11/07/1984, reconhece estes direitos no artigo 41, que assim prescreve: "*Constituem direitos do preso: I. alimentação suficiente e vestuário; II. atribuição de trabalho e sua remuneração; III. previdência social; IV. constituição de pecúlio; V. proporcionalidade na distribuição do tempo para o trabalho, o descanso e a recreação; VI. exercício das atividades profissionais, intelectuais, artísticas e desportivas anteriores, desde que compatíveis com a execução da pena; VII. assistência material, à saúde, jurídica, educacional, social e religiosa; VIII. proteção contra qualquer forma de sensacionalismo; IX. entrevista pessoal e reservada com o advogado; X. visita do cônjuge, da companheira, de parentes e amigos em dias determinados; XI. chamamento nominal; XII. igualdade de tratamento, salvo quanto à exigência da individualidade da pena; XIII. audiência especial com o diretor do estabelecimento; XIV. representação e petição a qualquer autoridade em defesa de direito; XV. contato com o mundo exterior por meio de correspondência escrita da leitura e de outros meios de informação que não comprometam a moral e os bons costumes. Parágrafo Único: Os direitos previstos nos incisos V, X e XV poderão ser suspensos ou restringidos mediante ato normativo do diretor do estabelecimento.*

Os direitos não se exaurem nos enumerados neste artigo; pois a própria lei de execução penal estabelece outros, como: o de recompensas (art. 56: São recompensas: o elogio, a concessão de regalias § Único: a legislação local e os regulamentos estabelecerão a natureza e a forma de concessão de regalias); autorizações de saída, (no caso de falecimento ou doença grave do cônjuge, companheira, ascendente, descendente ou irmão ou necessidade de tratamento médico, mediante escolta); remissão (direito do condenado reduzir pelo trabalho ou pelo estudo prisional o tempo de duração da pena privativa de liberdade cumprida em regime fechado ou semi-aberto); o livramento condicional (o livramento condicional é a última etapa do sistema penitenciário progressivo; e seu tempo de duração corresponde ao restante da pena que está sendo executado. Ocorre quando o criminoso é novamente colocado no convívio social, por apresentar condições de reintegrar-se na sociedade devendo, portanto, cumprir certas condições que, desatendidas, determinarão novamente seu encarceramento), dentre outros. Enfatiza Heleno Fragoso que "existe um direito ao trabalho que se projeta, inclusive, sobre a família do preso, cujo sustento dele depende".[515]

No Brasil, além desses, há outros direitos, dentre os quais: direito ao tratamento reeducativo, à progressão e benefício do regime apropriado. Caso todos os direitos fossem respeitados e cumpridos devidamente, a ressocialização do preso seria bem mais fácil, e mais efetiva. "*Direito penal orientado para as conseqüências tem necessariamente que ser também um direito penal da recuperação e do tratamento, um direito penal da ressocialização*[516]".

Por outro lado, não deve ocorrer a supervalorização dos direitos com a omissão dos deveres, por parte dos profissionais encarregados pelo serviço social das penitenciárias; pois em vez de contribuir com a disciplina, com a ordem dos estabelecimentos pode causar desordem, transtornos diversos e problemas administrativos variados. A assistência social, conforme estatui a lei de execução penal[517], tem por finalidade amparar o preso e o internato e prepará-los para o retorno à liberdade; incumbindo-lhe várias atribuições, dentre elas a de relatar por escrito, ao diretor do estabelecimento, os problemas e as dificuldades encontradas pelo

---

[515] FRAGOSO, Heleno. *Direitos dos Presos*. Rio de Janeiro: Forense, 1980, p. 33.

[516] HASSEMER, Winfried. *História das idéias penais na Alemanha do Pós-guerra. A Segurança Pública no Estado de Direito*. Lisboa: Associação Acadêmica da Faculdade de Direito de Lisboa, 1995, p. 50.

[517] MIRABETE, Julio Fabbrini. *Execução penal, op. cit.*, p. 77.

assistido; promover, no estabelecimento, pelos meios disponíveis, a recreação e orientar e amparar, quando necessário, a família do preso, do internado e da vítima. Ao tecer comentários sobre este serviço, Julio Mirabete[518] exalta a figura do assistente social, verificando neste grande importância no processo de reinserção social do condenado, já que a ele cabe procurar estabelecer a comunicação entre o preso e a sociedade da qual se encontra temporariamente afastado.

A educação constitui um dos direitos sociais garantidos pela Constituição Federal de 1988. Ela prevê como instrumento fundamental de acesso à cidadania plena, a universalização da educação, em todos os níveis de governo: federal, estadual e municipal e é sempre o caminho essencial para o aprimoramento e desenvolvimento de uma nação. Além de ser muito importante para o recluso é uma oportunidade para ele resgatar a sua cidadania, e posteriormente ser reinserido na sociedade. Assegura a Lei de Execução Penal, no seu art. 17, que a assistência educacional compreenderá a instrução escolar e a formação profissional do preso e do internado. Para Julio Mirabete, a assistência educacional deve ser uma das prestações básicas mais importantes não só para o homem livre, mas também àquele que está preso, constituindo-se, neste caso, em um elemento do tratamento penitenciário como meio para a reinserção social.[519] Por isso, entende que as frustrações relativas às necessidades de afeição, segurança, realização e aceitação em um grupo fundamentam a intervenção do serviço social.

Ao estipular a assistência ao preso e ao internado afirmando ser esta dever do Estado, tem como objetivo precípuo prevenir o crime e orientar seu retorno à convivência em sociedade; englobando vários tipos de assistência, como: material, saúde, jurídica, educacional, social e religiosa. "A prevenção da criminalidade não se pode fazer só, nem de modo predominante pela cominação de sanções penais para quem viole os respectivos preceitos; exige, antes de tudo, que a sociedade crie condições de liberdade, isto é, condições em que a escolha da conduta conforme aos imperativos da lei seja razoavelmente exigível".[520]

Com muita clareza e precisão Heleno Fragoso revela que os direitos do preso, constituem preocupação recente na história dos direitos humanos e vinculam-se originariamente ao direito penitenciário. Afirma que "as regras

---

[518] Ibid, p. 77.

[519] Ibid. p. 72

[520] SILVA, Germano Marques da. *Direito Penal Português. Parte Geral, III. Teoria das Penas e das Medidas de Segurança.* 1.ª ed. Lisboa: Editorial Verbo, 1999, p. 263.

mínimas para o tratamento dos presos, editadas pela ONU, em 1958 consagram-se como a declaração universal dos direitos do preso comum".[521]

O Código Penal Brasileiro também faz referência aos direitos dos presos, dispondo nos seguintes dispositivos o seguinte: *Art. 38: "O preso conserva todos os direitos não atingidos pela perda da liberdade, impondo-se a todas as autoridades o respeito à sua integridade física e moral"; Art. 39: "O trabalho do preso será sempre remunerado, sendo-lhe garantidos os benefícios da Previdência Social*".[522]

A Constituição da República Federativa do Brasil em seu artigo 5.º incisos XLIX e L garantem aos presos o respeito à integridade física e moral e às presidiárias condições para que possam permanecer com seus filhos durante o período de amamentação.[523]

Na opinião de Manoel Pedro Pimentel[524], o erro está no sistema e não na forma pela qual é ele aplicado. Há um comportamento contraditório entre o que o sistema prega e o que ele faz; não adiantando, portanto, o discurso retórico sobre dignidade, que se pretende incutir no preso porque na prática o sistema o avilta e o humilha, tornando-o indigno. Na sua concepção, o sistema de segurança máxima se contrapõe violentamente ao esforço de ressocialização, agindo compulsivamente contra este.

Em relação aos direitos do recluso, Anabela Rodrigues afirma que a socialização é um princípio que norteia toda a regulação, cumprindo ao legislador realizar e preservar. Segundo ela, é a idéia de socialização que fundamentalmente justifica o estatuto especial do recluso na sua natureza de estatuto restrito.[525]

Sobre tal questão, a referida professora faz o seguinte comentário: "hoje, sabe-se que as idéias de "correção" ou de "educação" não se compadecem com a existência de duros e degradantes regimes prisionais, pressupondo, pelo contrário, o respeito e a salvaguarda da dignidade humana".[526] Com muita propriedade assevera que a base imprescindível de um pensamento socializador é que a vida na prisão se oriente para a preparação do recluso para a liberdade e, consequentemente, que lhe sejam assegurados, enquanto recluso, os direitos de que goza enquanto pessoa livre.

---

[521] Fragoso, Heleno, *op. cit.*, p. 63/64.

[522] BRASIL. *Código Penal*; *Código de Processo Penal*; *Constituição Federal, op. cit.*, p. 277.

[523] *Op. cit.*, p. 13.

[524] Pimentel, *op. cit.*, p. 152.

[525] Rodrigues, Anabela, *op. cit.*, p. 90.

[526] Ibid. p. 65/66.

Capítulo V

SISTEMAS PENITENCIÁRIOS

5.1. Alguns Sistemas Penitenciários

Analisaremos os principais sistemas penitenciários de acordo com suas evoluções, iniciando pelo sistema pensilvânico ou celular; em seguida, discorreremos sobre o auburniano, o espanhol de Montesinos e por último, sobre o progressivo inglês e irlandês.

5.1.1. Sistema Pensilvânico ou Celular

Teve início na Filadélfia, em 1790. Uma de suas principais características era o isolamento do preso. O recluso ficava na cela isolado, sem trabalhar e receber visitas. Defendia o isolamento celular absoluto durante o período completo da pena como forma de proporcionar-lhe a reflexão e o arrependimento; o qual era estimulado através de orações, meditações, leituras bíblicas. Não permitia o contato de um preso com outro e nem mesmo com as famílias. Todos eram obrigados a permanecer em silêncio absoluto. Apresentava graves conseqüências para a saúde física e psíquica do condenado. Enquanto sistema foi um fracasso; pois além de desumano era muito dispendioso e não possibilitava a readaptação social do condenado; todavia, estendeu-se a várias prisões dos países. Tal sistema foi muito utilizado na Europa, em países como: Inglaterra, Alemanha e Bélgica. Entretanto, foi bastante criticado quanto a sua severidade e impossibilidade de readaptação do condenado.

Ao referir-se a este sistema, Newton Fernandes afirma: "é um sistema rigidamente celular; sendo que submetido a isolamento de tal monta, é freqüente seja o preso acometido de distúrbios psicóticos, que podem levá-lo à loucura. Foi abolido em 1913 nos Estados Unidos; contudo, ainda persiste em alguns países".[527]

5.1.2. Sistema Auburniano

Uma das razões que levaram ao surgimento do sistema auburniano foi a necessidade e o desejo de superar as limitações e os defeitos do regime celular.[528] "A sua denominação decorre da construção da prisão de Auburn, em 1816, na qual os prisioneiros eram divididos em categorias, sendo que aqueles que possuíam um potencial maior de recuperação somente eram isolados durante o período noturno, sendo lhes permitido trabalharem juntos durante o dia[529]". Tinha como característica o isolamento celular noturno e o trabalho em comum durante o dia, em silêncio. "O sistema auburniano facilita o aumento da produção no trabalho, assim como propicia melhores condições para a reeducação profissional e a ressocialização mais fácil do preso".[530] "Pode-se afirmar que o trabalho no projeto auburniano foge, de certa forma, tanto a sua original dimensão ideológica como pedagógica. Uma das causas do seu fracasso foi a pressão das associações sindicais que se opuseram ao desenvolvimento de um trabalho penitenciário".[531] As penas eram severas. Embora tenha estabelecido o labor comunitário continuou adotando a regra do silêncio. Os detentos, mediante autorização prévia, eram autorizados a conversar apenas com seus superiores hierárquicos, em voz baixa, não podiam conversar entre si. O objetivo essencial deste sistema era transformar o detento em um operário disciplinado, subordinado ao poder do Estado, uma pessoa útil e produtiva. Não havia a menor preocupação com a recuperação ou tratamento do detento.

Segundo Manoel Pedro Pimentel[532], a origem deste sistema prende-se a uma iniciativa que teve início no Estado de Nova Iorque, com a

---

[527] FERNANDES, Newton, *op. cit.*, p. 46.

[528] BITENCOURT, Cezar Roberto. *Tratado de direito penal. Op. cit.*, p. 94.

[529] ASSIS, Rafael Damasceno de. *Evolução histórica dos regimes e do Sistema Penitenciário*. Jus Vigilantibus, Vitória, 30 abr.2007. Disponível em: <http://jusvi.com/doutrinas_e_pecas/ver/24894>. Acesso em 20/11/2007.

[530] FERNANDES, Newton, *op. cit.*, p. 47.

[531] BITENCOURT, Cezar Roberto. *Tratado de direito penal, op. cit.*, p. 96.

[532] PIMENTEL, *op. cit.*, p. 137.

construção de uma penitenciária na cidade de Auburn e que começou a funcionar em uma ala de oitenta celas, a partir de 1818.

Como já mencionamos, este sistema continuou adotando algumas regras do sistema anterior, dentre estas: a incomunicabilidade; instituiu o trabalho obrigatório durante o dia com total silêncio, fato que motivou os presos a comunicarem-se com as mãos, através de sinais com batidas nas paredes ou de outras formas. Para Newton Fernandes, por motivo do próprio trabalho coletivo, o regime não consegue obstaculizar as comunicações entre os apenados, até pela divisão e não rara cooperação a ser emprestada ao trabalho na dependência de sua natureza.[533] Tal qual o anterior, proibia visitas até de familiares e não se preocupava com a instrução e lazer dos presos. "O sistema auburniano, afastadas sua rigorosa disciplina e sua estrita regra do silêncio, constitui uma das bases do sistema progressivo, ainda aplicado em muitos países".[534]

5.1.3. Sistema Progressivo Inglês

Segundo Carlos Garcia Valdés[535], o apogeu da pena progressiva de liberdade coincide igualmente com o abandono dos regimes celular e auburniano e a adoção do regime progressivo.

Diferentemente dos anteriores, o sistema progressivo diminuiu o rigorismo na aplicação da pena e considerava a vontade do recluso.

Originou-se no século XIX na Inglaterra. "De acordo com esse sistema a duração da pena não era determinada exclusivamente pela sentença condenatória, mas dependia do aproveitamento do preso, demonstrado no trabalho e pela boa conduta".[536] Considerava também a gravidade do delito; a forma como era praticado.

Em virtude de ter sido utilizado em muitas prisões da Inglaterra, ficou conhecido como "sistema progressivo inglês", que consoante Manoel Pedro Pimentel[537], dividia o tempo de cumprimento da pena em três períodos: 1.º: período de prova, com isolamento celular completo de tipo pensilvânico; o 2.º período se iniciava com a permissão de trabalho em

---

533 Fernandes, Newton, *op. cit.*, p. 47.

534 Bitencourt, Cezar Roberto. *Tratado de direito penal, op. cit.*, p. 98.

535 Valdés, Carlos Garcia apud Bitencourt, Cezar Roberto. *Tratado de direito penal:* parte especial. Vol. 2. 8.ª ed. ver. e ampl., São Paulo: Saraiva, 2003, p. 98.

536 Pimentel, *op. cit.*, p. 140.

537 Ibid, p. 140.

comum ao preso, observada, porém, a regra auburniana do rigoroso silêncio e mantido o isolamento noturno, passando depois de algum tempo para as chamadas *public work-houses*, com vantagens maiores; e o 3.º: no qual, pela correção demonstrada, o prisioneiro obtinha o *ticket of leave*, com o benefício do livramento condicional; caso cumprisse alguns requisitos objetivos e subjetivos.

5.1.4. Sistema Progressivo Irlandês

Walter Crofton, diretor das prisões na Irlanda, tido por alguns como o verdadeiro criador do sistema progressivo, fez a introdução desse sistema na Irlanda, com uma modificação fundamental, dando origem ao que se denominou sistema irlandês.[538] Ele aperfeiçoou e introduziu o estabelecimento de prisões intermediárias, com a finalidade de preparar o recluso para o seu regresso à sociedade.

Conforme relata Newton Fernandes este sistema começou a ser adotado em 1854, nas prisões da Irlanda; nele tudo fica reduzido à equação do binômio: conduta x trabalho.

Compreendia quatro etapas ou períodos.[539] 1.º O *penal*, na cela (reclusão celular diurna e noturna); 2.º O da *reforma*, pelo isolamento noturno e trabalho diurno em comum; 3.º O *intermediário*, com trabalho em comum, caracterizado pelo fato dos prisioneiros vestirem roupas civis e desempenharem alguns empregos ou encargos externos, até mesmo como trabalhadores livres. Esse período ocorria entre a prisão comum e a liberdade condicional e 4.º O da *liberdade provisória*, que se tornava definitiva pelo bom comportamento e outras condições impostas; denominada por alguns de liberdade condicional; implicando algumas restrições.

Observamos então que, este sistema já começava a analisar a reabilitação do condenado, concedendo-lhe benefícios de execução penal e o retorno ao convívio social, dependendo de alguns requisitos como: comportamento carcerário, disciplina, desempenho no trabalho que lhe foi atribuído e aptidão para prover à própria subsistência mediante trabalho honesto.

O Brasil adotou o sistema progressivo irlandês com algumas modificações, sendo para Manoel Pimentel, a mais importante, a que exclui o

---

[538] Bitencourt, Cezar Roberto. *Tratado de direito penal, op. cit.*, p. 100.

[539] Pimentel, *op. cit.*, p. 141.

uso dos *vales* ou *marcas*. Este regime tem como base a progressão do regime fechado para o semi-aberto e por último, para o aberto; observados os requisitos objetivos e subjetivos relacionados na legislação penal em vigor.

5.1.5. Sistema Espanhol de Montesinos

Foi criado pelo coronel espanhol Manuel Montesinos, que em 1835 foi nomeado governador do Presídio de Valência. Segundo Cezar Roberto Bitencourt[540] possuía qualidades pessoais adequadas para alcançar uma eficiente e humanitária direção de um centro penal, entre elas a poderosa força de vontade e a capacidade para influir eficazmente no espírito dos reclusos; conseguiu diminuir o índice de reincidência no presídio. Montesinos impôs uma prática penitenciária que refletia respeito pela pessoa do preso; entendia que a prisão deveria buscar a recuperação do recluso e que o trabalho é o melhor instrumento para conseguir o propósito reabilitador da pena. Criticou o sistema auburniano. Defendia a finalidade reeducativa e ressocializadora da pena, com cuja finalidade os sistemas anteriores não se preocupavam e que o poder disciplinar em uma prisão deve reger-se pelo princípio da legalidade. Aboliu os castigos corporais e estabeleceu um sistema de trabalho, no qual o preso era remunerado e não explorado. "A ação penitenciária de Montesinos planta suas raízes em um genuíno sentimento em relação ao "outro", demonstrando uma atitude "aberta" que permitisse estimular a reforma moral do recluso".[541]

5.2. Análise do sistema prisional e sua falência na ressocialização

Uma das grandes preocupações dos estabelecimentos prisionais consiste em reintegrar o condenado à sociedade, proporcionando-lhe condições para que no futuro possa conduzir a sua vida de forma socialmente responsável e não volte mais a delinqüir. Todavia, para atingirem tais propósitos devem dispor de condições materiais, morais e humanas. Legalmente, só pode ser delinqüente o homem que vive em sociedade.

---

[540] Bitencourt, Cezar Roberto. *Falência da pena de prisão, op. cit.*, p. 89/91.
[541] Bitencourt, Cezar Roberto. *Tratado de direito penal, op. cit.*, p. 102.

A prisão é uma instituição em crise. Segundo nosso entendimento não tem atingido a sua finalidade primordial que é a reintegração do detento. Ademais, é cara; os estabelecimentos prisionais vivem constantemente lotadas; não há divisões de presos que praticam delitos de baixa, média e alta periculosidade. Tais fatos podem ser comprovados pelos altos índices de reincidência; pelas notícias veiculadas na imprensa falada e escrita no que se refere a violência e aos crimes praticados diariamente. Reiteramos por completo a posição de Marcelo Monteiro, quando afirma que "a natureza da prisão é contrária a ressocialização, pois o preso ingressa no cárcere sendo humilhado; o egresso é estigmatizado; a família fica prejudicada econômica e afetivamente e pela falta de meios e instalações adequadas e funcionários capacitados para aplicar um tratamento eficaz".[542]

Em vários países, o sistema penitenciário apresenta semelhantes problemas, como: superpopulação carcerária, o que favorece a ociosidade e a violência. É grande o número de presos que aguardam seus julgamentos e os índices de reincidências são altos. "As elevadas taxas de reincidência podem não só indicar a ineficácia da prisão como também refletir as transformações dos valores que se produzem na sociedade e na estrutura socioeconômica".[543]

Em artigo publicado em 12 de maio de 2008, intitulado "A cada dia, entram 200 detentos a mais do que saem nas prisões do País" Vannildo Mendes afirmou que pelo último censo do Depen, de cada 10 que são soltos, pelo menos 7 voltam para a prisão. Mais de 250 mil presidiários tem menos de 30 anos.[544]

A coordenadora-geral do Programa de Fomento às Penas e Medidas Alternativas do Departamento Penitenciário Nacional (Depen), Márcia de Alencar, declarou em 30/04/2008, que os condenados a cumprir penas alternativas reincidem menos do que aqueles que passam por uma prisão. Ela se baseia nos dados dos serviços de monitoramento e fiscalização de penas alternativas, da Comissão Nacional de Penas Alternativas (Conapa) e informações encaminhadas por tribunais ao Ministério da Justiça. "O dado demonstra que, das pessoas que passam pela prisão,

---

[542] Monteiro, Marcelo Valdir. *Penas Restritivas de Direito*. Campinas: Impactus, 2006, p. 61.

[543] Bitencourt, Cezar Roberto. *Falência da pena de prisão, op. cit.*, p. 163.

[544] Mendes, Vannildo. *A cada dia, entram 200 detentos a mais do que saem nas prisões do País.* Disponível em: <http://www.estado.com.br/editorias/2008/05/12/cid-1.93.3.20080512.18.1.xml>. Acesso em 13 de novembro de 2008.

70% a 85% voltam [a praticar crimes], enquanto a taxa de reincidência das pessoas que passam por penas alternativas varia de 2% a 12%", afirmou Márcia. Ela acrescentou ainda que um cumpridor de pena alternativa custa para o Estado apenas 10% dos gastos exigidos com um condenado preso.[545]

A realidade carcerária do Brasil é preocupante. Constantemente os presídios e as penitenciárias recebem um grande número de indiciados, processados ou condenados, ficando muitas vezes sem condições para abrigá-los. Algumas apresentam problemas diversos, como: rebeliões, escassez de funcionários qualificados, condições subumanas em que vivem os detentos, dentre muitos outros. Apesar de muitas tentativas ainda falta muito para atingirmos um percentual significativo de ressocialização; a pena de prisão então, só deveria ser aplicada como *ultima ratio*, para àqueles que praticam delitos de maior gravidade.[546]

No pensamento de Pessoa de Aquino[547], numa visão global da situação carcerária brasileira, hoje destacam-se dois grupos com as principais violências contra o preso: a. a violência quanto à ilegalidade da prisão, ou duração excessiva da pena e b. violência quanto à maneira de execução da prisão. No primeiro grupo onde são enquadradas as prisões absolutamente arbitrárias, praticadas pela polícia (falta de documentos, prisões para averiguações, prisões correcionais por suposta vadiagem e por batidas ou blitz policiais); prisões que ultrapassam o cumprimento da pena; prisões que se prolongam por simples falta de conveniência do advogado, podendo ocorrer outros tipos. No segundo grupo destacam-se: a superlotação das celas, falta de higiene e sanitários; ociosidade dos presos; castigos arbitrários; estupros; espancamentos, maus tratos e outros problemas relacionados aos presídios.

Argumenta ainda que a degradação do sistema penitenciário a níveis intoleráveis vem sendo frequentemente retratada com a opinião de que os

---

[545] *Correio Brasiliense. Pena alternativa se torna comum. Disponível em:* <http://www.amepe.com.br/_mostranoticia.php?cod=1546>. Acesso em 13 de novembro de 2008

[546] Comprovamos tais fatos após termos sido designada pela Procuradoria Geral de Justiça para representar o Ministério Público do Estado do Piauí, na CPI (Comissão Parlamentar de Inquérito) do Sistema Carcerário no ano de 2008, termos visitado com os deputados federais, membros da CPI, os presídios, ouvido depoimentos dos presos, visto em muitos deles marcas de torturas, violências e verificado as condições subumanas e degradantes em que eles vivem.

[547] Aquino, Carlos Pessoa. *Teoria e prática da execução penal.* São Paulo: Quartier Latin, 2003, p. 37/38.

presídios brasileiros são verdadeiros depósitos de pessoas e permanentes fatores criminológicos.[548]

As deficiências das prisões são muitas. Há constantes violações à dignidade humana; constantemente ocorrem maus tratos, agressões verbais e de fato. Geralmente encontram-se superlotadas; têm péssimas estruturas físicas; falta de higiene; falta de condições de trabalho, o que estimula a ociosidade. Algumas pessoas que deveriam ajudar no processo de ressocialização não são honestas, como policiais e agentes penitenciários; que geralmente são palcos de promiscuidade, ocorrendo a presença de tóxicos, de rebeliões e de conflitos constantes. Estes fatos freqüentemente vêm sendo abordados em jornais, televisões e discutidos por juízes e membros do Ministério Público, que trabalham em Varas Criminais. Tomamos conhecimento também através de relatos feitos pelos próprios presos nas visitas que realizamos nos presídios e cadeias públicas. Quase sempre as autoridades governamentais não apóiam ou não adotam tais questões como metas prioritárias e a administração carcerária na maioria das vezes deixa a desejar. Enfim, causam efeitos diversos aos presos, como de ordem sociológica e psicológica.

Destarte, o sistema penitenciário brasileiro não tem conseguido resolver o problema da criminalidade, ocorrendo um constante desrespeito aos direitos humanos assegurados na Constituição Federal de 1988. A violência tem aumentado de forma assustadora. E sem dúvida, o agravamento das penas não é uma solução para amenizar o problema prisional. "Um dos argumentos que mais se mencionam quando se fala na falência da prisão é o seu efeito criminógeno. Considera-se que a prisão em vez de frear a delinqüência parece estimulá-la, convertendo-se em instrumento que oportuniza toda espécie de desumanidade".[549]

Em 1980, quando publicou a obra "Direito dos Presos", o eminente jurista Heleno Fragoso[550] já reconhecia a falência da pena de prisão alegando não ser tratamento no meio carcerário e que o problema da prisão é a própria prisão, que está em crise. A criminalidade é um fenômeno que tem se agravado constantemente. No entendimento dele, as rebeliões são comuns nas prisões, as quais se devem ao ambiente anormal, autoritário e opressivo.

Vários fatores na opinião de João Faria Júnior[551], alguns deles já por nós referidos anteriormente, contribuem com a crise do sistema peni-

---

[548] Ibid, p. 48.

[549] Bitencourt, Cezar Roberto. *Falência da pena de prisão. Op. cit.*, p. 157.

[550] Fragoso, Fernando et al. *Direitos dos Presos*. Rio de Janeiro: Forense, 1980, p. 14.

[551] Faria Júnior, João. *Manual de Criminologia*. Curitiba. 2.º ed. Juruá, 1966, p. 195/200.

tenciário brasileiro, entre os quais: a ociosidade; a superlotação; a promiscuidade; a formação de grupos mafiosos que são comandados por líderes que exercem poder de dominação sobre os demais presos, com objetivo de adquirir armas, bancar o jogo de azar, tráfico de drogas, tabaco e álcool; cobrar por proteção e violentar sexualmente outras pessoas; fugas; motins; greves; violência; privilégios de certos presos e discriminação de outros; corrupção dos funcionários; falta de capacidade administrativa para gerenciar o estabelecimento prisional e falta de verbas.

Na visão de Augusto Thompson[552], o sistema penitenciário brasileiro só teria êxito se atingisse dois objetivos imprescindíveis: 1. propiciar a penitenciária condições de realizar a regeneração dos presos; 2. dotar o conjunto prisional de suficiente número de vagas, de sorte a habilitá-lo a recolher toda clientela que, oficialmente lhe é destinada. Verificamos que, atualmente, as prisões estão sempre superlotadas, em péssimas condições de higiene, sem meios que proporcionem aos presos condições de ressocilizarem-se, sem divisões por delitos e graus de periculosidade.

Ao tratar sobre o cumprimento da sentença, o renomado jurista Francesco Carnelutti[553], na sua pequena e grande obra "As misérias do processo penal", sustenta que a pena deve ser um castigo, o qual não é incompatível com o amor. O amor ao condenado não exclui, absolutamente, a severidade da pena. Para ele, o que a pena deve ser para ajudar o culpado não corresponde ao que ela deve ser para ajudar os demais.

Utilizando-se dos ensinamentos bíblicos, das lições deixadas por Cristo através dos evangelhos, de carinho, amor, fraternidade, perdão, humildade, paciência e resignação, foi bastante enfático, profundo e sensato ao abordar um tema tão complexo de uma forma tão singela e enaltecida da seguinte forma: "É necessário ser pequenino para compreender que o delito se deve à falta de amor. Os sábios procuram a origem do delito no cérebro, os pequeninos não se esquecem de que, como Cristo disse, os homicídios, os roubos, os atos de violência, as falsificações vêm do Coração. Para procurarmos o delinqüente, devemos chegar ao seu coração. E não há outra via para se chegar a ele, senão a do amor. Não se supre a falta do amor, a não ser com o amor. A cura de que o preso necessita é a cura do amor".[554]

---

[552] THOMPSON, Augusto. *A Questão Penitenciária*. Rio de Janeiro. 4.ª ed. Forense, 1998, p. 22.

[553] CARNELUTTI, Francesco. *As misérias do processo penal*. Tradução de Luis Fernando Lobão de Morais. Campinas: Edicamp, 2002, p. 80.

[554] Ibid, p. 82.

A ineficácia do sistema punitivo estatal, lastreado na privação de liberdade, assenta-se sinteticamente conforme o professor Cezar Bitencourt[555] em duas premissas: 1. considera-se que o ambiente carcerário em razão de sua antítese com a comunidade livre converte-se em meio artificial, antinatural, que não permite realizar nenhum trabalho reabilitador sobre o recluso; 2. na maior parte das prisões do mundo as condições materiais e humanas tornam-se inalcançável o objeto reabilitador.

Para Evandro Lins e Silva, a prisão só pode ser aplicada em última hipótese; pois perverte, corrompe, deforma, avilta, embrutece, é uma fábrica de reincidência; se não pudermos eliminá-la de uma vez só, só devemos conservá-la para os casos em que ela é indispensável".[556] Logo, a pena de prisão, que pode reforçar os valores negativos do condenado, corrompendo-o, impedindo-o da prática de novos delitos e não estimulando-o ao retorno da vida em sociedade de forma humana e justa, só deve ser aplicada em casos de extrema necessidade. Algumas vezes, obrigando-o a conviver diretamente com criminosos de alta periculosidade, com assaltantes, traficantes, seqüestradores e criminosos profissionais.

5.3. Sistema Progressivo no Brasil: Progressão e Regressão

O Ordenamento jurídico brasileiro adotou o sistema progressivo irlandês com algumas modificações, como por exemplo, a lei 7.209/ 84, aboliu o período de isolamento inicial, anteriormente adotado pela lei 6.416/77, em caráter facultativo. A lei 7.209/ 84 manteve as três espécies de regime: fechado, semi-aberto e aberto.

As penitenciárias de segurança máxima especial (celas individuais; para criminosos de alta periculosidade que comprometam a segurança do presídio ou possam ser vítimas de atentados dentro dos presídios); média ou máxima (celas individuais e coletivas); para os condenados em regime fechado. Colônias agrícolas, industriais ou similares: estabelecimentos destinados a condenados que cumprem pena em regime semi-aberto. Casa de albergado: estabelecimentos penais destinados a abrigar condenados que cumprem pena privativa de liberdade em regime aberto ou pena de limitação de fins de semana.

---

555 BITENCOURT, Cezar Roberto. *Falência da pena de prisão, op. cit.*, p. 154/155.

556 LINS E SILVA, Evandro. *Sistema Penal para o Terceiro Milênio.* Rio de Janeiro: Revan, 1991, p. 33/34.

Tanto o Código Penal quanto a Lei de Execução Penal asseguram que as penas privativas de liberdade deverão ser executadas em forma progressiva, com a transferência para regime menos rigoroso, a ser determinada pelo juiz, observados alguns critérios, de ordem objetiva (lapso temporal) quando o preso tiver cumprido pelo menos um sexto da pena no regime anterior; e de ordem subjetiva: o seu mérito; que significa aptidão, capacidade, merecimento, valor moral." Os regimes de cumprimento da pena direcionam-se para maior ou menor intensidade de restrição da liberdade do condenado, sempre produto de uma sentença penal condenatória".[557] Segundo a pena aplicada, o apenado poderá progredir ou regredir nos regimes.

Progressão de regime é a transferência do regime mais rigoroso para outro menos rigoroso, mais brando de cumprimento da pena privativa de liberdade. Não pode ser beneficiado com ela o preso provisório; pois pressupõe que a sentença condenatória tenha transitado em julgado. Prescreve o art. 112 da Lei de Execução Penal: "A pena privativa de liberdade será executada em forma progressiva com a transferência para regime menos rigoroso, a ser determinada pelo juiz, quando o preso tiver cumprido ao menos um sexto da pena no regime anterior e ostentar bom comportamento carcerário, comprovado pelo diretor do estabelecimento, respeitadas as normas que vedam a progressão".[558] O Ministério Público deve manifestar-se sobre o pedido de progressão, sob pena de nulidade absoluta.

Não pode haver a chamada progressão por salto, que consiste na passagem direta do regime fechado para o aberto; a lei de execução penal exige o cumprimento de 1/6 da pena no regime anterior. Conforme relata Fernando Capez[559], só há um caso em que a jurisprudência admite a progressão de regime com salto: quando o condenado já cumpriu 1/6 da pena no regime fechado, não consegue a passagem para o semi-aberto por falta de vaga, permanece mais 1/6 no fechado e acaba por cumprir esse 1/6 pela segunda vez. Nesse caso, entende-se que, ao cumprir o segundo 1/6 no fechado, embora estivesse de fato nesse regime, juridicamente se encontrava no semi-aberto.

Com muita propriedade, declara Guilherme Nucci "como parte da individualização executória da pena deve haver progressão de regime,

---

[557] Bitencourt, Cezar Roberto. *Tratado de direito penal, op. cit.*, p. 430.

[558] Mirabete, Julio Fabbrini. *Execução penal, op. cit.*, p. 326.

[559] Capez, Fernando. *Execução Penal.* 8.ª ed. São Paulo: Paloma, 2001, p. 94.

forma de incentivo à proposta estatal de reeducação e ressocialização do sentenciado".[560]

Regressão de regime é a transferência do condenado do regime menos rigoroso para um mais rigoroso. O condenado que estiver cumprindo pena no regime aberto, diferentemente da progressão, poderá regredir diretamente para o fechado; fato este admitido pelo artigo 118 caput, ao referir-se "a qualquer dos regimes", cujo artigo declara *ipsis verbis*: "A execução da pena privativa de liberdade ficará sujeita à forma regressiva, com a transferência para qualquer dos regimes mais rigorosos, quando o condenado: I – praticar fato definido como crime doloso ou falta grave; II – sofrer condenação, por crime anterior, cuja pena, somada ao restante da pena em execução, torne incabível o regime (artigo 111). § 1.º O condenado será transferido do regime aberto se, além das hipóteses referidas nos incisos anteriores, frustrar os fins da execução ou não pagar, podendo, a multa cumulativamente imposta. § 2.º nas hipóteses do inciso I e do parágrafo anterior, deverá ser ouvido previamente o condenado."[561]

[560] *Op. cit.*, p. 292.
[561] Mirabete, Julio Fabbrini. *Execução penal, op. cit.*, p. 397.

Capítulo VI

PENAS ALTERNATIVAS

6.1. Direitos Humanos e Regras de Tóquio

A ONU foi fundada oficialmente em 24/101945 em São Francisco, Califórnia por cinqüenta e um países; logo após o fim da Segunda Guerra Mundial.

A ONU e muitas outras organizações internacionais que integram o sistema das Nações Unidas são instrumentos e mecanismos de proteção, consagração e salvaguarda dos direitos do homem e das liberdades fundamentais. "O Congresso de Haia de 1948 adoptou uma resolução que previa a elaboração de uma Carta dos Direitos do Homem cujo respeito seria garantido por um Tribunal Europeu dos Direitos do Homem".[562]

Em 10 de Dezembro de 1948, a Assembléia Geral das Nações Unidas, que é um órgão intergovernamental adotou e proclamou a Declaração Universal dos Direitos Humanos, com o propósito de reconhecer a dignidade inerente a todos os membros da família humana, que é o fundamento da liberdade, da justiça e da paz no mundo. "Enfatizou-se na ocasião que o desprezo e o desconhecimento dos direitos humanos resultaram historicamente em atos de barbárie, ultrajantes à humanidade".[563]

A preocupação em defender os direitos do homem e dar um tratamento digno ao recluso era grande. Várias convenções e seminários ocorreram abordando esta temática, entre elas a Declaração Universal dos Direitos Humanos, que em seu art. 5.º sustenta: "Ninguém será submetido

---

[562] Fernandes, António José. *Direitos Humanos e Cidadania Européia*. Coimbra: Almedina, 2004, p. 72.

[563] Gomes, Flávio Luiz. *Penas e medidas alternativas à prisão*. 2.ª ed. revista, atualizada e ampliada, São Paulo: RT, 2000, p. 20.

à tortura, nem a tratamentos ou punições cruéis, desumanos ou degradantes". Este artigo foi muito importante para o estudo das Penas Alternativas. A pena de prisão não estava surtindo efeito, o seu fracasso pode ser demonstrado sob diversos ângulos: não consegue diminuir a criminalidade e reabilitar o delinqüente, as penitenciárias vivem lotadas e não apresentam condições de ressocializar o preso. Como afirma Mesquita Junior[564] "a falta de classificação prévia gera a promiscuidade, misturando condenados de personalidades diversas, o que contribui para o desenvolvimento da periculosidade, fomentando a reincidência, visto que criminosos eventuais serão reunidos com delinqüentes profissionais".

Além da Declaração Universal dos Direitos Humanos, outros documentos também foram muito importantes para a transformação da política punitiva nos sistemas repressivos mundiais, que quase sempre clamavam pela aplicação de medidas não privativas de liberdade visando o respeito à dignidade humana e a reabilitação do delinqüente.

Como exemplos desses Sistemas Internacionais de Proteção de Direitos Humanos, destacamos: A Carta das Nações Unidas (1945), O Pacto Internacional sobre Direitos Civis e Políticos (1966), o Pacto Internacional sobre Direitos Econômicos, Sociais e Culturais (1966), Convenção Americana sobre Direitos Humanos (1969), Convenção Interamericana para Prevenir e Punir a Tortura (1985), a Declaração Americana de Direitos e Deveres do Homem (Bogotá, 1948), a Convenção Européia para Garantia dos Direitos Humanos (1950), a Convenção Americana dos Direitos Humanos (São José, 1969), além dos congressos ocorridos em Genebra (1955), Londres (1960), Estocolmo (1975), Gênova (1975), Caracas (1980), Milão (1985), Havana (1990) e Cairo (1995). Revela o professor Antônio José Fernandes[565] que "nas últimas décadas do século XX, alargou-se significativamente a democratização do mundo, estabeleceram-se numerosos instrumentos declarativos dos direitos humanos (cartas, convenções, pactos protocolos), criaram-se diversas instâncias destinadas à sua proteção e salvaguarda (tribunais, comitês e altos-comissariados) e adotaram-se mecanismos processuais com a mesma finalidade. E, no entanto, continua-se a perguntar: Serão todos os homens livres e iguais perante a lei? Terão todos a mesma possibilidade de usufruir dos direitos e das liberdades plasmados nos textos legais?

---

[564] MESQUITA JÚNIOR, Sídio Rosa de. *Manual de execução penal:* teoria e prática. 2.ª ed., São Paulo: Atlas, 2002, p. 91.

[565] FERNANDES, *op. cit.*, p. 211.

O Pacto Internacional dos Direitos Civis e Políticos foi adotado pela Assembléia Geral das Nações Unidas em 1966 consolidando, no âmbito internacional, o reconhecimento de uma série de direitos. Por exemplo, consta que "toda pessoa privada da sua liberdade deverá ser tratada com humanidade e com respeito à dignidade inerente à pessoa humana".[566]

Como principais objetivos da Organização das Nações Unidas, merecem ser destacados: a manutenção da paz e da segurança internacionais (vertente repressiva) e a promoção dos direitos humanos no âmbito internacional (vertente promocional).

Os dois Pactos adotados pela Assembléia Geral das Nações Unidas em 16.12.1966 foram ratificados pelo Brasil em 24.0l.1992. Os Pactos impõem aos Estados-partes a obrigação imediata de respeitar e assegurar os direitos fundamentais. O Pacto Internacional dos Direitos Civis e Políticos e o Pacto Internacional dos Direitos Econômicos, Sociais e Culturais, assim como as demais Convenções internacionais de Direitos Humanos possuem *comitês*, que exercem um monitoramento dos Estados-partes.

Pondera oportunamente Luiz Flávio Gomes[567] o seguinte: "Um dos principais documentos da Organização das Nações Unidas, que tem na pessoa humana o seu eixo principal de preocupação, em relação ao detido denominou-se Regras Mínimas para Tratamento de Reclusos, as quais foram adotadas no seu 1.º Congresso (Genebra, 1955)".

Coube, em seguida, em 1986, ao Instituto Regional das Nações Unidas da Ásia e do Extremo Oriente para a Prevenção do Delito e Tratamento do Delinqüente formular os primeiros estudos relacionados com o assunto. Foram então redigidas as Regras Mínimas para a Elaboração de Medidas não Privativas de Liberdade, e o 8.º Congresso da ONU recomendou a sua adoção, que ocorreu em 14 de dezembro de 1990, pela Resolução 45/110, da Assembléia Geral. Aprovou-se, na mesma ocasião, a recomendação de denominá-las *Regras de Tóquio*, de cuja tradução, para nosso idioma, encarregou-se o eminente penalista pátrio Damásio de Jesus.[568]

Não se pretende que as Regras de Tóquio sejam consideradas um modelo pormenorizado de um sistema de medidas não privativas de liberdade. Por outro lado, elas são baseadas no consenso geral do pensamento

---

566 GOMES, Flávio Luiz. *Penas e medidas alternativas à prisão*. 2.ª ed. revista, atualizada e ampliada, São Paulo: RT, 2000, p. 22.

567 Ibid, Ibidem.

568 GOMES, Flávio Luiz, *op. cit.*, p. 23.

e da experiência contemporâneos. Procuram estabelecer o que é aceito em geral como bons princípios e boa prática corrente na imposição e execução de medidas não privativas de liberdade. Elas devem ser consideradas dentro do contexto dos instrumentos internacionalmente reconhecidos sobre direitos humanos, como a Declaração Universal dos Direitos do Homem e o Pacto Internacional de Direitos Civis e Políticos. Este é ponto salientado na Regra 4.1.[569]

As Regras de Tóquio apresentam os seguintes objetivos fundamentais: promover o emprego de medidas não privativas de liberdade, assegurar as garantias mínimas para as pessoas submetidas a medidas substitutivas da prisão, promover uma maior participação da comunidade na administração da Justiça Penal e muito especialmente no tratamento do delinqüente, estimular entre os delinqüentes o senso de responsabilidade em relação à sociedade. A interpretação e aplicação das Regras de Tóquio não podem afastar a incidência de nenhum outro direito assegurado por qualquer norma internacional ou interna. Aliás, sendo Regras Mínimas, está patente que se pretendeu disciplinar tão somente o necessário, o básico, o essencial.[570]

O que almejam alcançar com as penas e medidas alternativas à prisão é a redução da incidência da pena detentiva, estimulando entre os delinqüentes o senso de responsabilidade. A prisão deve ser vista como a última medida do Direito Penal.

Neste contexto, assim declara Luiz Flávio Gomes[571] "o que as regras de Tóquio pretendem estimular, destarte, é a criação, aplicação e execução de penas e medidas alternativas à prisão, devendo-se conceber a locução "medidas não privativas de liberdade" em seu sentido lato, abrangente".

Há uma diferença substancial entre penas e medidas alternativas. Segundo Damásio de Jesus[572], as penas alternativas são sanções de natureza criminal diversas da prisão, como a multa, a prestação de serviços à comunidade e as interdições temporárias de direitos (são penas distintas). As medidas alternativas são institutos ou instrumentos que visam impedir que ao autor de uma infração penal venha a ser aplicada (ou executada)

---

[569] JESUS, Damásio Evangelista de. *Penas alternativas:* anotações à lei n.º 9.715, de 25 de novembro de 1998. São Paulo: Saraiva, 1999, p. 215.

[570] GOMES, *op. cit.,* p. 29.

[571] JESUS, Damásio, *op. cit.,* p. 26.

[572] JESUS, Damásio apud GOMES, Flávio Luiz. *Penas e medidas alternativas à prisão.* 2.ª ed. revista, atualizada e ampliada, São Paulo: RT, 2000, p. 25.

pena privativa de liberdade. Ambas pertencem ao gênero "alternativas penais". No que se refere as medidas alternativas ressalta o professor Luiz Flávio Gomes[573] que tanto existem as consensuais (suspensão condicional do processo, composição extintiva da punibilidade) como as não consensuais (fiança, sursis, perdão judicial) Alternativas penais são todas as opções oferecidas pela lei penal a fim de que se evite a pena privativa de liberdade. Comportam duas espécies: a) Medidas alternativas que constituem toda e qualquer medida que venha a impedir a imposição da pena privativa de liberdade, tais como reparação do dano extintiva da punibilidade, exigência de representação do ofendido para determinados crimes, transação penal, suspensão condicional do processo, composição civil caracterizadora da renúncia ao direito de queixa ou representação, etc. Não se tratam de penas, mas de institutos que impedem ou paralisam a persecução penal, não se confundindo, portanto, com as penas alternativas; b) Penas alternativas que constituem toda e qualquer opção sancionatória oferecida pela legislação penal para evitar a imposição da pena privativa de liberdade. Ao contrário das medidas alternativas, constituem verdadeiras penas, as quais impedem a privação da liberdade.[574] Portanto, as medidas alternativas não são penas; são opções que impedem a imposição da pena privativa de liberdade. Já as penas alternativas são penas que evitam a imposição da pena privativa de liberdade.

6.2. Origem e Antecedentes Históricos das Penas Alternativas

Segundo Cezar Roberto Bitencourt, uma das primeiras penas alternativas surgiu na Rússia, em 1926, "a prestação de serviços à comunidade", prevista nos artigos 20 e 30 do Código Penal soviético.

Por volta de 1948, na Inglaterra surge a prisão de fim de semana. Em 1953, a Alemanha adota esta pena para os pequenos infratores. Em 1963, a Bélgica adotou o Arresto de Fim de Semana, substituindo penas inferiores a um mês. O sistema penal sueco tem como princípio fundamental evitar sanções privativas de liberdade, visto que essas sanções não

[573] *Op. cit.*, p. 100.

[574] BACELAR, Helder. Penas Alternativas: 'Contribuindo para a Ressocialização do Delinquente Penal'. Disponível em: <http://www.webartigos.com/articles/10775/1/penas-alternativas-contribuindo-para-a-ressocializacao-do-delinquente-penal/pagina1.html>. Acesso em 06 de maio de 2009.

contribuem com a adaptação do indivíduo a uma futura vida em liberdade. O código penal espanhol de 1995, que entrou em vigor em maio de 1996, adotou o arresto de fim de semana. Em 1967 o Principado de Mônaco adotou uma forma de "execução fracionada" de pena privativa de liberdade, um pouco parecida com o arresto de fim de semana, sendo que as frações consistiam em detenções semanais.[575]

Todavia, segundo ele, o mais bem sucedido dos exemplos da pena de trabalhos comunitários, emerge na Inglaterra através do seu Community Service Order, vigente de 1972, acrescido por alterações em 1982, a qual reduziu a idade para a aplicação de referida sanção atingindo os jovens de 16 anos. Vários outros países também adotaram esta modalidade de pena, como mostraremos posteriormente.

Na verdade, extremamente importante nesta temática foi a Declaração Universal dos Direitos Humanos, proclamada pela Assembléia Geral das Nações Unidas, em 10 de Dezembro de 1948, cuja principal meta era reconhecer a dignidade inerente a todos os membros da família humana, que é o fundamento da liberdade, da justiça e da paz no mundo. O Pacto Internacional dos Direitos Políticos e Civis e a Declaração Universal dos Direitos do Homem vieram consubstanciar as experiências das Nações Unidas no terreno da implantação, execução e fiscalização das medidas alternativas à pena privativa de liberdade.

Em 1956, a ONU estabeleceu as Regras Mínimas para Tratamento de Reclusos, no seu 1.º Congresso, com o pensamento voltado para a ressocialização do condenado dentro da prisão. Ao verificarem a dificuldade ou até a impossibilidade de ressocialização, a não diminuição da violência, da reincidência e da criminalidade passaram a defender outro tipo de posição, passaram a recorrer a outros tipos de alternativas penais, evitando assim, o encarceramento. Partindo dessa idéia o 6.º Congresso recomendou a utilização de soluções alternativas à prisão. E no 8.º Congresso foram estabelecidas as Regras Mínimas sobre Penas Alternativas (Regras de Tóquio).

O IX Congresso da ONU sobre Prevenção do Crime e Tratamento do Delinqüente, realizado no Cairo em 1995 recomendou a utilização da pena detentiva em último caso; somente nas hipóteses de crimes graves e de delinqüentes de alta periculosidade. Para os delinqüentes de menor intensidade delinquencial e delitos de menor gravidade, recomendou a utilização de penas e medidas alternativas.

---

[575] Bitencourt, Cezar Roberto. *Tratado de direito penal*, *op. cit.*, p. 445.

Para muitos juristas, dentre eles Damásio de Jesus, Luiz Flávio Gomes, Edmundo Oliveira e Grecianny Cordeiro, a origem das penas e medidas alternativas, no plano internacional, está na constante preocupação da ONU com a redução do uso da pena de prisão e com o tratamento e recuperação do delinqüente. No 8.º Congresso da ONU recomendou-se a adoção de Regras Mínimas sobre Penas Alternativas, denominadas, como já afirmamos, Regras de Tóquio, adotadas em 14/12/1990. De modo geral, elas enfatizaram sobre a necessidade da redução do número de reclusos no mundo, bem como a oportunização de soluções alternativas à prisão. Em relação ao Brasil, entendemos ser essencial nos reportarmos a alguns fatos históricos, fundamentais para o estudo das penas alternativas, bem como a algumas leis relacionadas à matéria.

Salienta Luiz Flávio Gomes que muito contribuiu para a edição da lei n.º 9.714/98, a importante e histórica participação do Brasil no 9.º Congresso da ONU, realizado em Viena, em abril /maio de 1995, ocasião em que a respectiva delegação, em manifestação oficial, comprometeu-se estudar a possibilidade de se ampliar em nosso ordenamento jurídico as possibilidades alternativas à prisão. No mesmo ano de 1995, aprovou-se a revolucionária Lei n.º 9.099, que introduziu no sistema jurídico brasileiro uma avançadíssima proposta despenalizadora, concretizada nos institutos da composição civil extintiva da punibilidade, transação penal, suspensão condicional do processo e exigência de representação nas lesões corporais culposas e dolosas.[576] Preceitua o art. 5.º do Código Penal Brasileiro: "Aplica-se a lei brasileira, sem prejuízo de convenções, tratados e regras de direito internacional, ao crime cometido no território nacional."

Norma cogente ou não, devem os países signatários envidar esforços para introduzi-las no ordenamento jurídico interno. O Brasil, de certa forma, realizou este intuito, com a edição das Leis 9.099/95 e 9.714/98. A Lei 9.099/95 instituiu os Juizados Especiais Cíveis e Criminais, contendo em seu bojo seis medidas alternativas. Ela apresentou importantes mudanças no ordenamento jurídico penal, sendo a mais importante a introdução das medidas alternativas, a possibilidade da transação penal e a suspensão condicional do processo. A Lei 9.099/95 considerou as infrações penais de baixo potencial ofensivo as contravenções penais e os crimes a que a lei comine pena máxima não superior a um ano. Posteri-

---

[576] GOMES, *op. cit.*, p. 93.

ormente, a lei n.º 11. 313, de 28 de junho de 2006 aumentou este prazo para dois anos, excetuados os casos em que a lei preveja procedimento especial. A Lei 9.714/98, por sua vez, veio a ampliar para dez o número de penas alternativas à prisão.

Portanto, no Brasil, a reforma penal introduzida pela Lei n. 7.209, de 11 de Julho de 1984, viabilizou a substituição de penas detentivas por restritivas de direito, introduzindo novos e modernos conceitos, e a consolidação do novo sistema de cumprimento de penas, com progressão de regime, do mais severo para o mais brando, como, por exemplo, do fechado para o semi-aberto; do semi-aberto para o aberto; e a regressão, do mais brando para o mais severo. Além disso, possibilitou a utilização de novas modalidades de penas, chamadas alternativas, de prestação de serviços à comunidade e restrição de direitos.

Importante ressaltarmos que em 1996 surgiu o projeto de lei n.º 2.686, para alterar o Código Penal, mais especificamente o art. 43 e seguintes. A exposição de motivos do Ministro da Justiça Nelson Jobim a esse Projeto de Lei relatava a necessidade de repensar as formas de punição do cidadão infrator, já que, a prisão, há muito tempo, não é capaz de cumprir o principal objetivo da pena que é reintegrar o condenado ao convívio social, de modo que não volte a delinqüir. O projeto, após receber algumas emendas, foi aprovado em 27/10/1998 e sancionado em 15/11/1998. A lei n.º 9.714/ 98 foi publicada em 26/11/1998 e entrou em vigor na mesma data. Posteriormente, uma nova alteração surgiu com o advento da lei n.º 10.259, de 12 de junho de 2001, que dispõe sobre a instituição dos Juizados Cíveis e Criminais, no âmbito da Justiça Federal. Esta lei modificou o conceito de infração de menor potencial ofensivo, ao ampliar o limite de todas as penas cominadas a infrações de menor potencial ofensivo de um ano para dois anos, tendo ensejado em 2006, com a lei 11.313, a alteração da lei 9.099/95. O art. 2.º da lei 10.259/2001, assim estabelecia: "Compete ao Juizado Especial Federal Criminal processar e julgar os feitos de competência da Justiça Federal relativos às infrações de menor potencial ofensivo. Parágrafo Único: Consideram-se infrações de menor potencial ofensivo, para os efeitos desta Lei, os crimes a que a lei comine pena máxima não superior a dois anos".[577]

---

[577] *Juizado especial criminal estadual*/ Carlos Roberto Barreto [Coord.]; colab. Arnaldo Hossepian Júnior... [et al.]. São Paulo: Editora Juarez de Oliveira, 2002, p. 191.

Com o advento da Lei n.º 11.313, de 28 de Junho de 2006, que alterou os artigos 60 e 61 da Lei n.º 9.099, de 26 de setembro de 1995, e o art. 2.º da Lei n.º 10.259, de 12 de julho de 2001, pertinentes à competência dos Juizados Especiais Criminais, no âmbito da Justiça Estadual e da Justiça Federal, o art. 2.º da Lei n.º 10.259, de 12 de julho de 2001, passou a vigorar com a seguinte redação: *"Art. 2.º Compete ao Juizado Especial Federal Criminal processar e julgar os feitos de competência da Justiça Federal relativos às infrações de menor potencial ofensivo, respeitadas as regras de conexão e continência. Parágrafo único. Na reunião de processos, perante o juízo comum ou o tribunal do júri, decorrente da aplicação das regras de conexão e continência, observar-se-ão os institutos da transação penal e da composição dos danos civis."*

Por sua vez, os artigos 60 e 61 da Lei n.º 9.099, de 26/09/1995, passaram a vigorar com as seguintes alterações: "*Art. 60. O Juizado Especial Criminal, provido por juízes togados ou togados e leigos, tem competência para a conciliação, o julgamento e a execução das infrações penais de menor potencial ofensivo, respeitadas as regras de conexão e continência. Parágrafo único. Na reunião de processos, perante o juízo comum ou o tribunal do júri, decorrentes da aplicação das regras de conexão e continência, observar-se-ão os institutos da transação penal e da composição dos danos civis. Art. 61. Consideram-se infrações penais de menor potencial ofensivo, para os efeitos desta Lei, as contravenções penais e os crimes a que a lei comine pena máxima não superior a 2 (dois) anos, cumulada ou não com multa.*"[578] O Rio Grande do Sul foi o primeiro estado brasileiro que reconheceu que o novo conceito de infração de menor potencial ofensivo dado pela lei n.º 10.259/01 vale também para o âmbito dos juizados estaduais.

6.3. Análise em Algumas Legislações: Espécies e Situação atual

A Carta dos Direitos Fundamentais da União Européia, aprovada em Dezembro de 2000 pela Comissão Européia, pelo Conselho e pelo Parlamento integra hoje a parte II da Constituição para a Europa, consagra

[578] *Lei n.º 11.313, de 28 de junho de 2006*. Disponível em: <http://www.planalto.gov.br/ccivil_03/_Ato2004-2006/2006/Lei/L11313.htm#art2>. Acesso em 23/09/2008.

a proibição da tortura e dos tratos ou penas desumanas ou degradantes, o direito à não descriminação, o direito a um tribunal imparcial, a presunção de inocência e direitos de defesa e os princípios de legalidade e proporcionalidade dos direitos e das penas.[579]

As penas alternativas têm sido ultimamente muito discutidas pelas Nações como uma forma de controle e de diminuição da criminalidade. Os meios de comunicação diariamente informam que os índices de violência têm se agravado de forma intensa demonstrando, assim, que a prisão, como resposta penal ao crime, não tem comprovado ser efetiva e concreta na ressocialização do condenado. Os presos primários, de bons antecedentes, cujas penas pelos crimes que cometeram não ultrapassem a quatro anos, portadores de perfis, condutas e personalidades boas geralmente são diferentes dos outros, tendo, mais possibilidades de retorno ao convívio social, de reinserirem-se na sociedade. Caso eles cumpram penas em iguais celas com os criminosos de alta periculosidade, reincidentes, de péssimas condutas, terminam mudando de perfis, adquirindo novos hábitos e práticas criminosas diferentes, sem dúvida, piores do que entraram. Sabemos que o homem tende a modificar-se de acordo com o meio em que vive e com as influências que recebe da sociedade, das pessoas. Mesmo que não seja tão violento e perigoso, o contato íntimo e diário com os outros interfere bastante na sua conduta, nos seus costumes, no seu modo de agir, podendo passar de passivo, calmo a violento, criminoso perigoso.

Em conformidade com os dados fornecidos pelo Departamento Penitenciário Nacional (Depen), que no Brasil é o órgão de controle destinado a acompanhar e zelar pela fiel aplicação da Lei de Execução Penal e das diretrizes da política criminal emanadas do Conselho Nacional de Política Criminal e Penitenciária, em **dezembro de 2007**, o Brasil contava com 1.094 estabelecimentos penais; assim discriminados: 334 penitenciárias, 181 presídios, 452 cadeias públicas, 48 casas de albergados, 36 colônias agrícolas industriais ou similares, 31 hospitais de custódia e tratamento, 10 centros de observação, 3 patronatos e 2 penitenciárias federais. O quadro sintético naquele período era o seguinte: população do sistema penitenciário: 366.576; vagas do sistema penitenciário: 249.515; Secretaria de Segurança Pública: 56.014; total de presos do sistema pe-

---

579 Sousa, Alfredo José de. *A criminalidade transnacional na União Européia. Um Ministério Público Europeu?* Coimbra: Almedina, 2005.

nitenciário estadual e policial: 422.373; população prisional do estado e sistema federal: 422.590.[580] **Em junho de 2007**, o quadro geral era o seguinte: total geral de presos no sistema e na polícia: 419.551; total populacional no sistema penitenciário: 360.830; déficit da população no sistema penitenciário: 105.075.[581] **Até maio/2008**, o Brasil contava com 423 mil detentos nos seus presídios, quase 50 mil a mais que os 373 mil existentes em janeiro de 2007, segundo dados do Ministério da Justiça.[582] No tocante a esta problemática, o ministro da justiça Tarso Genro, em **janeiro de 2008** declarou que há estados brasileiros em que 85% dos presos voltam a delinqüir. Para ele, o quadro torna-se ainda mais caótico quando a ele são acrescidos o déficit de vagas, estimado em mais de 200 mil, e o número de mandados de prisão expedidos, que chega a 500 mil. Isso significa que se a polícia prendesse todos os foragidos o sistema explodiria.[583] **Até junho de 2009, o total de presos no sistema e na polícia era de 469.807**. **Em dezembro de 2009 o total geral de presos no sistema e na polícia era de 473.626**; sendo 417.112 o total populacional no sistema penitenciário e 139.266 o déficit da população no sistema penitenciário.[584]

Segundo o Departamento Penitenciário Nacional, a Evolução histórica das penas e medidas alternativas no Brasil, do ano de 1987 até o ano de 2009 ocorreu da seguinte forma:[585]

---

[580] *Departamento Penitenciário Nacional.* <http://www.mj.gov.br/depen/data/Pages/MJD574E9CEITEMIDC37B2AE94C6840068B1624D28407509CPTBRIE.htm>. Acesso em 10/08/08.

[581] *Departamento Penitenciário Nacional.* <http://www.mj.gov.br/depen/data/Pages/MJD574E9CEITEMIDC37B2AE94C6840068B1624D28407509CPTBRIE.htm>. Acesso em 10/12/2007.

[582] *Sistema prisional vive colapso.* Disponível em: <http://www.gabeira.com.br/noticias/noticia.asp?id=6898>. Acesso em 17/06/08.

[583] *Cento e sessenta e oito mil sem julgamento no Brasil.* Disponível em: <http://www.mj.gov/depen/data/Pages/MJD574E9CEITEMIDC37B2AE94C6840068B>. Acesso em 04/03/2008.

[584] *Depen. InfoPen-Estatistica.* Disponível em: <http://portal.mj.gov.br/data/Pages/MJD574E9CEITEMIDC37B2AE94C6840068B1624D28407509CPTBRIE.htm>. Acesso em 01/06/2010.

[585] *Penas Alternativas. Evolução Histórica.* Disponível em: <http://portal.mj.gov.br/data/Pages/MJ47E6462CITEMID38622B1FFD6142648AD402215F6598F2PTBRNN.htm>. Acesso em: 31/05/2010.

Ano	Legislação Vigente	Tempo de cumprimento da PMA	Serviço Público de Monitoramento de PMA	Número de Cumpridores de Penas Restritivas de Direitos		Número de PMA acumulado	Número de Presos
				Medidas	Penas		
1987	7.210/84	0 - 1	01 Núcleo no RS	Sem informação	197	Sem informação	Sem informação
1995	7.210/84 9.099/95	0 - 1	04 Núcleos	78.672	1.692	80.364	148.760
2002	7.210/84 9.099/95 9.714/98 10.259/01	0 - 4	04 Varas Especializadas 26 Centrais/ Núcleos	80.843	21.560	102.403	248.685
2006	7.210/84, 9.099/95 9.714/98 10.259/01 10.671/03 10.826/03 11.340/06 11.343/06	0 - 4	10 Varas Especializadas 213 Centrais/ Núcleos	237.945	63.457	301.402	401.236
2007	7.210/84, 9.099/95 9.714/98 10.259/01 10.671/03 10.826/03 11.340/06 11.343/06	0 - 4	18 Varas Especializadas 249 Centrais/ Núcleos	333.685	88.837	422.522	423.373
2008	7.210/84, 9.099/95 9.714/98 10.259/01 10.671/03 10.826/03 11.340/06 11.343/06	4	19 Varas Especializadas 306 Centrais/ Núcleos	457.811	101.019	558.830	446.764
2009			20 Varas e 389 Núcleos	544.795	126.273	671.078	473.626

Segundo o quadro acima, a situação do Brasil atualmente é a seguinte: N.º de Comarcas existentes: 2.510 (fonte: PNUD/ MJ, 2006)

N.º de Comarcas com Serviços Públicos de Penas e Medidas Alternativas: 325 (13% – fonte:CGPMA/DPP/DEPEN). Percentual de Reincidência dos ex-cumpridores de Penas Privativas de Liberdade (Presos): 70 a 85% e Percentual de Reincidência dos ex-cumpridores de PMA: 2 a 12% (fonte: ILANUD) (fonte: Nunes, Adeildo, 1996).

No Brasil, de acordo com a Coordenação Geral do Programa de Fomento às Penas e Medidas Alternativas, as penas e medidas alternativas, do Departamento Penitenciário Nacional, em praticamente todos os estados, os serviços públicos de execução de penas e medidas alternativas encontram-se em perfeito funcionamento. Alguns deles, como: Amazonas,

Pará, Alagoas, Bahia, Ceará, Pernambuco, Sergipe, Paraná, Rio Grande do Sul, Espírito Santo e São Paulo (com oito) e Goiás possuem Varas de Execuções de Penas e Medidas Alternativas.

Em relatório publicado em 11/12//07, a Coordenação-Geral do Programa destacou que: do total de 2.510 comarcas existentes no Brasil, 267 comarcas desenvolvem serviços especializados na área de penas e medidas alternativas, ou seja, 10%. Mencionou ainda que os modelos do Poder Judiciário (VEPA/CENTRAL) são centralizados; os modelos das demais instituições têm gestão descentralizada; e que em todos os estados está assegurado o procedimento de encaminhamento do cumpridor de penas e medidas alternativas. No estado do Piauí - Brasil, dos 223 municípios, apenas a capital, Teresina, é beneficiada pelo serviço. Em julho de 2007 apresentava um percentual de apenas 0,46%.[586] O percentual aumentou. Segundo relatório emitido pela Coordenadora da Central Penas Alternativas, em fevereiro de 2009 a referida Central celebrou convênios com quarenta e oito instituições, perfazendo um total de um mil duzentos e trinta e oito unidades receptoras em Teresina-PI; em Parnaíba-PI o Núcleo já formalizou duzentos e oitenta unidades receptoras de apenados/ reeducandos em cumprimentos de penas e medidas alternativas. Dos quatrocentos e quarenta e um casos atendidos no período de 12 de maio de 2008 a 11 de fevereiro de 2009, trezentos e quarenta e um encontram-se em andamento e noventa foram concluídos, uma vez que as penas e/ ou medidas alternativas aplicadas foram cumpridas integralmente pelos beneficiários.

O art. 1.º da Lei de Execução Penal do Brasil – Lei 7.210, de 11/07/ /1984 declara que "a execução penal tem por objetivo efetivar as disposições de sentença ou decisão criminal e proporcionar condições para a harmônica integração social do condenado e do internado".[587]

Ressalta Mirabete que estas orientações têm sido seguidas, em sua maior parte, pelas modernas legislações da Execução Penal, como se pode observar nos seguintes dispositivos: art. 27 da Constituição Italiana de 1947; art. 26 da Lei de Execução Penal da Holanda, de 21-12-1951; art. 13 do Regulamento Geral Belga, de 1965; art. 2.º da Lei das Normas Mínimas Mexicana, de 8-2-1971; art. 4.º da Lei Penitenciária Sueca, de 1974; artigos D 70.2, D. 97, D. 188 e D 189 do Código de Processo Penal

[586] *Departamento Penitenciário Nacional. Coordenação Geral do Programa de Fomento às Penas e Medidas Alternativas.* Disponível em: <http://www.mj.gov.br/depen/ reintegração/penas /relatório>. Acesso em 08/04/07;

[587] MIRABETE, Julio Fabbrini. *Execução penal. Op. cit.*, p. 17.

Francês; art. 2.º da Lei de Execução Penal Portuguesa; e art. 1.º da Lei Geral Penitenciária, de 26-9.1979, da Espanha.[588]

Em 03 de novembro de 2006, o então diretor-geral do Departamento Penitenciário Nacional (Depen), Maurício Kuehne publicou um artigo intitulado "Brasil discute ampliação das penas alternativas", o qual assegura que, relativamente às penas alternativas, as estatísticas são animadoras; vez que, enquanto a taxa de reincidência do sistema penitenciário varia de 70% a 85%, esse mesmo índice, com relação ao instituto penal alternativo, cai para uma variação de 2% a 12%. Para a Coordenação Geral do Programa de Fomento às Penas e Medidas Alternativas do Depen, a adoção das penas alternativas vem acompanhada de um programa de inclusão social, por meio de políticas de escolarização, profissionalização e geração de emprego e renda. A união desses fatores contribui para a reintegração do preso à sociedade. Revela Maurício Kuehne que, até este período, no Brasil, cerca de cento e oitenta mil pessoas estavam cumprindo penas alternativas contra duas mil, em 1998, quando foi aprovada a Lei de Penas Alternativas.[589] Em virtude da péssima situação do sistema carcerário no Brasil, o diretor do Depen, declarou em maio/08 que: "além do incentivo às penas alternativas, o governo espera contar com mais três medidas para amenizar a superlotação dos presídios. São elas: o monitoramento eletrônico dos presos, a videoconferência para interrogatórios e audiências e a remissão de pena pelo estudo. As propostas aguardam votação no Congresso Nacional".[590]

Na opinião do ministro da justiça Tarso Genro o sistema prisional está falido e se transformou num mero depósito de detentos. A situação dos encarcerados no Brasil traz revelações que explicam o caos das prisões: 40% dos 420 mil detentos, ou seja, 168 mil prisioneiros, ainda não foram condenados, são os chamados presos provisórios, e, teoricamente, poderiam aguardar a sentença em liberdade. Numa outra linha, a estatística mostra que um terço da massa carcerária (140 mil detentos) poderia receber pena alternativa e assim desafogar o sistema, e, ainda promover uma significativa economia à população. Como cada detento custa aos cofres públicos R$ 1.200, 00 por mês, uma redução de 140 mil presos no sistema, implicaria numa diminuição de gastos estimada em mais de

---

[588] *Op. cit.*, p. 26.

[589] *Departamento Penitenciário Nacional. Brasil discute ampliação de panas alternativas.* Disponível em: <http://www.mj.gov.r/depen>. Acesso em 08/04/07.

[590] *Sistema prisional vive colapso.* Disponível em: <http://www.gabeira.com.br/noticias/noticia.asp?id=6898>. Acesso em 17/06/08.

R$ 2 bilhões por ano ou o equivalente a quase quatro vezes o valor de R$ 550 milhões destinados pelo governo federal em 2008 para todo o sistema prisional do país.[591] Estes dados são de janeiro de 2008.

Em 16/07/2008, assumiu a direção geral do Departamento Penitenciário Nacional (Depen), o Promotor de Justiça Airton Michelis, que tem como um dos seus principais desafios mudar o quadro caótico do sistema carcerário brasileiro, especialmente a superlotação. Segundo ele, não há como exercer os dispositivos previstos na Lei de Execução Penal com os presídios superlotados, cujo déficit é de cento e oitenta e cinco mil vagas.[592]

Assim sendo, é preciso discutir a necessidade do Estado resguardar os aspectos da liberdade e personalidade do condenado para que este possua condições para assimilar o processo de ressocialização. É necessário que seja implementada uma política arrojada de penas alternativas e adotada a restrição da liberdade em casos excepcionais. Com isso, reduziria o problema do déficit de vagas nos presídios e nas cadeias e melhoraria o sistema.

As penas alternativas vêm sendo defendidas constantemente e aplicadas em vários países, obedecendo as suas variações e peculiaridades, como forma de amenizar vários problemas e contribuir no processo de educação, reinserção, ressocialização e recuperação do condenado. "A efetiva aplicação das penas alternativas em outros países vem aumentado. Mais que isso, vem diversificando, em função das constatadas conseqüências negativas do encarceramento".[593]

A medida alternativa de prestação alternativa em benefício da comunidade, na Europa, como frisa[594] Orandyr Teixeira Luz, foi idealizada e implantada na Inglaterra e no País de Gales em 1975, sendo empregada nesse sentido, em Portugal, França, Itália, Suíça, Áustria, Alemanha, Luxemburgo, Bélgica, Holanda, Escócia, Irlanda, Irlanda do Norte, Dinamarca, Noruega, Suécia e Finlândia. Segundo ele, em contraste com esses países, cujos modelos de serviço comunitário se originam do sistema

---

591 *Cento e sessenta e oito mil sem julgamento no Brasil.* Disponível em: <http://www.mj.gov/depen/data/Pages/MJD574E9CEITEMIDC37B2AE94C6840068B1624D2840509CPTBRIE.htm>. Acesso em 04/03/2008.

592 *Airton Michels assume Departamento Penitenciário Nacional.* Disponível em <http://www.mj.gov.br/depen/data/Pages/MJFB3ADAA8ITEMID4B438BEBF37E419E885E78CA732E1821PTBRIE>. Acesso em 01/08/08.

593 LUZ, Orandyr Teixeira. *Aplicação das Penas Alternativas.* 2.ª ed. Goiânia: AB, 2003, p. 71.

594 *Op. cit.*, p. 71.

inglês, no qual a sanção é cumprida no horário normal de trabalho; na Romênia, Hungria, Polônia, República Checa e Rússia a sanção é realizada durante as horas livres. Na Europa também tem sido freqüente a tendência ao uso como sanção principal penas tidas como acessórias, como: inabilitação para o exercício de cargo, profissão ou ofício; privação de direitos; confisco de objetos; suspensão ou cancelamento da licença para conduzir veículos automotores, incluindo o próprio carro, entre outras. Segundo Orandyr Luz, estas vêm sendo utilizadas na Finlândia, Suécia, Dinamarca, Romênia, Hungria, Polônia, Holanda, Escócia e França.

Com efeito, além de ajudarem na ressocialização do ser humano, resgatando a sua cidadania, contribuindo na elevação de sua auto-estima, ao sentir-se útil à sociedade, pode contribuir para a redução do índice populacional dos presídios.

A reforma do Código Penal Português de 15 de março de 1995 permaneceu com a mesma estrutura da parte geral do Código de 1982. No preâmbulo já assegura que a pena de prisão só deve lograr aplicação quando todas as restantes medidas se revelem inadequadas, face às necessidades de reprovação e prevenção. A pena de prisão, como assegura o art. 41.º do Código Penal Português, com a redação da Lei n.º 59/2007, de 04 de setembro tem em regra, a duração mínima de um mês e máxima de vinte anos, podendo chegar até vinte e cinco anos nos casos previstos na lei; declara ainda que a contagem dos prazos da pena de prisão é feita segundo os critérios estabelecidos na lei processual penal e, na sua falta, na lei civil. Portugal adota a substituição da pena curta de prisão e a prisão por dias livres, desde que sejam cumpridos os requisitos mencionados nos artigos 43 e 45. O regime de semidetenção preceitua o art. 46 pode ser imposto quando a pena de prisão não for superior a um ano, não deva ser substituída por pena de outra espécie, nem cumprida em dias livres e condenado nisso consentir.[595]

Em **Portugal**, a pena de prestação de trabalho a favor da comunidade foi estipulada desde o Código Penal de 1982. Todavia, houve mudança no dispositivo que trata da matéria, com a Lei n.º 59/2007, de 04 de setembro, que estabeleceu um prazo mais amplo para sua aplicação.[596]

---

[595] *Código Penal Português.* Redação resultante das alterações introduzidas pela Lei 59/2007, de 04/09. Disponível em http://www.verbojuridico.net/ Acesso em 02/12/2007.

[596] *Código Penal Português. Art. 58.º:* 1 – Se ao agente dever ser aplicada pena de prisão não superior a dois anos, o tribunal substitui-a por prestação de trabalho a favor da comunidade sempre que concluir que por este meio se realizam de forma adequada e suficiente as finalidades da punição. 2 – A prestação de trabalho a favor da comunidade

Segundo estudo feito pela Comissão de Estudo e Debate da Reforma do Sistema Prisional, e exposto através de Relatório Final, em 12/02/2004, a Reforma Penitenciaria de 1979, de Portugal, de autoria do Professor Eduardo Correia representa uma lei basilar quanto à execução das penas e medidas de segurança, pioneira na construção do novo direito prisional europeu, em conjunto com as leis italiana (1975), alemã (1976) e espanhola (1979). O diploma determina, no art. 2.º, conjugado com os artigos 217.º e 218.º, que a finalidade da execução da pena de prisão é a prevenção especial positiva ou de socialização, que se traduz no dever do Estado de "oferecer ao recluso as condições objectivas necessárias, não à sua emenda ou reforma moral, sequer à aceitação ou reconhecimento por aquele dos critérios de valor da ordem jurídica, mas "à prevenção da reincidência", por esforço dos padrões de comportamento e de interacção na vida comunitária.[597]

A Comissão de Estudo e Debate da Reforma do Sistema Prisional, em relação à Espanha, citou o seguinte: a "Ley Orgánica 1/1979", contemporânea da Reforma de 1979 operada em Portugal, abre com a proclamação de que os estabelecimentos penitenciários têm como fim primordial a reeducação e a reinserção social dos reclusos, a detenção e custódia dos mesmos, tendo ainda um papel de assistência aos ex-reclusos libertados. A reeducação e reinserção social dos reclusos são procuradas através do tratamento penitenciário, ao qual se dedica o Título III do diploma.[598]

O Código Penal Espanhol, Ley Orgânica de 24/11/1995, na sua exposição de motivos afirma que a reforma proposta no atual sistema de

---

consiste na prestação de serviços gratuitos ao Estado, a outras pessoas colectivas de direito público ou a entidades privadas cujos fins o tribunal considere de interesse para a comunidade; 3 – Para efeitos do disposto no n.º 1, cada dia de prisão fixado na sentença é substituído por uma hora de trabalho, no máximo de 480 horas; 4 – O trabalho a favor da comunidade pode ser prestado aos sábados, domingos e feriados, bem como nos dias úteis, mas neste caso os períodos de trabalho não podem prejudicar a jornada normal de trabalho, nem exceder, por dia, o permitido segundo o regime de horas extraordinárias aplicável. 5 – A pena de prestação de trabalho a favor da comunidade só pode ser aplicada com aceitação do condenado. 6 – O tribunal pode ainda aplicar ao condenado as regras de conduta previstas nos números 1 a 3 do artigo 52.º, sempre que o considerar adequado a promover a respectiva reintegração na sociedade.

[597] *Relatório Final da Comissão de Estudo e Debate da Reforma do Sistema Prisional*; de 12/02/2004. Disponível em <http://www.dgpj.mj.pt/sections/politica-legislativa/projectos-concluidos/comissao-de-estudo-/downloadFile/attachedFile_f0/RelatorioCEDERSP.pdf?nocache=1170954736.1>. Acesso em 03/03/2008.

[598] Ibid, Ibidem.

penas permite alcançar, na medida do possível, os objetivos de ressocialização que a Constituição assegura. Propõe simplificar o regulamento das penas privativas de liberdade, ampliando as possibilidades de substituí-las por outras que afetam bens jurídicos menos básicos, introduzindo mudanças nas penas pecuniárias, e adicionando trabalhos em benefício da comunidade. Este Código, atualizado em dezembro de 2007, modificado por várias leis orgânicas, no seu art. 32 dispõe que as penas que podem prevalecer têm caráter principal e acessórias e são privação de liberdade, privação de outros direitos e multa. O artigo seguinte (art. 33) declara que em função de sua natureza e duração, as penas se classificam em graves, menos graves e leves, mencionando em seguida, as modalidades de cada tipo e a duração da prisão. No tocante as penas privativas de liberdade, as penas privativas de direitos, e a pena de multa, assim dispõe o Código Penal da Espanha.[599]

---

[599] *Artículo 35*: Son penas privativas de libertad la prisión, la localización permanente y la responsabilidad personal subsidiaria por impago de multa.

Artículo 36:1 – La pena de prisión tendrá una duración mínima de tres meses y máxima de 20 años, salvo lo que excepcionalmente dispongan otros preceptos del presente Código. Su cumplimiento, así como los beneficios penitenciarios que supongan acortamiento de la condena, se ajustarán a lo dispuesto en las leyes y en este Código. 2 – Cuando la duración de la pena de prisión impuesta sea superior a cinco años, la clasificación del condenado en el tercer grado de tratamiento penitenciario no podrá efectuarse hasta el cumplimiento de la mitad de la pena impuesta. El juez de vigilancia, previo pronóstico individualizado y favorable de reinserción social y valorando, en su caso, las circunstancias personales del reo y la evolución del tratamiento reeducador, cuando no se trate de delitos de terrorismo de la sección segunda del capítulo V del título XXII del libro II de este Código o cometidos en el seno de organizaciones criminales, podrá acordar razonadamente, oídos el Ministerio Fiscal, Instituciones Penitenciarias y las demás partes, la aplicación del régimen general de cumplimiento.

Artículo 37:1 – La localización permanente tendrá una duración de hasta 12 días. Su cumplimiento obliga al penado a permanecer en su domicilio o en lugar determinado fijado por el juez en sentencia. 2 – Si el reo lo solicitare y las circunstancias lo aconsejaren, oído el ministerio fiscal, el juez o tribunal sentenciador podrá acordar que la condena se cumpla durante los sábados y domingos o de forma no continuada. 3 – Si el condenado incumpliera la pena, el juez o tribunal sentenciador deducirá testimonio para proceder de conformidad con lo que dispone el artículo 468.

Artículo 38:1 – Cuando el reo estuviere preso, la duración de las penas empezará a computarse desde el día en que la sentencia condenatoria haya quedado firme. 2 – Cuando el reo no estuviere preso, la duración de las penas empezará a contarse desde que ingrese en el establecimiento adecuado para su cumplimiento.

Artículo 39: Son penas privativas de derechos: La inhabilitación absoluta. Las de inhabilitación especial para empleo o cargo público, profesión, oficio, industria o comercio, u otras actividades determinadas en este Código, o de los derechos de patria potestad,

Consoante o art. 88, a pena privativa de liberdade não superior a um ano pode ser substituída por multa e, no caso de não pagamento, deve se cumprida a pena de prisão anteriormente estabelecida.[600]

---

tutela, guarda o curatela, derecho de sufragio pasivo o de cualquier otro derecho. La suspensión de empleo o cargo público. La privación del derecho a conducir vehículos a motor y ciclomotores. La privación del derecho a la tenencia y porte de armas. La privación del derecho a residir en determinados lugares o acudir a ellos. La prohibición de aproximarse a la víctima o a aquellos de sus familiares u otras personas que determine el juez o tribunal. La prohibición de comunicarse con la víctima o con aquellos de sus familiares u otras personas que determine el juez o tribunal. Los trabajos en beneficio de la comunidad.

Artículo 40: La pena de inhabilitación absoluta tendrá una duración de seis a 20 años; las de inhabilitación especial, de tres meses a 20 años, y la de suspensión de empleo o cargo público, de tres meses a seis años. La pena de privación del derecho a conducir vehículos a motor y ciclomotores, y la de privación del derecho a la tenencia y porte de armas, tendrán una duración de tres meses a 10 años. La pena de privación del derecho a residir en determinados lugares o acudir a ellos tendrá una duración de hasta 10 años. La prohibición de aproximarse a la víctima o a aquellos de us familiares u otras personas, o de comunicarse con ellas, tendrá una duración de un mes a 10 años. La pena de trabajos en beneficio de la comunidad tendrá una duración de un día a un año. La duración de cada una de estas penas será la prevista en los apartados anteriores, salvo lo que excepcionalmente dispongan otros preceptos de este Código.

Artículo 50: 1 – La pena de multa consistirá en la imposición al condenado de una sanción pecuniaria. 2 – La pena de multa se impondrá, salvo que la Ley disponga otra cosa, por el sistema de días-multa. 3 – Su extensión mínima será de 10 días y la máxima de dos años. 4 – La cuota diaria tendrá un mínimo de dos y un máximo de 400 euros. A efectos de cómputo, cuando se fije la duración por meses o por años, se entenderá que los meses son de 30 días y los años de 360. 5 – Los Jueces o Tribunales determinarán motivadamente la extensión de la pena dentro de los límites establecidos para cada delito y según las reglas del Capítulo II de este Título. Igualmente, fijarán en la sentencia, el importe de estas cuotas, teniendo en cuenta para ello exclusivamente la situación económica del reo, deducida de su patrimonio, ingresos, obligaciones y cargas familiares y demás circunstancias personales del mismo. 6 – El tribunal, por causa justificada, podrá autorizar el pago de la multa dentro de un plazo que no exceda de dos años desde la firmeza de la sentencia, bien de una vez o en los plazos que se determinen. En este caso, el impago de dos de ellos determinará el vencimiento de los restantes.

[600] *Artículo 88:*1 – Los jueces o tribunales podrán sustituir, previa audiencia de las partes, en la misma sentencia, o posteriormente en auto motivado, antes de dar inicio a su ejecución, las penas de prisión que no excedan de un año por multa o por trabajos en beneficio de la comunidad, aunque la ley no prevea estas penas para el delito de que se trate, cuando las circunstancias personales del reo, la naturaleza del hecho, su conducta y, en particular, el esfuerzo para reparar el daño causado así lo aconsejen, siempre que no se trate de reos habituales, sustituyéndose cada día de prisión por dos cuotas de multa o por una jornada de trabajo. En estos casos el juez o tribunal podrá además imponer al penado la observancia de una o varias obligaciones o deberes previstos en el artículo 83 de este Código, de no haberse establecido como penas en la sentencia, por tiempo que no podrá exceder de la duración de la pena sustituida.

Edmundo Oliveira[601] ressalta que no **Canadá**, os presos são submetidos ao Governo Federal ou ao Governo das Províncias; sendo que nos últimos, geralmente são aplicadas penas mais leves e, portanto, com maior possibilidade de conversão em penas alternativas à prisão. Segundo ele, as penas alternativas são: ordem de serviço comunitário; multa, que pode ser paga através do trabalho em favor da comunidade, no caso do não pagamento é convertida em prisão; *probation*, que se baseia na vigilância e tratamento do condenado sob supervisão e acompanhamento do *assistente da probation*; *parole,* semelhante ao livramento condicional do Brasil; programa de restituição à vítima, quando o bem subtraído é devolvido à vítima e esta se dá por satisfeita e; programas de reabilitação e reintegração, em que o condenado é submetido a terapias médicas, psicológicas e sociológicas, a fim de evitar que cometa novos delitos.

Na **França**, o Código Penal de 1993 prevê três categorias de penas: de prisão, multa e complementares.[602] Este Código sofreu várias modificações. As penas lá podem ser de reclusão, detenção e correcionais. Segundo o art. 131-3, as penas correcionais são: a prisão, a multa, os dias-multa, o trabalho de interesse geral; as penas privativas ou restritivas de direitos previstas no artigo 131-6 e as penas acessórias previstas no artigo 131-10.[603] As penas correcionais, assevera Marcelo Monteiro apud Regis Prado, que podem ser aplicadas quando o preceito secundário prevê prisão e/ou multa (art. 131-6 e 7), podem ser suspensão de habilitação para dirigir veículo durante cinco anos ou o confisco e, quando prevista pena de prisão, pode ser aplicado o trabalho de interesse geral (art. 131-8), etc.[604] As penas complementares aplicadas mencionadas no art. 131-10,16 e 17 são: interdição, perda, incapacidade ou restrição de um direito, imobilização ou confisco de objeto, fechamento, fixação ou difusão de decisão judicial, através da imprensa escrita ou qualquer meio de comunicação audiovisual.[605] A multa pode ser transformada em prisão caso a mesma não seja paga, como dispõe o art. 131-25.

---

601 Edmundo Oliveira apud Marcelo Monteiro. *Penas Restritivas de Direitos*. Campinas: Impactus, 2006, p. 70.

602 *Código Penal Francês de 1993*. <http://www.catedrahendler.org/doctrina_in.php?id=17>. Acesso em 18 de junho de 2007.

603 *Código Penal Francês*. <http://www.unifr.ch/derechopenal/legislacion/fr/CPfrancia_texto.pdf>. Acesso em 18 de junho de 2007.

604 MONTEIRO, Marcelo Valdir. *Penas Restritivas de Direitos*. Campinas: Impactus, 2006, p. 73.

605 *Código Penal Francês*. <http://www.unifr.ch/derechopenal/legislacion/fr/CPfrancia_texto.pdf>. Acesso em 18 de junho de 2007.

O Código Penal da **Bolívia**, decreto lei 10426 de 23 de agosto de 1972, elevado a categoria de lei em 10 de março de 1997, lei 1768, estabelece no art. 25 que as penas e as medidas de segurança têm como finalidades a correção e readaptação social do delinqüente, assim como o cumprimento das funções preventivas gerais e especiais. As penas principais, com base no art. 26 são: prisão, reclusão, prestação de trabalho e dias-multa. É pena acessória a incapacidade especial. A prisão é aplicada aos delitos de maior gravidade e tem duração máxima de trinta anos e a reclusão aos delitos de menor gravidade e tem duração de um mês a oito anos (art. 27). Ambas são penas privativas de liberdade. A prestação de trabalho em benefício da comunidade obriga o condenado a prestar seu trabalho em atividades de utilidade pública que não atentem contra sua dignidade e estejam de acordo com sua capacidade; ela não deve interferir na atividade laboral normal do mesmo. Em conformidade com o art. 30, quando se impõe conjuntamente a pena de dias multa e pena privativa de liberdade, não procede a conversão dos dias multa em privação de liberdade; nos demais casos, a conversão procederá quando o condenado devedor não pagar a multa.[606] O art. 34 declara que a incapacidade especial consiste em: perda do mandato, cargo, emprego ou comissão públicas; incapacidade para obter mandatos, emprego público ou comissão pública por eleição popular ou nomeação; proibição de exercer uma profissão ou atividade cujo exercício dependa de autorização ou licença do poder público.[607]

O Código Penal da República Oriental do **Uruguai**[608] (Lei n.º 9.155 de 4 de dezembro de 1933), em seu artigo 66, classifica as penas principais em: privativas de liberdade (*penitenciaría e prisão*); inabilitação absoluta para cargos, ofícios públicos e direitos políticos; inabilitação especial para algum cargo ou ofício público; inabilitação especial para determinada profissão acadêmica, comercial ou industrial; suspensão de cargo, ofício público ou profissão acadêmica comercial ou industrial e multa. As penas acessórias, com base no art. 67 são: inabilitação absoluta para cargos, ofícios públicos, direitos políticos, profissões acadêmicas, comerciais ou industriais; suspensão de cargos, ofícios públicos ou pro-

---

606 *Código Penal Boliviano.* <http://www.oas.org/juridico/mla/sp/bol/sp_bol-int-text-cp.html>. Acesso em 18 de junho de 2007.

607 *Código Penal Boliviano.* <http://www.oas.org/juridico/mla/sp/bol/sp_bol-int-text-cp.html>. Acesso em 18 de junho de 2007.

608 *Código Penal da República Oriental do Uruguai.* <http://www.unifr.ch/derechopenal/legislacion/uy/cp_uruguay.htm>

fissões, comerciais ou industriais; perda do pátrio poder e da capacidade para administrar bens. Este Código permite a substituição da pena de multa por prisão, caso o condenado não tenha como satisfazê-la, na ordem de um dia de prisão para cada dez unidades reajustáveis.

O novo Código Penal da Republica do **Paraguai**[609], Lei n.º 1160, de Código de 1997, classifica as penas em principais (privativas de liberdade e multa); complementares (patrimonial e proibição de conduzir) e adicionais (composição e publicação da sentença). A pena privativa de liberdade tem duração mínima de seis meses e máxima de vinte e cinco anos, que será medida em meses e anos completos (art. 38). O objeto e finalidades da execução da pena privativa de liberdade, de conformidade com o art. 39, é promover a readaptação do condenado e a proteção da sociedade; durante a execução desta pena será estimulada a capacidade do condenado para responsabilizar-se por si mesmo e levar uma vida em liberdade sem voltar a delinqüir e quando a personalidade do condenado permitir serão diminuídas as restrições de sua liberdade. O art. 42 afirma que quando a pena privativa de liberdade não exceder a um ano, as mulheres com os filhos menores ou incapazes e os condenados maiores de sessenta anos poderão cumprir a pena em seu domicílio, de onde não poderão sair sem a permissão da autoridade competente. O art. 44 dispõe sobre a suspensão condicional da pena entre dois e cinco anos, em caso de condenação não superior a dois anos, desde que a personalidade, a conduta e as condições de vida do autor permitam esperar que este, sem privação da liberdade e por meio de obrigações e regras de conduta, não venha a cometer outro fato ilícito. A suspensão geralmente não será concedida se o réu já foi condenado a penas que somem um ano nos cinco anos anteriores à prática do novo crime. O art. 52 prevê a pena de multa, calculada em dias-multa; sendo o mínimo de cinco e o máximo de trezentos e sessenta e cada dia-multa é fixado de acordo com as condições pessoais e econômicas do réu e corresponde entre vinte por cento da jornada diária de trabalho a qual pertence o condenado e quinhentos dias da jornada da categoria. Caso a pena de multa não seja paga, ela poderá ser substituída por trabalhos comunitários ou pela pena privativa de liberdade, na ordem de um dia-multa por um dia de pena privativa de liberdade (art. 55 e 56). São ainda previstas as penas complementares nos artigos 57, pena patrimonial, que consiste no pagamento de uma soma em dinheiro, cujo

---

[609] *Código Penal do Paraguai.* <http://www.unifr.ch/derechopenal/legislacion/pa/cppara9.htm>. Acesso em 18 de junho de 2007.

montante será fixado pelo juiz, tendo em vista o patrimônio do autor; caso ela não seja paga, será substituída por privativa de liberdade entre três meses a três anos e no 58, proibição temporária de conduzir. A legislação paraguaia prevê penas adicionais: composição e publicação da sentença. A composição para determinados crimes, quando sirvam para o restabelecimento da paz social e a publicação da sentença nos casos estipulados por lei, conforme dispõe o art. 60.

O Código Penal da **Venezuela**,[610] publicado em 20 de outubro de 2000 divide as penas em corporais e não corporais; como também em principais e acessórias. Segundo o art. 9, as penas corporais que também são denominadas de restritivas de liberdade são: presídio; (prisão; arresto; relegação a uma colônia penal e confinamento) e desterro (expulsão do espaço geográfico da República). O art. 10 estabelece as penas não corporais: sujeição a vigilância da autoridade pública; interdição civil por condenação penal; inabilitação política; inabilitação para exercer alguma profissão, indústria ou cargo; destituição do emprego; suspensão do emprego; multa; caução de não ofender ou danificar, admoestação, perda dos objetos do crime e pagamento de custas processuais. A pena de multa consiste na obrigação de pagar ao fisco do respectivo Estado a quantidade determinada em lei e fixada na sentença (art. 30). Quando imposta pena de multa e o condenado não tiver como pagá-la, a mesma será substituída por prisão na razão de um dia de prisão por trinta bolívares (art. 50).

Na **Austrália**, segundo revela Orandyr Teixeira Luz,[611] a prioridade nacional é a pena de multa, especialmente para casos de infrações leves ou que não têm grande repercussão pública. Outras penas envolvem o dispêndio financeiro para evitar a prisão: a compensação dada à vítima pela perda, dano ou prejuízo em conseqüência do crime e a reparação em benefício da vítima, em que ocorre a devolução ou restituição da coisa subtraída ao seu dono. Afirma também que o serviço comunitário não remunerado é muito difundido, e obriga o condenado a prestar trabalho, com caráter pedagógico, visando à sua ressocialização. A advertência ou admoestação pode ser utilizada quando há o reconhecimento da culpa do acusado em delitos leves. Precedida por uma avaliação do comportamento do infrator, outra possibilidade permitida por lei é a substituição

---

[610] *Código Penal da Venezuela.* <http://www.mintra.gov.ve/legal/codigos/penaldevenezuela.html>. Acesso em 18 de junho de 2007.

[611] LUZ, Orandyr Teixeira. *Aplicação de penas alternativas.* 2.ª ed. Goiânia: AB, 2003, p. 74/75.

da condenação. Citando o jurista Edmundo Oliveira declara que, nas infrações de trânsito, ou em casos em que a pena é de poucos dias ou meses, a alternativa ao emprisionamento tradicional é o programa de prisão domiciliar, em que o apenado está sujeito à rigorosa vigilância, tanto em casa como em seu local de trabalho, por oficiais que atuam junto à comunidade e também pelo sistema de monitoramento eletrônico.

6.4. As Penas Alternativas no Contexto Social e no Brasil

Penas Alternativas são sanções de natureza criminal, sanções estas, diversas da prisão, como a prestação pecuniária, prestação de serviços à comunidade e as interdições temporárias de direitos, pertencendo ao gênero das alternativas penais. As penas alternativas são indicadas para os condenados até quatro anos, não reincidentes, de boa conduta, que praticaram delitos de baixo potencial ofensivo, sem violência ou qualquer que seja a pena aplicada se o crime for culposo. Caso seja feito um levantamento pormenorizado nas penitenciárias, sem dúvida encontrariam vários presos portando estes requisitos. Os delitos mais comuns são: pequenos furtos, apropriação indébita, lesão corporal leve, ameaça, dano, acidentes de trânsito, desacato a autoridade, crimes contra a inviolabilidade de domicílio, crimes contra a honra.

São indicadas como forma efetiva de diminuir o problema da superlotação carcerária, contribui para os índices de recuperação dos condenados e de reincidência e inibem a prática do delito, continuando o condenado integrado, convivendo no seio da sociedade, da família e exercendo sua atividade profissional.

No dia 25 de novembro de 1998, foram alterados alguns dispositivos do Código Penal Brasileiro de 1940, em complementação à reforma penal procedida com a lei n.º 7.209, de 11 de julho de 1984, que tinha como meta atender às exigências do Direito Penal moderno. O Código Penal, entretanto, já contava com algumas espécies de alternativas penais, como a pena de multa, sursis e livramento condicional. Com a reforma penal de 1984, as referidas penas foram ampliadas e a Lei n.º 9.099/ 95, (Lei dos Juizados Especiais) aumentou ainda mais a sua abrangência. Foram criadas novas alternativas à prisão.

Em 13 de janeiro de 2002, com a vigência da Lei n.º 10.259, de 12.07.2001, foram instituídos os Juizados Especiais Cíveis e Criminais no âmbito da Justiça Federal. Em relação à Lei n.º 9.099/95, a nova legislação, que é muito menor (possui apenas 27 artigos), trouxe uma grande inovação com repercussão imediata nos Juizados Especiais Criminais dos Estados. Trata-se da nova definição de infração de menor potencial ofensivo. É que o único artigo da nova lei que dispõe sobre a matéria (artigo 2.º e seu parágrafo único), informa que "consideram-se infrações de menor potencial ofensivo, para efeitos desta Lei, os crimes a que a lei comine pena máxima não superior a dois anos, ou multa".

Posteriormente, a **lei n.º 11.313, de 28 de junho de 2006** alterou os artigos 60 e 61 da Lei n.º 9.099, de 26 de setembro de 1995, e o art. 2.º da Lei n.º 10.259, de 12 de julho de 2001, pertinentes à competência dos Juizados Especiais Criminais, no âmbito da Justiça Estadual e da Justiça Federal, conforme já relatamos anteriormente.[612]

Em vários aspectos o sistema penal brasileiro apresenta falhas, a prisão não demonstra eficiência na diminuição da taxa de criminalidade e nem no índice de reincidência; nossas cadeias públicas e sistemas prisionais vivem lotados, não há distinção de presos, separação por idade, infração e condição processual. Na maioria das vezes não recebem tratamento adequado e humano. Constatamos tais fatos através de visitas feitas aos estabelecimentos prisionais de Teresina juntamente com os membros da CPI (Comissão Parlamentar de Inquérito) em maio de 2008 e em outras realizadas anteriores e posteriores a esse citado mês.

Como já frisamos, as Regras de Tóquio visam oferecer ao condenado uma nova oportunidade, antes de encaminhá-lo para a prisão; estipulam em um dos seus artigos que os Estados-membros devem introduzir

---

[612] Art. 1.º Os arts. 60 e 61 da Lei n.º 9.099, de 26 de setembro de 1995, passam a vigorar com as seguintes alterações: "Art. 60. O Juizado Especial Criminal, provido por juízes togados ou togados e leigos, tem competência para a conciliação, o julgamento e a execução das infrações penais de menor potencial ofensivo, respeitadas as regras de conexão e continência. Parágrafo único. Na reunião de processos, perante o juízo comum ou o tribunal do júri, decorrentes da aplicação das regras de conexão e continência, observar-se-ão os institutos da transação penal e da composição dos danos civis." (NR)

"Art. 61. Consideram-se infrações penais de menor potencial ofensivo, para os efeitos desta Lei, as contravenções penais e os crimes a que a lei comine pena máxima não superior a 2 (dois) anos, cumulada ou não com multa." (NR)

Art. 2.º O art. 2.º da Lei n.º 10.259, de 12 de julho de 2001, passa a vigorar com a seguinte redação: "Art. 2.º Compete ao Juizado Especial Federal Criminal processar e julgar os feitos de competência da Justiça Federal relativos às infrações de menor potencial ofensivo, respeitadas as regras de conexão e continência. Parágrafo único. Na reunião de processos, perante o juízo comum ou o tribunal do júri, decorrente da aplicação das regras de conexão e continência, observar-se-ão os institutos da transação penal e da composição dos danos civis." (NR)

medidas não-privativas de liberdade em seus sistemas jurídicos para propiciar outras opções, devendo a autoridade competente buscar medidas alternativas, no sentido de evitar a prisão, que só deveria ser utilizada para os criminosos, em último caso.

As Regras de Tóquio (1990), em cujo documento a ONU recomenda a adoção de "sanções e medidas que não envolvem a perda da liberdade", aprovadas pela Assembléia Geral de 1995 (Cairo), após os relatórios de mil e quinhentos delegados dos Estados-membros a respeito de seus sistemas criminais, afirmam na sua introdução:

"Existem cada vez mais dúvidas sobre se a prisão permite reabilitar os delinqüentes. Diz-se amiúde que a prisão pode converter os delinqüentes em criminosos ainda piores e que, por essa razão, a cadeia deve ser reservada àqueles que praticam delitos mais graves e sejam perigosos. A prisão, que por si mesma é dispendiosa, acarreta outros custos sociais. Muitos países enfrentam o problema de superlotação carcerária. Nos estabelecimentos penais em que esse problema é muito grave pode ser impossível dar condições aos presos para que, ao voltar à liberdade, levem a vida sem infringir a lei. [...] Por causa destes fatos, acredita-se mais e mais que é melhor impor sanções e medidas não-privativas de liberdade como condição para que as penas sejam proporcionais ao delito cometido pelo delinqüente e propiciem maiores possibilidades de reabilitação e reinserção construtiva na sociedade."[613]

Vários autores contribuem para a discussão da questão penitenciária com vistas à reformulação do atual sistema de penas, especialmente no que concerne a uma maior aplicabilidade de sanções não privativas de liberdade. A consciência jurídica de hoje, atenta aos princípios constitucionais de garantia dos direitos do homem, clama por medidas alternativas que realizem o objetivo maior das sanções, que é a recuperação do sentenciado.[614]

Segundo Nilo Batista[615] dentro desta concepção, o Direito Penal moderno deve restringir-se a uma intervenção mínima e subsidiária, cedendo às outras disciplinas legais a tutela imediata dos valores primordiais da convivência humana, atuando somente em último caso, *ultima*

---

[613] JESUS, Damásio Evangelista de. *Penas alternativas:* anotações à lei n.º 9.715, de 25 de novembro de 1998. São Paulo: Saraiva, 1999, p. 213.

[614] BARBOSA, Licínio Leal. *Direito Penal e Direito de Execução Penal.* Brasília: Zamenhof, 1993, p. 223.

[615] BATISTA, Nilo. *Introdução Crítica ao Direito Penal Brasileiro.* Rio de Janeiro: Revan, 1990, p. 84.

ratio. Dadas as suas características, só deve agir quando os demais ramos do direito, os controles formais e sociais tenham perdido a eficácia e não sejam capazes de exercer essa tutela.

Sob a ótica de Damásio de Jesus é crença errônea, arraigada na consciência do povo brasileiro, de que somente a prisão configura a resposta penal. A pena privativa de liberdade intensifica o drama carcerário e não reduz a criminalidade. Com um agravante: a precariedade dos estabelecimentos prisionais no Brasil, permitindo a convivência forçada de pessoas de caráter e personalidade diferentes.

O advogado criminalista Técio Silva[616], em um dos seus artigos publicados afirma o seguinte: "com uma experiência de mais de trinta anos, tenho a mais profunda convicção de que a aplicação de penas alternativas deveria ser a regra, enquanto o encarceramento a exceção. É importante ir adiante, com uma visão mais humanista. Ao invés de punirmos com severidade, vamos, com seriedade, resgatar aquele que, embora escondido atrás da delinqüência, é ainda um ser humano".

Destacamos aqui que, a própria sociedade só sente-se satisfeita se o criminoso for conduzido ao cárcere, não importando as condições deste e nem mesmo se oferece condições para o preso ressocializar-se e ter uma vida digna na sua comunidade. Sem dúvida, para os criminosos de baixo e médio potencial ofensivo, que preenchem os requisitos estabelecidos em lei, o encarceramento deveria constituir exceção.

René Dotti também tem a mesma concepção. Entende, outrossim, que a prisão deveria ser imposta somente em relação aos crimes graves e delinqüentes de intensa periculosidade. Nos outros casos deveria ser substituída pelas medidas e penas alternativas e restritivas de direitos, como a multa, a prestação de serviços à comunidade, limitação de fins de semana, interdições temporárias de direitos, proibição de freqüentar determinados lugares, exílio local, realização de tarefas em hospitais, casas de caridade, prestação de auxílio a vítimas de trânsito, dentre outras.

Portanto, inegavelmente, para o Brasil, a lei n.º 9.714/ 98, de 25 de novembro foi um avanço para o nosso sistema punitivo, pois além de ter ampliado as penas alternativas permite ao condenado cumprir a sua pena no convívio social e familiar, o que facilita a sua reintegração à sociedade.

O art. 1.º da Lei n.º 9.714/98, sancionada pelo Presidente Fernando Henrique Cardoso, substituiu parte das disposições impostas pela lei

[616] Lins e Silva, Técio. *Penas Alternativas:* uma nova visão no direito penal. Disponível em <http://www.lagosnet.com.br/oab-macae>. Acesso em: 30 mar. 2004.

n.º 7.209/84, introduzindo modificações no Decreto-Lei n.º 2.848, de 07/ /12/1940, o Código Penal, nos artigos 43, 44, 45, 46, 47, 55 e 77, que passaram a vigorar com as seguintes alterações:

Art. 43. As penas restritivas de direitos são: I – prestação pecuniária; II – perda de bens e valores; III – (Vetado); IV – prestação de serviço à comunidade ou a entidades públicas; V – interdição temporária de direitos; VI – limitação de fim de semana.

As penas alternativas deixaram de ser acessórias à prisão para serem autônomas e substitutivas. Os artigos 44 a 47; 55 e 77 do Código Penal Brasileiro dispõem sobre suas formas de aplicações.[617]

---

[617] Nucci, Guilherme de Souza. *Código penal comentado. Op. cit.*, p. 324 a 338; 349 e 426.

Art. 44. As penas restritivas de direitos são autônomas e substituem as privativas de liberdade, quando: I – Aplicada pena privativa de liberdade não superior a quatro anos e o crime não for cometido com violência ou grave ameaça à pessoa ou, qualquer que seja a pena aplicada, se o crime for culposo; II – O réu não for reincidente em crime doloso; III – A culpabilidade, os antecedentes, a conduta social e a personalidade do condenado, bem como os motivos e as circunstâncias indicarem que essa substituição seja suficiente. § 1.º (Vetado) § 2.º Na condenação igual ou inferior a um ano, a substituição pode ser feita por multa ou por uma pena restritiva de direitos; se superior a um ano, a pena privativa de liberdade pode ser substituída por uma pena restritiva de direitos e multa ou por duas restritivas de direitos. § 3.º Se o condenado for reincidente, o juiz poderá aplicar a substituição, desde que, em face de condenação anterior, a medida seja socialmente recomendável e a reincidência não se tenha operado em virtude da prática do mesmo crime. § 4.º A pena restritiva de direitos converte-se em privativa de liberdade quando ocorrer o descumprimento injustificado da restrição imposta. No cálculo da pena privativa de liberdade a executar será deduzido o tempo cumprido da pena restritiva de direitos, respeitado o saldo mínimo de trinta dias de detenção ou reclusão. § 5.º Sobrevindo condenação a pena privativa de liberdade, por outro crime, o juiz da execução penal decidirá sobre a conversão, podendo deixar de aplicá-la se for possível ao condenado cumprir a pena substitutiva anterior.

Art. 45. Na aplicação da substituição prevista no artigo anterior, proceder-se-á na forma deste e dos artigos 46, 47 e 48. § 1.º A prestação pecuniária consiste no pagamento em dinheiro à vítima, a seus dependentes ou a entidade pública ou privada com destinação social, de importância fixada pelo juiz, não inferior a 1 (um) salário mínimo nem superior a 360 (trezentos e sessenta) salários mínimos. O valor pago será deduzido do montante de eventual condenação em ação de reparação civil, se coincidentes os beneficiários. § 2.º No caso do parágrafo anterior, se houver aceitação do beneficiário, a prestação pecuniária pode consistir em prestação de outra natureza. § 3.º A perda de bens e valores pertencentes aos condenados dar-se-á, ressalvada a legislação especial, em favor do Fundo Penitenciário Nacional, e seu valor terá como teto – o que for maior – o montante do prejuízo causado ou do provento obtido pelo *agente ou por terceiro, em conseqüência da prática do crime. § 4.º (Vetado)*

Art. 46. A prestação de serviços à comunidade ou a entidades públicas é aplicável às condenações superiores a seis meses de privação da liberdade. § 1.º A prestação de serviços à comunidade ou a entidades públicas consiste na atribuição de tarefas gratuitas ao

Então, no Brasil, com a promulgação da lei 9.714/98, a legislação penal passou a contar com as seguintes penas alternativas:

1.ª – prestação pecuniária (art.43, I): consiste no pagamento à vítima, a seus dependentes ou a entidade pública ou privada com destinação social de importância fixada pelo juiz, não inferior a 01 (um), nem superior a 360 (trezentos e sessenta), salários mínimos (art.45, § 1.º);

2.ª – perda de bens e valores pertencentes ao condenado em favor do Fundo Penitenciário Nacional (art. 43, II), considerando-se o prejuízo causado pela infração penal ou o proveito obtido por ele ou terceiro (art. 45, § 3.º);

3.ª – prestação de serviços à comunidade ou a entidades públicas (art. 43, IV, e 46): atribuição de tarefas gratuitas ao condenado (art. 46, § 1.º) em entidades assistenciais, escolas, hospitais etc. (art. 46, § 2.º);

4.ª – proibição de exercício de cargo, função ou atividade pública, bem como de mandato eletivo (CP, art. 47, I);

5.ª – proibição de exercício de profissão, atividade ou ofício que dependam de habilitação oficial, de licença ou autorização do Poder Público (art. 47, II);

6.ª – suspensão de autorização ou autorização para dirigir veículo (art. 47, III);

7.ª – proibição de freqüentar determinados lugares (art. 47, IV);

8.ª – limitação de fim de semana ou "prisão descontínua" (art. 43, VI, e 48);

9.ª – multa (art. 44, § 2.º);

---

condenado. § 2.º A prestação de serviço à comunidade dar-se-á em entidades assistenciais, hospitais, escolas, orfanatos e outros estabelecimentos congêneres, em programas comunitários ou estatais. § 3.º As tarefas a que se refere o § 1.º serão atribuídas conforme as aptidões do condenado, devendo ser cumpridas à razão de uma hora de tarefa por dia de condenação, fixadas de modo a não prejudicar a jornada normal de trabalho. § 4.º Se a pena substituída for superior a um ano, é facultado ao condenado cumprir a pena substitutiva em menor tempo (art. 55), nunca inferior à metade da pena privativa de liberdade fixada.

Art. 47: IV. Proibição de freqüentar determinados lugares.

Art. 55. As penas restritivas de direitos referidas nos incisos III, IV, V e VI do art. 43 terão a mesma duração da pena privativa de liberdade substituída, ressalvado o disposto no § 4.º do art. 46.

Art. 77: § 2.º A execução da pena privativa de liberdade, não superior a quatro anos, poderá ser suspensa, por quatro a seis anos, desde que o condenado seja maior de setenta anos de idade, ou razões de saúde justifiquem a suspensão.

10.ª – prestação inominada (art. 45, § 2.º), em que o juiz, havendo aceitação do condenado, pode substituir a prestação pecuniária (art. 43, I, e 45, § 1.º), que se cumpre com o pagamento em dinheiro à vítima, em "prestação de outra natureza".

O art. 44, caput, da Nova Lei de Drogas do Brasil, Lei n.º 11.343, de 23/08/2006, veda a conversão da pena privativa de liberdade em restritivas de direitos em se tratando de condenação por crimes previstos nos artigos 33, caput e § 1.º, e 34 a 37.[618]

---

[618] *Art. 44.* Os crimes previstos nos artigos. 33, caput e § 1.º, e 34 a 37 desta Lei são inafiançáveis e insuscetíveis de sursis, graça, indulto, anistia e liberdade provisória, vedada a conversão de suas penas em restritivas de direitos. *Parágrafo único.* Nos crimes previstos no caput deste artigo, dar-se-á o livramento condicional após o cumprimento de dois terços da pena, vedada sua concessão ao reincidente específico. *Art. 33.* Importar, exportar, remeter, preparar, produzir, fabricar, adquirir, vender, expor à venda, oferecer, ter em depósito, transportar, trazer consigo, guardar, prescrever, ministrar, entregar a consumo ou fornecer drogas, ainda que gratuitamente, sem autorização ou em desacordo com determinação legal ou regulamentar: *Pena* – reclusão de 5 (cinco) a 15 (quinze) anos e pagamento de 500 (quinhentos) a 1.500 (mil e quinhentos) dias-multa. *§ 1.º* Nas mesmas penas incorre quem: *I* – importa, exporta, remete, produz, fabrica, adquire, vende, expõe à venda, oferece, fornece, tem em depósito, transporta, traz consigo ou guarda, ainda que gratuitamente, sem autorização ou em desacordo com determinação legal ou regulamentar, matéria-prima, insumo ou produto químico destinado à preparação de drogas; *II* – semeia, cultiva ou faz a colheita, sem autorização ou em desacordo com determinação legal ou regulamentar, de plantas que se constituam em matéria-prima para a preparação de drogas; *III* – utiliza local ou bem de qualquer natureza de que tem a propriedade, posse, administração, guarda ou vigilância, ou consente que outrem dele se utilize, ainda que gratuitamente, sem autorização ou em desacordo com determinação legal ou regulamentar, para o tráfico ilícito de drogas. *Art. 34.* Fabricar, adquirir, utilizar, transportar, oferecer, vender, distribuir, entregar a qualquer título, possuir, guardar ou fornecer, ainda que gratuitamente, maquinário, aparelho, instrumento ou qualquer objeto destinado à fabricação, preparação, produção ou transformação de drogas, sem autorização ou em desacordo com determinação legal ou regulamentar: *Pena* – reclusão, de 3 (três) a 10 (dez) anos, e pagamento de 1.200 (mil e duzentos) a 2.000 (dois mil) dias-multa. *Art. 35.* Associarem-se duas ou mais pessoas para o fim de praticar, reiteradamente ou não, qualquer dos crimes previstos nos artigos. 33, caput e § 1.º, e 34 desta Lei: *Pena* – reclusão, de 3 (três) a 10 (dez) anos, e pagamento de 700 (setecentos) a 1.200 (mil e duzentos) dias-multa. *Parágrafo único.* Nas mesmas penas do caput deste artigo incorre quem se associa para a prática reiterada do crime definido no art. 36 desta Lei. *Art. 36.* Financiar ou custear a prática de qualquer dos crimes previstos nos artigos. 33, caput e § 1.º, e 34 desta Lei: *Pena* – reclusão, de 8 (oito) a 20 (vinte) anos, e pagamento de 1.500 (mil e quinhentos) a 4.000 (quatro mil) dias-multa. *Art. 37.* Colaborar, como informante, com grupo, organização ou associação destinados à prática de qualquer dos crimes previstos nos artigos. 33, caput e § 1.º, e 34 desta Lei: *Pena* – reclusão, de 2 (dois) a 6 (seis) anos, e pagamento de 300 (trezentos) a 700 (setecentos) dias-multa.

Para que os sentenciados sejam beneficiados com as penas alternativas, é necessário que demonstrem o cumprimento dos requisitos objetivos e subjetivos, que são:

Requisitos Objetivos: tratando-se de crime dolosos, é possível a substituição quando: a pena aplicada não for superior a 4 (quatro) anos e o crime não for cometido com violência ou grave ameaça à pessoa. Nos crimes culposos, em razão de imprudência, negligência ou imperícia, qualquer que tenha sido a pena aplicada, admite-se a substituição, desde que presentes os requisitos legais (art. 44 do CP).

Requisitos subjetivos: o réu reincidente em crime doloso, em princípio, não pode obter a substituição. Todavia, embora ele seja reincidente em crime doloso poderá obter a substituição, nos termos do art. 44 § 3.º, em uma única hipótese, desde que em face de condenação anterior, a medida seja socialmente recomendável e a reincidência não se tenha operado em virtude de prática do mesmo crime. O segundo requisito exigido dispõe que a substituição somente é possível quando a culpabilidade, os antecedentes, a conduta social e a personalidade do condenado, bem como os motivos e as circunstâncias do crime, indicarem que essa substituição seja suficiente.

Ao fixar a pena, o juiz deve obedecer aos requisitos mencionados no art. 59 do Código Penal Brasileiro, que assim dispõe:

Art. 59: O juiz, atendendo à culpabilidade, aos antecedentes, à conduta social, à personalidade do agente, aos motivos, às circunstâncias e conseqüências do crime, bem como ao comportamento da vítima, estabelecerá, conforme seja necessário e suficiente para reprovação e prevenção do crime: I – as penas aplicáveis dentre as cominadas; II – a quantidade de pena aplicável, dentro dos limites previstos; III – o regime inicial de cumprimento da pena privativa de liberdade; IV – a substituição da pena privativa da liberdade aplicada, por outra espécie de pena, se cabível.

Ao estipular a pena de multa, o juiz atenderá o disposto no art. 60 do CP, que assim dispõe: na fixação da pena de multa o juiz deve atender, principalmente, à situação econômica do réu. § 1.º A multa pode ser aumentada até o triplo, se o juiz considerar que, em virtude da situação econômica do réu, é ineficaz, embora aplicada no máximo.

Por conseguinte, qualquer modalidade de pena depende de requisitos objetivos e subjetivos do condenado, como também na segurança de sua efetiva execução. A pena privativa de liberdade pode ser substituída por penas restritivas de direitos em dois momentos: a. na sentença condenatória (CP, art. 59); b. na fase executiva da pena de prisão (LEP, art. 180).

As penas restritivas de direitos, como prescreve a legislação penal brasileira, podem ser convertidas em privativas de liberdade quando ocorrer o descumprimento injustificado da restrição imposta; quando sobrevier condenação à pena privativa de liberdade, por outro crime, incompatível com a pena substitutiva anterior e quando sobrevier condenação à pena privativa de liberdade, por outro crime compatível com a pena substitutiva anterior.

As penas alternativas obedecem a alguns critérios: a) são autônomas e substituem as penas privativas de liberdade; b) são substitutivas, ou seja, o juiz fixa a pena privativa de liberdade e, na mesma sentença penal condenatória, substitui por uma das penas restritivas de direitos (penas alternativas), cuja duração não pode ser superior à pena privativa de liberdade substituída (salvo em relação às penas de prestação pecuniária e de perda de bens e valores, inovações da Lei n. 9.714/98).

Tanto as penas alternativas quanto as medidas alternativas poderão ser revogadas isto é, poderão ser convertidas em pena privativa de liberdade quando o condenado descumprir a restrição imposta ou, quando sobrevier condenação à pena privativa de liberdade. Na primeira hipótese, a conversão é obrigatória, na segunda a conversão é facultativa.

Ao referir-se a lei n.º 9.714/98, Luiz Flávio Gomes[619] teceu os seguintes comentários: "muito embora seja um inegável avanço, ainda não é tudo ou pelo menos pode-se dizer que se atingiu o necessário, mas não o suficiente; porque a reivindicação político-criminal mais recente possui uma tríplice orientação: em primeiro lugar, carecemos de um amplo projeto de descriminalização de incontáveis condutas que excessivamente ainda permeiam nos catálogos de fatos puníveis; em segundo lugar, tudo deve ser feito para evitar o nascimento do próprio processo (o que se conseguiu no Brasil com a composição civil extintiva da punibilidade, a transação penal e a suspensão condicional do processo, conforme o disposto na lei n.º 9.095/95); em terceiro lugar, não sendo possível impedir a persecutio criminis in inditio, tanto quanto possível, devem as penas alternativas surgir na própria cominação abstrata, no lugar da pena de prisão, que em geral é excessiva, desproporcional e, portanto, injusta."

Antes do advento da lei n.º 9.714/98 contávamos com seis penas alternativas substitutivas (multa, prestação de serviços à comunidade, limitação de fim de semana, proibição do exercício do cargo ou função, proibição do exercício de profissão e suspensão da habilitação para dirigir

---

[619] *Op. cit.*, p. 34.

veículo). Com a nova lei quatro novas sanções restritivas foram previstas: prestação pecuniária em favor da vítima, perda de bens e valores, proibição de freqüentar determinados lugares e prestação de outra natureza.

A interdição temporária de direito subdivide em quatro: proibição do exercício de cargo, função ou atividade pública; proibição do exercício da profissão, atividade ou ofício que dependam de habilitação especial, de licença ou autorização do poder público; suspensão de autorização ou de habilitação para dirigir veículo e proibição de freqüentar determinados lugares.

Segundo o art. 43 do Código Penal Brasileiro, as penas restritivas de direitos são: prestação pecuniária, perda de bens e valores, prestação de serviços à comunidade ou a entidades públicas; interdição temporária de direitos e limitação de fim de semana.

Prestação Pecuniária: Nos termos do art. 45 do Código Penal Brasileiro consiste no pagamento em dinheiro à vítima, a seus descendentes ou a entidades públicas ou privadas com destinação social, de importância fixada pelo juiz, não inferior a 1 (um) salário mínimo, nem superior a 360 (trezentos e sessenta) salários mínimos, podendo o valor pago ser deduzido do montante de eventual condenação em ação de reparação civil, se coincidentes os beneficiários. Se houver aceitação do beneficiário, a prestação pecuniária pode consistir em prestação de outra natureza.

Apesar da pena de prestação pecuniária ter a mesma natureza que a pena de multa, apresentam diferentes peculiaridades. Enquanto a pena de prestação pecuniária apresenta caráter apenas de substitutiva da pena privativa de liberdade, a pena de multa tem diversas funções. Pode, por exemplo, ser aplicada isolada, alternativa e/ou cumulativamente com a pena privativa de liberdade, caso haja para o crime ou contravenção, previsão legal. Analisadas pelo lado do beneficiário, observamos que, na pena de multa, o *quantum* fixado pelo juiz é destinado ao Fundo Penitenciário enquanto que, na prestação pecuniária, o destinatário pode ser a vítima, os dependentes desta, a entidade pública ou privada com destinação social.

Perda de Bens e Valores: Segundo o mesmo dispositivo legal supra, a perda de bens e valores pertencentes ao condenado, dar-se-á em favor do Fundo Penitenciário Nacional, e seu valor terá como teto o que for maior: o montante do prejuízo causado, ou o lucro obtido pelo agente ou por terceiros, em conseqüência da prática do crime. Esta pena destina-se principalmente a um autor de média potencialidade ofensiva e que possua certo patrimônio; e não deve ser confundida com o confisco, pois através dela o condenado perde bens e valores lícitos, que fazem parte do seu patrimônio; enquanto que no confisco, os bens são intrinsecamente antijurídicos, como os instrumentos e produtos do crime.

A pena de perda de bens e valores só pode ser executada após o trânsito em julgado da decisão condenatória. Sendo o agente condenado nesta pena e morrendo antes do trânsito em julgado da sentença condenatória, enseja a extinção da punibilidade, tornando-se ineficaz a perda determinada na sentença, segundo o art. 107, inciso I do Código Penal. Não é comum o seu uso por tratar-se de bens obtidos com o crime. Um exemplo deste tipo de penalidade é o caso do funcionário público que pratica apropriação indébita. Tem caráter punitivo e não reparatório.

Prestação de Serviços à Comunidade ou Entidades Públicas: Observamos no art. 46 do Código Penal Brasileiro que esta pena é aplicável às condenações superiores a 6 (seis) meses de privação de liberdade. Consiste em atribuições de tarefas gratuitas ao condenado a entidades assistenciais, escolas, orfanatos, hospitais, asilos, creches, ou outros estabelecimentos congêneres em programas comunitários ou estaduais. As tarefas serão atribuídas conforme as aptidões do condenado, devendo ser cumprida a razão de 1 (uma) hora de tarefa por dia de condenação, fixadas de modo a não prejudicar a jornada normal de trabalho do apenado, em geral de 8 (oito) horas semanais. As entidades devem encaminhar relatórios mensais das atividades e presenças dos apenados. Se a pena substitutiva for superior a 1 (um) ano, é facultado ao condenado cumpri-la em menor tempo, nunca inferior à metade da pena privativa fixada. Por conseguinte, esta pena é pessoal, de caráter personalíssimo e constitucional. Não cria relação empregatícia e nem admite o instituto da remição. As tarefas são atribuídas conforme as aptidões dos apenados e podem ser destinadas a múltiplos beneficiários ou programas comunitários. Caso ocorra a inexecução injustificada da prestação de serviços à comunidade ou entidade pública, a pena restritiva de direito converte-se em pena privativa de liberdade, após o exame do fato e competente decisão pelo juiz da execução penal.

A prestação de trabalho a favor da comunidade, como designam os países da União Européia, é um instituto de reinserção social; que embora constitua uma "pena" não traz sofrimento para quem a cumpre. Em Portugal, consiste na prestação de serviços gratuitos durante períodos não compreendidos nas horas normais de trabalho, ao Estado, a outras pessoas coletivas de direito público ou entidades privadas que o tribunal considere de interesse para a comunidade.

O Código Penal Português, com a redação dada pela Lei n.º 59/2007 estabelece no art. 58.º o seguinte: **Artigo 58.º Prestação de trabalho a favor da comunidade:** 1 – Se ao agente dever ser aplicada pena de prisão não superior a dois anos, o tribunal substitui-a por prestação de trabalho a favor da comunidade sempre que concluir que por este meio se realizam de forma adequada e suficiente as finalidades da punição. 2 – A prestação de trabalho a favor da comunidade consiste na prestação de serviços gratuitos ao Estado, a outras pessoas colectivas de direito público ou a entidades privadas cujos fins o tribunal considere de interesse para a comunidade. 3 – Para efeitos do disposto no N.º 1, cada dia de prisão fixado na sentença é substituído por uma hora de trabalho, no máximo de 480 horas. 4 – O trabalho a favor da comunidade pode ser prestado aos sábados, domingos e feriados, bem como nos dias úteis, mas neste caso os períodos de trabalho não podem prejudicar a jornada normal de trabalho, nem exceder, por dia, o permitido segundo o regime de horas extraordinárias aplicável. 5 – A pena de prestação de trabalho a favor da comunidade só pode ser aplicada com aceitação do condenado. 6 – O tribunal pode ainda aplicar ao condenado as regras de conduta previstas nos n.os 1 a 3 do artigo 52.º, sempre que o considerar adequado a promover a respectiva reintegração na sociedade.[620]

Segundo Maria Helena Jardim,[621] afastada pelo julgador a necessidade de encarceramento em função de juízos de prognose, a opção pela pena de prestação de trabalho a favor da comunidade terá cabimento na medida em que esta medida se revelar, em atenção às circunstâncias do caso concreto, um meio mais adequado para prosseguir uma ação que se pretenda seja "predominantemente de socialização".

Para ela, o trabalho a favor da comunidade, ancorando-se no modo mais compreensivo de inserção social do homem, sem recurso a meios artificiais ou a suplementares métodos de sofrimento e não prescindindo de um valor retributivo socialmente experimentado, constitui uma excepcional manifestação de equilíbrio da reação punitiva. Declara ainda que Portugal adotou esta pena, como sanção autônoma desde 1983; a França desde 1984 e a Grã-Bretanha desde 1972.

---

[620] *Código Penal Português.* Redação resultante das alterações introduzidas pela Lei 59/2007, de 04/09. Disponível em http://www.verbojuridico.net/ Acesso em 02/12/ /2007.

[621] JARDIM, Maria Amélia Vera. Instituto da Reinserção Social. *Trabalho a favor da comunidade: a punição em mudança.* Coimbra: Almedina, 1998, p. 49.

Ao fixar a pena de prestação de trabalho a favor da comunidade, o juiz deve analisar o perfil do réu, suas aptidões, estado de saúde, situação de emprego e escolar.

A prestação de serviços à comunidade, assim denominada no Brasil, constitui um dos maiores exemplos da evolução do direito penal moderno porque ao mesmo tempo em que pune a transgressão praticada valoriza o condenado, dando-lhe oportunidade de, por meio do trabalho, demonstrar suas aptidões profissionais e artísticas; as quais serão certamente aproveitadas para o cumprimento da sanção, retirando do meio criminoso o infrator, levando-o ao exercício consciente da cidadania e ao convívio familiar. A Lei de Execução Penal do Brasil, lei n.º 7.210/84 trata da pena de prestação de serviços à comunidade ou entidades públicas, nos artigos 149 e 150.

Interdição Temporária de Direitos: São penas restritivas e substitutivas da prisão; não podem ser aplicadas junto com a prisão, isto é, não são penas acessórias, dentro do sistema do Código Penal (as leis especiais disciplinam o tema de modo contrário). Conforme Walter Cruz[622] consiste na proibição que se faz ao condenado de, em espaço de tempo igual ao da privação de liberdade resultante da condenação, não exercer certas atividades ou freqüentar determinados lugares, a cujo exercício de freqüência ordinariamente não são defesos ou proibidos por lei". Implicam numa obrigação de não fazer e são sempre temporárias. Não deve ser confundida com as privações de direito do art. 92, I do Código Penal, que prevê, como efeitos da condenação, a perda de cargo, função pública ou mandato eletivo: quando aplicada pena privativa de liberdade por tempo igual ou superior a um ano, nos crimes praticados com abuso de poder ou violação de dever para com a administração pública; e quando for aplicada pena privativa de liberdade por tempo superior a quatro anos nos demais casos.

Assevera o Código Penal Brasileiro, no seu art. 47 que as penas de interdição de direitos são: a) proibição do exercício de cargo, função ou atividade pública, bem como de mandato eletivo; b) proibição do exercício de profissão, atividade ou ofício que dependam de habilitação especial, licença ou autorização do poder público; c) suspensão de autorização ou de habilitação para dirigir veículo; d) proibição de freqüentar determinados lugares.

---

[622] CRUZ, Walter Rodrigues da. *As Penas Alternativas no Direito Pátrio*. São Paulo: LED, 2000, p. 112.

Limitação de Fim de Semana (ou "Prisão Descontínua"): o condenado deverá, sem vigilância, trabalhar, freqüentar cursos ou exercer atividade autorizada, permanecendo recolhido nos dias e horários de folga em residência ou qualquer local destinado às de sua moradia habitual.

Consoante a nossa legislação substantiva penal, a limitação de fim de semana consiste na obrigação de permanecer, aos sábados e domingos, por cinco horas diárias, em casa de albergado ou outro estabelecimento adequado. E durante a permanência poderão ser ministrados ao condenado cursos e palestras ou atribuídas atividades educativas.

Na visão de Luiz Flávio Gomes, o que a lei chama de limitação de fim de semana, na verdade é uma verdadeira prisão de fim de semana, porque o condenado fica privado da liberdade durante o período da sua execução.

Multa: nas condenações iguais ou inferiores a 1 (um) ano, a substituição pode ser feita por multa ou por pena restritiva de direito. Se superior a 1 (um) ano, a pena privativa de liberdade pode ser substituída por uma pena restritiva de direito e multa, ou por 2 (duas) restritivas de direito. Transitada em julgada a sentença condenatória, o valor da multa deve ser inscrito como dívida ativa a ser cobrado pela Fazenda Pública em favor do Fundo Penitenciário Nacional.

Em abril de 1999, Damásio de Jesus publicou um artigo, no qual apresentou uma relação de penas alternativas nas legislações penais estrangeiras, sendo que algumas delas são aplicadas no Brasil como efeito da condenação, condições do sursis e do livramento condicional ou "alternativas penais". Na pesquisa, ele encontrou-as impostas como "penas alternativas".[623]

A relação de penas alternativas cominadas nas legislações penais estrangeiras consoante Damásio de Jesus é a seguinte:

1. *Prestação de serviços à comunidade;*
2. *Limitação de fim de semana (contínua e descontínua);*
3. *Interdições temporárias de direitos;*
4. *Multa (recolhimento aos cofres públicos);*
5. *Multa indenizatória, também chamada "prestação pecuniária" (valor destinado à vítima);*
6. *Reparação do dano;*

---

[623] Jesus, Damásio de. *Penas alternativas*. São Paulo: Complexo Jurídico Damásio de Jesus, abr.1999. Disponível em: <www.damásio.com.br/novo/html/novo.htm>.Acesso em 18 de agosto de 2005.

7. *Tratamento de choque (shock probation ou shock incarceration): penas privativas de liberdade de curta duração (20 dias de prisão, por exemplo);*
8. *Tarefas (exs: visitas a hospital, estabelecimentos de auxílio infantil, casas de caridade, pronto-socorros, residências de vítimas de trânsito etc.);*
9. *Proibição de freqüentar determinados lugares;*
10. *Exílio local (limitação de residência, confinamento): obrigação de residir em certo lugar;*
11. *Freqüência a cursos escolares e profissionalizantes;*
12. *Prisão domiciliar (house arrest) com permissão para saídas (trabalho, médico etc.);*
13. *Prisão descontínua (períodos de encarceramento com intervalos livres);*
14. *Admoestação ou repreensão (pública, na audiência, ou privada);*
15. *Pedido de desculpas à vítima ou à comunidade (pela imprensa ou em particular, perante a comunidade, em local público, v.g., nas escadas da Prefeitura, discurso em público, de pelo menos um minuto, desculpando-se perante a vítima);*
16. *Entrega de quantia em dinheiro para instituição de utilidade social;*
17. *Entrega de importância em dinheiro ao Estado;*
18. *Prestação inominada (exs: pagamento de cestas básicas a instituições de caridade ou à vítima);*
19. *Perda de direitos;*
20. *Expulsão do território;*
21. *Suspensão e privação de direitos políticos;*
22. *Multa assistencial (destina-se a instituições públicas ou privadas de assistência social);*
23. *Perda de cargo, função ou mandato eletivo;*
24. *Incapacidade para o exercício do pátrio poder, tutela e curatela;*
25. *Inabilitação para dirigir veículo;*
26. *Tratamento de desintoxicação;*
27. *Exílio rural (Boot camp): isolamento em área rural;*
28. *Proibição de uso de cheque bancário;*
29. *Manutenção de distância da vítima (espaço determinado pelo Juiz);*
30. *Confisco de bens pessoais (particulares);*
31. *Proibição temporária de uso de cartão de crédito;*

32. Suspensão de licença para uso de arma de fogo;
33. Devolução ao proprietário do objeto subtraído;
34. Pagamento do "custo do crime" (pagamento das despesas do Estado na investigação criminal);
35. Caução de não ofender (compromisso de não cometer novo delito);
36. Compromisso de manter tranqüilidade e boa conduta;
37. Caução de não mais molestar a vítima;
38. Reconciliação com o ofendido;
39. Submissão a programa de reabilitação social (referral to an attendance centre; sessões de terapia social ou psicológica);
40. Mudança de residência ou de bairro;
41. Proibição de residência (obrigação de não morar em determinado lugar);
42. Proibição de trânsito pessoal (obrigação de não transitar por determinado local);
43. Cumprimento de instruções (submissão do condenado a uma série de instruções apresentadas pelo Juiz);
44. Açoite em público;
45. Trabalho obrigatório;
46. Recolhimento noturno à prisão (trabalho durante o dia; a nossa prisão-albergue);
47. Penas humilhantes (humilhações públicas, como outdoor com aviso sobre a agressividade do condenado; obrigar o ébrio contumaz a reforçar a estrutura de seu veículo; publicação em jornal da fotografia do criminoso e a enumeração de seus delitos; publicação nos jornais locais do nome de pessoas que freqüentam locais de prostituição; publicação pela imprensa da confissão do crime; levar o ladrão, em via pública, cartaz com a confissão do delito);
48. Publicação da sentença condenatória;
49. Retratação (desdizer-se, retirar o que se disse);
50. Monitoramento eletrônico;
51. Proibição de uso de telefone celular;
52. Relatório diário (Day reporting Center): o condenado apresenta relatório sobre onde estará o dia inteiro. Sua presença é checada pelo telefone por um funcionário;
53. Obrigação de residir, pelo tempo determinado na sentença, em Centro Comunitário Correcional.

6.5. Algumas considerações sobre as Vantagens e Desvantagens das Penas Alternativas

Através da pesquisa de campo que realizamos em Teresina-Piauí, constatamos que as Penas Alternativas apresentam várias vantagens não somente para o condenado como também para o Estado, para a família e para a sociedade, como um todo.

Podemos assegurar, dentre várias vantagens das penas alternativas as seguintes: 1 – procuram estimular o senso de responsabilidade do apenado que com esta modalidade de pena também não perderia o emprego, podendo assim, conciliar seu trabalho com a pena alternativa imposta. Dos apenados que acompanhamos, alguns que estavam desempregados tiveram oportunidade de aprenderem uma profissão e foram contratados pelas entidades onde cumpriram suas penas; começaram a valorizar mais a família e a se comportarem melhor na sociedade; 2 – ao ficarem mais responsáveis, os apenados sentiram a necessidade de afastarem-se de amizades ruins, do convívio com delinqüentes amigos e a recuperarem-se com maior rapidez e de forma menos dolorosa; tais fatos foram por nós averiguados através de relatos feitos por seus familiares e pelos representantes das entidades onde cumpriram suas penas de prestação de serviço à comunidade; 3 – o índice de reincidência é bem menor; dos que acompanhamos apenas um voltou a delinqüir;[624] 4 – proporcionam uma possibilidade maior de reintegração e ressocialização, inclusive mais eficaz, com acompanhamento de uma equipe interdisciplinar; 5 – diminuem o custo para o sistema repressivo, tendo em vista serem menos onerosas; 6 – não deixam nos condenados estigmas de ex-presidiários, o que dificultaria seus ingressos no mercado de trabalho; 7 – proporcionam oportunidade dos apenados cumprirem as penas impostas sem afastarem-se do seu meio familiar e social; 8 – ao serem encaminhados para cumprirem penas alternativas, sem dúvida, ameniza o problema da superlotação carcerária, que no Estado do Piauí, tem sido uma constante; 9 – as instituições que receberam os trinta e dois apenados por nós acompanhados além de economizarem em contratações de pessoas, proporcionaram

---

[624] Acompanhamos trinta e dois sentenciados que cumpriam penas alternativas, desde o início até o final do cumprimento de suas penas alternativas, ocorrida no ano de 2005. Deste total, formos informados pela Vara de Execuções Penais da Comarca de Teresina-Piauí, em maio de 2008, que apenas um voltou a delinqüir; fato este ocorrido no inicio do ano de 2008.

oportunidades para suas reintegrações nas famílias, na sociedade e contribuíram nas elevações de suas auto-estimas.

Por outro lado, se não forem bem aplicadas, fiscalizadas e monitoradas podem apresentar uma série de desvantagens. Na opinião de Gilberto Ferreira, as principais desvantagens das penas alternativas são: não intimida o suficiente como a pena privativa de liberdade; não protege eficazmente a sociedade; não produz efeitos em relação ao pobre, que não pode pagá-la; e nesse ponto é anti-social porque o priva de seu próprio sustento ou ao rico a quem se torna indiferente ante seu poderio econômico.[625] De acordo com Damásio de Jesus, parte da doutrina apresenta as seguintes desvantagens: não reduzem o número de encarcerados; não apresentam conteúdo intimidativo; mais parecendo meios de controle pessoal ou medidas disciplinadoras do condenado; em face do aumento do rol de penas alternativas nos Códigos Penais, o legislador é induzido a criar novas normas incriminadoras, aumentando o número de pessoas sob controle penal e ampliando a rede punitiva, a chamada *red widening*.[626] Para os criminosos que não atendem os requisitos objetivos e subjetivos impostos por lei, de alta periculosidade, que causam clamor à sociedade e que praticaram crimes graves, com requintes de crueldade, obviamente que, a pena de prisão deve ser aplicada, devendo ser sempre ressaltado que para suas ressocializações é necessário que haja a humanização das prisões.

No entendimento de Manoel Pimentel o grande problema referente à aplicação das penas alternativas reside no fato de que elas somente podem ser atribuídas a réus que não ofereçam periculosidade, e que possam permanecer em liberdade; não contribuindo para aliviar as populações carcerárias, uma vez que o grande número de internos nos presídios encontram-se condenados ao cumprimento de elevadas penas e são delinqüentes de acentuada periculosidade.[627]

Na nossa opinião, as penas alternativas quando monitoradas por uma equipe comprometida proporcionam aos sentenciados que praticam delitos de baixo e médio potencial ofensivo oportunidades dignas e humanas de ressocializarem-se; sem afastarem-se das suas famílias, dos seus empregos. Neste processo, a participação da família, da sociedade e do Estado é extremamente importante no processo de ressocialização.

---

[625] FERREIRA, Gilberto, *op. cit.*, p. 225.

[626] JESUS, Damásio Evangelista de. *Penas alternativas:* anotações à lei n.º 9.715, de 25 de novembro de 1998. São Paulo: Saraiva, 1999, p. 31.

[627] PIMENTEL, *op. cit.*, p. 146.

Por outro lado, amenizam a situação dos presídios, que como já nos referimos encontram-se sempre lotados; as taxas de reincidências são menores, fato este comprovado em nossa pesquisa e elevam a auto estima dos sentenciados.

Dentre as alternativas penais, a que tem se mostrado mais eficaz é a prestação de serviços à comunidade. Os juizados de execuções do Brasil de um modo geral têm firmado convênios com entidades assistenciais, colocando tal mão de obra, nem sempre, porém, com sucesso, o que faz sugerir uma providência normativa e administrativa no sentido de regulamentar a execução dessa espécie de pena.

6.6. Aplicação das Penas Alternativas no Estado do Piauí - Brasil

Numa iniciativa conjunta do Tribunal de Justiça do Estado do Piauí e o Ministério da Justiça foi criada em 24 de setembro de 2001 a Coordenação de Penas Alternativas, tendo como principal propósito tornar mais efetiva a aplicação das Penas Alternativas, sobretudo a de prestação de serviços à comunidade ou a entidades públicas. Foram feitas várias parcerias com entidades públicas que se dispuseram, em suas dinâmicas institucionais a acolher e integrar os reeducandos na sociedade.

Dessa forma, a 2.ª Vara Criminal e das Execuções Penais e a Coordenação de Penas Alternativas, da cidade de Teresina, capital do Estado do Piauí, obedecendo a critérios técnicos para o credenciamento das entidades e após analisarem a idoneidade e a legislação que regula o setor em que atuam, celebraram convênios com vinte e duas entidades, com várias unidades receptoras, proporcionando um número ilimitado de vagas[628].

[628] Unidades receptoras: Secretaria de Educação do Estado, com novecentas e setenta e uma unidades receptoras; Fundação Municipal de Saúde, com cinqüenta e sete unidades receptoras; Grupo Oficina da Vida; Instituto Professor Magalhães; Instituto Nacional de Colonização e Reforma Agrária do Piauí – INCRA; Secretaria de Saúde do Estado, com cinqüenta e quatro unidades receptoras; Lar da Esperança; Abrigo São Lucas; Ação Social Arquidiocesana – ASA; Centrais de Abastecimento do Piauí S.A. – CEASA; Associação de Pais e Amigos dos Excepcionais – APAE; Empresa Brasileira de Correios e Telégrafos no Piauí – ECA; Associação dos Cegos do Piauí – ACEP; Departamento de Estradas e Rodagens do Piauí – DER; Centro Social Pedro Arrupe; Conselho Metropolitano de Teresina da Sociedade São Vicente de Paulo; Hospital Infantil Lúcido Portela; Serviço Social do Estado – SERSE; Paróquia da Santíssima Trindade – Primavera; Associação de Moradores do Parque Piauí; Igreja Evangélica Assembléia de Deus; Sindicato das Empresas de Transportes Urbanos de Passageiros de Teresina – SETUT.

O programa foi estendido a várias comarcas do interior do Estado, dentre elas: Parnaíba, Oeiras, Floriano e Campo Maior.

No início houve resistência por parte dos Juízes[629] em aplicar algum tipo de pena restritiva de direito, decorrente do fato de não haver mecanismo de monitoramento técnico. Mas logo depois, entenderam a proposta, a seriedade do programa e começaram a dar um valor maior. A Coordenação realizou um trabalho criterioso de coleta de dados para retratar sua incidência por tipo penal, sexo, grau de escolaridade e idade do beneficiado na data do fato. Tal Coordenação deixou de funcionar no mês de janeiro de 2004.

Dentre os beneficiados, mais de 90% pertencem ao sexo masculino e mais de 50%, em relação à escolaridade, cursaram ensino fundamental incompleto. Mais de 10% são analfabetos e uma pequena parcela, em torno de 2,5% possui ensino superior. Mais de 40% têm idades que variam de 18 a 25 anos e quase 30% entre 26 e 35 anos. Os tipos penais são bastante variáveis: furto, delitos de trânsito, lesão corporal, ameaça e delitos do art. 16 da lei n.º 6.368/76; revogada pela Lei n.º 11.343, de 2006, que no seu artigo 28 declara: "Quem adquirir, guardar, tiver em depósito, transportar ou trouxer consigo, para consumo pessoal, drogas sem autorização ou em desacordo com determinação legal ou regulamentar será submetido às seguintes penas: I – advertência sobre os efeitos das drogas; II – prestação de serviços à comunidade; III – medida educativa de comparecimento a programa ou curso educativo.[630]

Em razão das nossas atribuições como Promotora de Justiça titular da Vara de Execuções Penais desde o ano de 2001, nos envolvemos de forma contundente na efetivação da proposta no sentido de contribuirmos na implementação e aplicação das penas alternativas no Estado do Piauí; investindo na ressocialização do cidadão que comete infração de leve ou média gravidade, para que não fosse excluído socialmente e encaminhado ao sistema penitenciário, o que certamente acabaria por deseducá-lo e

[629] Após a instalação da Coordenação de Penas Alternativas no Piauí no ano de 2001, em conversas mantidas com vários juízes, principalmente os que desempenham suas funções junto às Varas Criminais de Teresina, sentimos que eles ficaram temerosos com relação a eficácia das penas alternativas. Achavam que não surtiriam efeitos. Decorridos alguns meses após as primeiras experiências, começaram a entender melhor as finalidades das mesmas e a valorizarem mais estas modalidades de penas.

[630] *Presidência da República. Casa Civil. Subchefia para Assuntos Jurídicos.* Disponível em <http://www.planalto.gov.br/CCIVIL/_Ato2004-2006/2006/Lei/L11343.htm>. Acesso em 02/12/2007.

potencializaria sua conduta criminosa. Acompanhamos até o ano de 2005 trinta e dois apenados que cumpriam penas alternativas junto à 2.ª Vara Criminal e das Execuções Penais, de Teresina-Piauí. Visitamos em três ocasiões as entidades onde cumpriam as penas, entrevistamos os responsáveis pelas mesmas, alguns funcionários dos próprios setores dos reeducandos; bem como os apenados e familiares. Ademais verificamos também as folhas de freqüências e os trabalhos por eles realizados. Antes, porém, já havíamos tido diversas experiências de cunho profissional, em algumas Comarcas do interior do referido Estado, desde o ano de 1983, quando ingressamos no Ministério Público.

Na nossa pesquisa tínhamos como finalidade analisar não somente as atividades desenvolvidas pelos apenados como também se essa modalidade de pena surtia o efeito esperado na ressocializações dos mesmos, os seus graus de maturidade e responsabilidade para reintegrarem à sociedade.

Ao ser encaminhado pelo Juiz da Vara de Execuções Penais à Coordenação de Penas Alternativas, o apenado era submetido a uma entrevista, ocasião em que as assistentes sociais e psicólogas colhiam dados acerca do delito, da família, da situação social e aptidão profissional. Após as entrevistas, ele era encaminhado a uma instituição conveniada, localizada preferencialmente próxima ao seu domicílio e conforme as suas habilidades profissionais.

O prestador de serviço à comunidade possui direitos e deveres. Dentre os deveres destacamos: obedecer ao horário de chegada e saída do local de trabalho; cumprir as determinações judiciais impostas na audiência admonitória e as orientações das assistentes sociais e psicólogas do programa; zelar pelo material de trabalho; cumprir as tarefas designadas pela instituição; quando convocado, assistir às reuniões e comparecer à entrevista com as assistentes sociais e psicólogas; não ingerir bebida alcoólica em nenhuma ocasião; comportar-se educadamente na instituição em que estiver prestando serviços; respeitar os superiores e acatar decisões; não deixar, por hipótese alguma, suas atividades, a fim de formar grupos de bate-papo ou se envolver em conversas de terceiros ou, ainda, receber visitas de familiares; cumprir oito horas de trabalho semanais, a razão de uma hora por dia, a fim de não prejudicar a jornada de trabalho normal, salvo disposição diversa na sentença condenatória; não se ausentar do local de trabalho sob qualquer pretexto; não desenvolver atividades que não sejam as determinadas pela instituição e inerentes ao programa; no caso de falta, o beneficiário da pena alternativa deverá justificá-la, bem como repor as horas não trabalhadas. No que tange aos seus direitos podem ser citados os seguintes: respeito à sua individualidade; requerer transferência de uma instituição para outra; participar de cursos profissionalizantes; exigir que seja valorizado como ser humano.

Percebemos que amadureceram, mudaram seus comportamentos e adquiriram uma melhor conscientização dos seus atos. Aprenderam a lidar de forma educada com as pessoas, como também conhecimentos novos, em áreas distintas, tais como: informática, jardinagem, padaria e educação. Alguns deles, após o período da execução das penas, foram contratados pelas instituições. Por conseguinte, aproveitaram o benefício para outros fins, tais como: demonstrar à sociedade os seus valores, os seus propósitos de mudanças e as suas condições físicas e intelectuais para assumirem determinadas profissões.

Além de participarem da vida em sociedade, onde aprenderam suas normas, valores e costumes, socializaram-se. Sabemos, pois, que quanto mais adequada à socialização do indivíduo mais sociável ele poderá se tornar. Os contatos sociais que tiveram com diferentes pessoas foram bem proveitosos nas suas formações, para suas mudanças de comportamento e no resgate de certos valores por eles extirpados.

Na nossa vida social, o Direito está sempre presente, como sustentação da ordem e reparo de conflitos. O todo social se integra de instituições e convivências, que implicam normas, dominações, equilíbrios, valores.

Como ressalta Nelson Saldanha[631] "as relações entre os homens se estabelecem ou reestabelecem, se estabilizam ou reestabilizam mediante o Direito, e tal função é evidentemente social. Como ordem, corresponde uma ordem social e como estrutura, corresponde uma estrutura social". Evidentemente que, cada sociedade tem seus valores próprios que se refletem nas finalidades que a ordem legal procura fortalecer.

Tais fatos demonstram que muitas vezes a causa da violência não está na pessoa, está fora dela; que a pessoa não é violenta, mas torna-se violenta por fatores externos, no conjunto de fatores históricos, sociais, nas influências psicológicas. Muitos precisam ser socializados, são analfabetos e não ressocializados. Devem ser criados mais empregos, oferecidas mais oportunidades para as pessoas viverem dignamente e não delinqüirem. O Sistema Penal não é democrático, justo e igualitário, é

---

[631] SALDANHA, Nelson. *Sociologia do direito*. 4.ª ed. rev. e aum. Rio de Janeiro: Renovar, 2003, p. 69.

seletista, muitas vezes está no senso comum, e o processo de estigmatização é oposto ao da ressocialização. O nível de violência é preocupante. Quanto mais se criminaliza mais se aumenta a construção da criminalidade.

O grau de confiança depositado pelos gestores das instituições de ensino é tão grande que algumas vezes os reeducandos são convocados para substituir os professores faltosos e submeter a tarefas relevantes. Alguns deles afirmaram que gostariam de contratá-los no futuro e vários em continuar com o convênio, em função do compromisso por eles assumido nas instituições e por serem bastante prestativos e atuantes.

Ressaltamos também que todos tinham conhecimento que poderiam ser desligados do programa caso cometessem faltas graves, não atendessem às necessidades dos órgãos conveniados, por conseguinte, lutavam para continuarem com tal benefício. Dos trinta e dois, apenas um agiu de forma irresponsável, deixando de assumir seus compromissos e insultando pessoas da instituição, onde cumpria sua pena. Tentamos amenizar o problema, foi-lhe concedido pelo juiz competente uma outra oportunidade. Caso ele não tivesse aceitado tal oportunidade, a sua pena teria sido convertida em pena privativa de liberdade, conforme dispõe o art. 181 da Lei de Execução Penal.[632]

Apesar das dificuldades de fiscalização pelo Juízo competente, haja vista outros compromissos oriundos da própria vara, podemos afirmar, sem a menor sombra de dúvida, que as penas alternativas foram eficazmente executadas no período em que a Coordenação funcionava devidamente.

---

[632] Mirabete, Julio Fabbrini. Execução penal: comentários à lei n.º 7.210, de 11.07.84, *op. cit.*, p. 641/642.Art. 181. A pena restritiva de direitos será convertida em privativa de liberdade nas hipóteses e na forma do artigo 45 e seus incisos do Código Penal. § 1.º A pena de prestação de serviços à comunidade será convertida quando o condenado: a) não for encontrado por estar em lugar incerto e não sabido, ou desatender a intimação por edital; b) não comparecer, injustificadamente, à entidade ou programa em que deva prestar serviço; c) recusar-se, injustificadamente, a prestar o serviço que lhe foi imposto; d) praticar falta grave; e) sofrer condenação por outro crime à pena privativa de liberdade, cuja execução não tenha sido suspensa. § 2.º A pena de limitação de fim de semana será convertida quando o condenado não comparecer ao estabelecimento designado para o cumprimento da pena, recusar-se a exercer a atividade determinada pelo Juiz ou se ocorrer qualquer das hipóteses das letras "a", "d" e "e" do parágrafo anterior. § 3.º A pena de interdição temporária de direitos será convertida quando o condenado exercer, injustificadamente, o direito interditado ou se ocorrer qualquer das hipóteses das letras "a" e "e", do § 1.º, deste artigo.

Ademais, este Programa de Penas Alternativas contribuiu bastante para os apenados, dando-lhes oportunidades de permanecerem no meio social e familiar, trabalhando, sentindo-se úteis, resgatando suas cidadanias, elevando suas auto-estimas, capacitando-lhes ao exercício de novas profissões, na medida em que faziam cursos profissionalizantes. Além de tornarem-se integrados à sociedade e aos grupos, os apenados desenvolveram suas potencialidades, através dos serviços que prestaram para a comunidade, estabeleceram relações sociais e adquiriram consciência grupal, cultural e muitos, uma profissão.

Através da mudança social, alteraram-se as relações sociais e culturais, o que surtiu um efeito além do esperado, e nos permite confirmar algumas teses já existentes de que, às vezes, o aumento dos problemas sociais deve-se ao contato com sociedades diferentes, que apresentam valores e padrões de comportamento antagônicos. Destarte, devemos investir na aplicação de Penas Alternativas no nosso Estado, beneficiando aqueles que praticam crimes de natureza leve, não como um sinal de impunidade, mas para prevenir e reprimir tais condutas delituosas e reinserir o criminoso na sociedade.

Por outro lado, como adverte Carnelutti[633], a batalha não é pela reforma da lei, mas pela reforma dos costumes. Especialmente com as últimas modificações, a lei faz o que pode pelo condenado. Não é necessário pretender que o Estado faça tudo. Infelizmente, este é um dos hábitos que se vêm consolidando cada vez mais entre os homens. Este é também um aspecto da crise da civilização. Acima de tudo, não se deve pedir ao Estado o que ele não pode dar. O Estado pode impor o respeito aos cidadãos, mas não lhes pode infundir amor. O Estado é um gigantesco robô, cujo cérebro a ciência pôde fabricar, porém não o coração. Cabe ao indivíduo ultrapassar os limites, nos quais deve deter-se a ação do Estado.

Para quem julga as penas alternativas uma forma de impunidade, cabe ressaltar que, qualquer modalidade de pena aplicada depende de elementos objetivos e pessoais do condenado, bem como da segurança de sua efetiva execução. Além disso, as penas alternativas são condicionais, isto é, somente poderão ser aplicadas se os condenados realmente cumprirem as obrigações que lhes foram impostas. Portanto, as penas alternativas podem ser convertidas, em pena restritiva de liberdade, quando o sentenciado descumprir as restrições impostas.

---

[633] CARNELUTTI, Francesco. *As misérias do processo penal.* Tradução de Luis Fernando Lobão de Morais. Campinas: Edicamp, 2002, p. 82/83.

A experiência da cidade de Teresina – Piauí (Brasil) foi bastante exitosa; podendo inclusive servir de modelo para outros estados. Dos trinta e dois apenados que acompanhamos desde o início até o final do cumprimento de suas penas alternativas, ocorrida no ano de 2005, tomamos conhecimento, em maio de 2008, através da distribuição criminal da referida cidade que apenas um voltou a delinqüir; fato este ocorrido há um ano; o que demonstra a eficácia das penas alternativas no que tange a ressocialização e reintegração do criminoso a sociedade. O sistema penitenciário tem que está adaptado para exercer esta função; não só incentivando, mas também produzindo e divulgando informações sobre a aplicação destas penas; assessorando as unidades da federação na execução das mesmas, celebrando convênios e capacitando equipes de monitoramento.

Em dezembro de 2007, foi celebrado um convênio entre a União, por intermédio do Ministério da Justiça, e o Estado do Piauí, por meio da Secretaria de Estado da Justiça e de Direitos Humanos, visando à execução do Projeto Fiscalização e Monitoramento de Penas e Medidas Alternativas objetivando criar uma Central de Monitoramento e Fiscalização, prevendo atender 1.760 beneficiados nas Comarcas de Teresina-Pi e Parnaíba-Pi, de acordo com o Plano de Trabalho aprovados pelo Departamento Penitenciário Nacional. O prazo de vigência do referido Convênio será de doze meses, contados a partir da data de sua assinatura; podendo ser renovado, dependendo da necessidade.[634]

No dia 29 de agosto de 2008 foi instalada pelo Governador do Estado, a Central de Penas Alternativas no Piauí. Duas Centrais estão funcionando no Estado: uma em Teresina, no Fórum Criminal e outra na cidade de Parnaíba. Conforme mencionamos anteriormente, a Central de Penas Alternativas já havia funcionado no Estado, na cidade de Teresina, entre os anos de 2001 a 2003.

O projeto que reativou a Central de Penas Alternativas no Piauí é fruto de convênio entre o governo do Estado/Secretaria da Justiça e o Ministério da Justiça/Departamento Penitenciário Nacional. Por iniciativa do Governo do Estado foi viabilizado o convênio entre a Secretaria da Justiça, Tribunal de Justiça do Piauí, a Central de Penas Alternativas passará a constar dentre as atividades do Sistema Penitenciário.

---

[634] *Ministério da Justiça.* Departamento Penitenciário Nacional. Convênio MJ/N.º 003/2007.

Segundo um levantamento geral feito de maio de 2008 a setembro de 2009, mil e uma (1001) pessoas foram beneficiadas com penas e medidas alternativas nas centrais de Teresina e Parnaíba: 78% do sexo masculino e 21,18% do sexo feminino. As Centrais contam com equipes interdisciplinares compostas por advogados, assistentes sociais, psicólogos, pedagogos e estagiários.

De julho de 2009 a fevereiro de 2010, a Central de Penas Alternativas do Piauí atendeu 688 casos, dos quais 178 estão em andamento, 334 foram concluídos, 143 foram oficiados o não cumprimento e em 33 casos o cumpridor não foi localizado no endereço constante no processo.[635]

Um dos objetivos principais das Centrais de Penas Alternativas é colaborar com a execução de políticas públicas de direitos humanos, subsidiando o Poder Judiciário através do apoio técnico no processo de fiscalização e monitoramento das penas e medidas alternativas aplicadas.

---

[635] *Cumpridores de penas alternativas participam de cursos profissionalizantes.* Disponível em: <http://www.beta180.brasilportais.com.br/geral/cumpridores-de-penas-alternativas-participam-de-cursos-profissionalizantes-320576.html>. Acesso em 01/06/2010.

Capítulo VII

IMPORTÂNCIA DAS PENAS ALTERNATIVAS NO CUMPRIMENTO DA FUNÇÃO DE RESSOCIALIZAÇÃO

Em razão de vários fatores, dentre os quais o aumento contínuo da criminalidade e da violência, a tendência das legislações criminais modernas é valorizar mais as penas restritivas de direitos e reservar as penas privativas de liberdade aos delitos mais graves e quando o réu demonstra sinais de alta periculosidade, maus antecedentes, péssima conduta. A prisão deveria ser reservada apenas para os delitos mais graves, como por exemplo: homicídios, assaltos, estupros, latrocínios e sequestros.Os presídios vivem lotados e sempre ocorre indisponibilidade de recursos financeiros para reaparelhar os existentes ou até mesmo construir outros e capacitar os profissionais que lá desempenham suas funções. Deveriam oferecer mais programas educacionais preparando os detentos para uma profissão ao deixarem os presídios, facilitando seus ingressos no mercado de trabalho e estimulá-los para os estudos.Deveria ocorrer a seleção dos criminosos, no sentido de evitar que os autores de pequenos delitos convivessem diretamente com os de alta periculosidade, como assaltantes, traficantes, estupradores e criminosos profissionais. Desta forma, pretendemos com este trabalho demonstrar a importância das penas alternativas no cumprimento da função preventiva e ressocializadora.

O objetivo essencial da prisão é a ressocialização, a reeducação do preso visando o seu retorno a sociedade de forma ajustada, equilibrada, ciente das consequências do ato praticado e com uma visão diferente. Para delitos leves, que não demonstrem insegurança para a sociedade, as penas alternativas têm um papel fundamental neste processo, vez que promovem a ressocialização do condenado resgatando a sua cidadania. Sem dúvida, tais penas tem demonstrado ser um instrumento eficaz de prevenção à reincidência em razão do seu caráter educativo e socialmente útil.

A pena privativa de liberdade não tem demonstrado ser o instrumento mais eficiente na repressão do crime, na prevenção da violência e nem capacitado o indivíduo punido pela prática de um delito a retornar à vida em sociedade.

Devemos valorizar cada vez mais a adoção de penas e medidas alternativas, para delitos menos graves, de menor potencial ofensivo que não demonstrem insegurança para a sociedade. As penas alternativas proporcionam oportunidades para os condenados exercerem ocupações lícitas mantendo assim contato com pessoas de ambientes diferentes, honestas, contrárias à prática de atos ilegais, estranhas à marginalidade e com um propósito de vida digna e honesta. Por sua vez, não retiram o indivíduo do seu trabalho, do seu ambiente familiar e social, além de serem menos dispendiosas para o Estado.

Assim como Newton Fernandes, entendemos que a aplicação das penas alternativas pode vir a ser uma das soluções para o sistema penitenciário. Embora careça de meios de fiscalização capazes custariam menos para o Estado do que investir em casas de reclusão.[636]

Segundo o referido jurista, a população carcerária no Brasil assim como no resto do mundo é formada basicamente por jovens, pobres, homens com baixo nível de escolaridade. Argumenta que devido à pobreza e antecedentes à margem da sociedade eles e seus familiares possuem pouca influência política, o que se traduz em poucas chances de obter apoio para colocar um fim nos abusos cometidos contra eles.[637]

A Justiça, através das penas alternativas, dá uma oportunidade ao infrator de corrigir seu erro, no sentido de reintegrá-lo à sociedade. Pode ser vista também como uma forma de reparar o dano. Entendem alguns juristas, como Cezar Roberto Bittencourt, Edmundo de Oliveira, Matilde Maria Gonçalves de Sá, Mariano Funes Ruiz, Orandyr Teixeira Luz, Crecianny Carvalho Cordeiro, Luiz Flávio Gomes e Damásio de Jesus que, ao receber mão de obra dessas pessoas, a instituição beneficiada, além de economizar verba, oferece oportunidade para o condenado voltar ao convívio social, evita o encarceramento, e procura estimular o senso de responsabilidade no infrator, tendo como meta a sua ressocialização por vias alternativas. Ademais, possibilita ao indivíduo a oportunidade de recuperação, fazendo com que se sinta útil novamente.

---

[636] Fernandes, *op. cit.*, p. 123.

[637] Ibid. p. 162.

Além de todos os argumentos por nós já mencionados, evita que criminosos de altas periculosidades dividam a cela com infratores que cometeram pequenos delitos, não desvirtuem suas condutas e de lá não saiam mestres na arte do crime. Com efeito, além de ajudarem na ressocialização do ser humano, resgatando a sua cidadania, contribuindo na elevação de sua auto-estima, ao sentir-se útil à sociedade, pode contribuir para a redução do índice populacional dos presídios, nos quais constantemente ocorrem rebeliões, estão superlotados, gerando, assim, revolta aos presos e contribuindo para um clima tenso no local e de proliferação de doenças entre os internos. "A maioria das prisões tem um número muito limitado de guardas responsáveis por supervisionar um número de prisioneiros totalmente desprepararados".[638] O índice de reincidência tem aumentado muito, o Estado não tem conseguido reinserir o egresso do sistema penitenciário e os presos continuam submetidos a péssimas condições nos presídios.

A busca por alternativas à pena de prisão, ainda que baseado originariamente em pressupostos reabilitadores e de direito penal mínimo faz parte da nova tendência mundial de expansão do direito penal, que decorre dos fundamentos globalizantes do sistema punitivo norte-americano e que se traslada aos demais centros do planeta implantando uma política de recrudescimento da punição e ampliação do controle social pelo Direito Penal.[639]

Ao relatar sobre a concepção de ressocialização, expõe Bruno de Morais Ribeiro[640] que "a realização da idéia de ressocialização deve se dar por meio do oferecimento aos reclusos da possibilidade de participação nos diversos programas de tratamento penitenciário, possibilidade essa cuja efetivação depende de sua voluntária adesão". Para ele, os reclusos possuem, nessa configuração, direito à ressocialização, que, como todo direito, pode ou não ser exercido.

A voluntariedade da participação dos reclusos como pressuposto para o tratamento penitenciário, nos moldes traçados pelos chamados programas mínimos de ressocialização, é, segundo Anabela Rodrigues dominante no direito comparado.[641]

---

638 Fernandes, *op. cit.*, p. 228.

639 Apolinário, Marcelo Nunes. *As penas alternativas entre o direito penal mínimo e máximo*. Disponível em <http://www.eumed.net/cursecon/ecolat/br/07/mna.htm>. Acesso em 20.10.2007.

640 *Direito Penal contemporâneo: estudos em homenagem ao Professor José Cerejo Mir/* coordenação Luiz Regis Prado. São Paulo: Editora Revista dos Tribunais, 2007, p. 115.

641 Rodrigues, Anabela Rodrigues. *Novo olhar sobre a questão penitenciária*. 2.ª ed. Coimbra: Coimbra Editora, 2002, p. 58.

No Brasil, tanto a Lei de Execução Penal, Lei 7.210 quanto a Lei 7.209, ambas de 1984 consagram a função de reintegração social da pena privativa de liberdade, protegem todos os direitos do detento, não somente os condenados mas também os provisórios, não atingidos pela perda da liberdade e impõem a todas as autoridades o respeito à sua integridade física e moral.

A Lei de Execução Penal Brasileira (lei 7.210/84)[642] estatui em seu art. 1.º que a execução penal tem por objetivo efetivar as disposições de sentença ou decisão judicial e proporcionar condições para a harmônica integração social do condenado e do internado. Em relação a assistência ao preso e ao internado dispõe o art. 10.º serem dever do Estado, objetivando prevenir o crime e orientar o retorno à convivência em sociedade. A individualização da pena também é observada por este diploma legal.

Percebe-se assim, que a integração e a ressocialização social do preso são alguns dos seus principais objetivos. Deve ele ser tratado com dignidade, inerente a todo ser humano, e respeito. Esta posição defendida pela lei de execução penal brasileira decorre do principio da humanidade, claramente explícito na Constituição Federal de 1988. O art. 5.º, por exemplo, que trata dos direitos individuais e coletivos estabelece nos incisos III, XLIX e XVIX o seguinte: *III. Ninguém será submetido a tortura nem a tratamento desumano ou degradante; XLIX. É assegurado aos presos o respeito à integridade física e moral; XLVII. Não haverá penas: de morte, salvo em caso de guerra declarada, nos termos do art. 84. XIX, de caráter perpétuo, de trabalhos forçados, de banimento e cruéis.*

---

642 MIRABETE, Julio Fabrini. *Execução penal, op. cit.*, p. 17.

CONCLUSÃO

O Sistema Penitenciário, tanto no Brasil quanto em Portugal, Espanha, Paraguai, Uruguai, Bolívia, Venezuela e vários outros países deve proporcionar possibilidades de apoio aos detentos, tendo como objetivo suas ressocializações, dado que, durante o período em que se encontram encarcerados, não são trabalhados para manterem suas dignidades. A reintegração, portanto, somente surtirá efeito quando forem oferecidas qualidades ideais e satisfatórias ao trabalho de regeneração.

O objetivo primordial da pena de prisão seria prevenir a prática de delitos; o que não vem ocorrendo; dar oportunidade ao preso para ressocializar-se, conscientizar-se sobre o ato praticado, para que não volte mais a delinqüir e retorne a conviver em sociedade, de forma digna, justa e humana.

Por sua vez, analisando as nossas prisões e lendo sobre o funcionamento de outras em diferentes ordenamentos jurídicos, podemos observar que elas são cenários de constantes violações dos direitos humanos e, consequentemente, dos direitos dos presos. Constantemente nelas ocorrem rebeliões, conflitos entre presos e carcereiros e entre presos entre si. O Direito nestes casos deve está sempre presente como sustentação da ordem e defesa de conflitos, com o propósito de promover uma sociedade mais pacífica.

Como sistema, a prisão é uma instituição quase falida e que, sob a nossa ótica, deixa muito a desejar. Ela não tem demonstrado eficiência na diminuição da taxa de criminalidade, no índice de reincidência e, além disso, é dispendiosa. Sua manutenção somente se justifica diante da impossibilidade do convívio social de criminosos de alta periculosidade. O alto custo de manutenção dos presídios afeta um Estado que tende a ser mínimo, vivendo às voltas com um déficit público ininterrupto. Prédios imensos demandam vultosas quantias para construção e conservação, um pessoal especializado para guarda, controle e reeducação dos presos. Difícil imaginar-se um gasto público nesse setor, quando não se encontra em boas condições o ensino, a rede hospitalar e ambulatorial, a segurança da sociedade. Inexorável a evolução do Direito Penal no sentido de relegar a pena privativa de liberdade, cada vez mais, a crimes que revelem extremada periculosidade. Todavia, não pode deixar de existir, de afastar-se de sua principal finalidade; deve sim, ser utilizada de outra forma e quando estritamente necessário. O problema maior é do sistema como um todo.

É importante ressaltarmos que o princípio da dignidade da pessoa humana deve ser sempre observado pelo magistrado na fixação da pena, principalmente no que tange a prestação de serviços à comunidade. O apenado não deve ser submetido a vexames, constrangimento, como por exemplos: visitar a vítima, ser obrigado a freqüentar culto religioso diverso da sua religião, carregar latas de água na cabeça para a cadeia pública, dentre outras; inclusive sob essa temática já existem várias jurisprudências a respeito.

Não tendo a pena de prisão demonstrado resultado concreto e efetivo no tocante a recuperação do condenado, tornando-o apto a conviver em sociedade, há entre a doutrina nacional e internacional um consenso no sentido de valorizar mais os substitutivos penais à prisão, na tentativa de amenizar o problema da violência e da criminalidade, que tanto aflige as Nações. Os meios de comunicações demonstram com freqüência o aumento constante da violência, da criminalidade, a falta de controle dos governos: federal, estadual e municipal no combate a estas problemáticas. A maioria dos delinqüentes são reincidentes, o que denota que o cárcere não ressocializa, degenera aos poucos o indivíduo. A prisão, em muitos casos estimula a criminalidade em vez de combatê-la. Não pode ser vista como o único meio de controle da criminalidade. Vários crimes bárbaros são planejados nas próprias penitenciárias. Não é prendendo que resolveremos o problema da criminalidade, da violência.

O Brasil e várias outras Nações como Portugal, Espanha, Paraguai, Uruguai, Bolívia, Venezuela têm manifestado interesse neste tipo de sanção penal como meio de reduzir a criminalidade, a impunidade e recuperar o delinqüente, para que este torne-se apto a conviver na sociedade.

Essa tendência, todavia, ainda encontra resistência na consciência popular, que somente acredita na efetividade da regra penal quando vê o criminoso na cadeia. Agravada, ademais, por uma parcela da imprensa, que tem no sensacionalismo uma fonte de lucro e que estimula os movimentos da "lei e ordem", moderna e mais suave versão do *talião*. As chamadas penas alternativas, introduzidas na legislação penal há vários anos continuam inaplicáveis, ou muito pouco aplicáveis, porque ainda predomina uma mentalidade prisional.

As penas alternativas redirecionam os objetivos da punição Estatal que deixou de ensejar o castigo para pugnar pela reabilitação do delinqüente. Desta forma, quando as sanções alternativas são empregadas para prevenção e repressão dos crimes de baixo potencial ofensivo, são bastante eficazes na recuperação do criminoso, vez que, além de conservá-lo no meio social, concede-lhe oportunidade para resgatar o seu erro e não lhe deixa o estigma de ex-presidiário. Elas constituem uma evolução do Direito Penal. Se o sistema de penas alternativas não estiver surtindo efeito em algum aspecto, a culpa pode ser do nosso sistema prisional, que necessita preocupar-se mais com a recuperação e reeducação do infrator. Revelam caráter educativo e social, facilitando então, a reintegração do condenado, no final do seu cumprimento, à sociedade.

As penas alternativas apresentam várias vantagens, não somente no que tange à ressocialização e recuperação daqueles que praticam delitos de baixo potencial ofensivo, como também para o sistema penitenciário, como um todo, tais como: recuperação do sistema penitenciário, mudança de mentalidade na condução da política prisional e criminal, diminuição do custo do sistema repressivo; a adequação da pena à gravidade objetiva do fato e às condições do condenado; o não encarceramento do infrator de pequena e média gravidade, afastando-o do convívio com outros delinqüentes, oferecendo-lhe oportunidade de corrigir seu erro, no sentido de reintegrá-lo à sociedade; ajudam na ressocialização do ser humano, resgatando a sua cidadania, contribuindo na elevação de sua auto – estima ao sentir-se útil à sociedade, bem como para a redução do índice populacional dos presídios.

Verificamos que as penas alternativas quando bem aplicadas e direcionadas, trazem benefícios para o Estado e para o apenado. A experiência tem nos demonstrado que o aumento das penas não tem resolvido o problema da criminalidade. A violência tem aumentado de forma assustadora nos últimos anos; ocupa diariamente as manchetes de jornais; atormenta constantemente as Nações; deixando a comunidade insegura, intranqüila, temerosa, apreensiva, com medo e apática.

A prisão deve ser utilizada apenas como *ultima ratio*, como última medida para os casos extremamente necessários; não deve ser vista como único recurso para o controle da criminalidade, como tem ocorrido ao longo da história da humanidade, por várias razões, como: não ter cumprido suas finalidades; não ter diminuído a taxa de reincidência, ser economicamente inviável e ineficaz; haja vista não ter contribuído para a diminuição dos índices de criminalidade. Ela não tem demonstrado eficiência na diminuição da taxa de criminalidade, no índice de reincidência e, além disso, é cara. Em vários aspectos, nosso sistema prisional tem apresentado falhas. Ela faliu na missão pedagógica que procurou desempenhar através dos tempos, a de ressocializar e recuperar o preso.

Adequadamente aplicadas, as penas alternativas têm demonstrado ser um instrumento muito mais eficiente que a prisão para controlar a criminalidade, além de mais humanas e menos dispendiosas, já que envolve a comunidade na responsabilidade da reinserção social do condenado.

Relatos históricos demonstram que a prisão não tem surtido o efeito esperado por todos. As penas alternativas conscientizam as pessoas, amenizam o problema da superlotação dos presídios. Dentre estas vantagens, devemos também fazer a nossa opção pelas penas alternativas em virtude dos altos custos da pena de prisão, de sua ineficácia como instrumento ressocializador e em razão da comprovada inexistência de qualquer relação entre o aumento da taxa de encarceramento e a redução da criminalidade.

A Justiça, através das penas alternativas dar uma oportunidade ao infrator de corrigir seu erro, no sentido de reintegrá-lo à sociedade. Pode ser vista também como uma forma de reparar o dano. Entendem alguns juristas que, ao receber mão de obra dessas pessoas, a instituição beneficiada economiza verba e dar oportunidade para o condenado voltar ao convívio social. Ademais, possibilita ao indivíduo a chance de recuperação, fazendo com que se sinta útil novamente.

Por outro lado, evita que o criminoso de alta periculosidade divida a cela com infratores que cometeram pequenos delitos, para que estes não desvirtuem suas condutas e de lá não saiam mestres na arte do crime.

Fizemos uma pesquisa em relação a aplicação das penas alternativas no estado do Piauí-Brasil. Tomamos como parâmetro as sentenças prolatadas pelo Juiz da 2ª Vara Criminal, denominada "Vara das Execuções Penais", relativas a trinta e dois condenados a penas leves e médias e beneficiados com o instituto das penas alternativas. A modalidade de prestação de serviços à comunidade foi a preferida. Dentre eles, a maior parte é do sexo masculino e possui baixa escolaridade. Realizamos, em algumas oportunidades, visitas em todos os locais onde os mesmos cumpriam suas penas; quando conversávamos não somente com os responsáveis pelas unidades receptoras, mas também com outras pessoas, que de perto, acompanhavam os apenados, com o propósito de verificarmos se estavam ou não cumprindo seus direitos e deveres como prestadores de serviços. Constatamos que apresentaram um crescimento além do esperado, apresentaram um interesse maior nos problemas da comunidade, aprenderam novos hábitos e novas profissões, à proporção que faziam cursos profissionalizantes, alguns até substituíam professores do ensino fundamental, outros trabalhavam nos setores de informática e cumpriam suas penas com entusiasmo e determinação. Deste montante, apenas um, não atendeu no início a nossa expectativa.

Notamos ainda que nas instituições para onde foram encaminhados para cumprirem suas penas, os apenados tiveram oportunidade de refletirem, mudarem seus pensamentos, suas vidas sociais, situadas no tempo e no espaço e elevarem suas auto-estimas. Além delas terem promovido suas estabilidades, desenvolvido suas potencialidades, ofereceram oportunidades para os beneficiários interagirem com pessoas diversas, estabelecerem relações sociais e adquirirem consciência grupal, cultural e muitos deles, uma profissão.

Averiguamos que os objetivos das penas alternativas foram atingidos, no que tange aos apenados por nós monitorados e avaliados durante o período de dois anos. Houve uma redução da superlotação dos presídios, uma diminuição de despesas, um afastamento deles do convívio com delinqüentes de alta periculosidade, e acima de tudo, não precisaram deixar suas famílias e nem perderam seus empregos.

A sociedade também deve se conscientizar sobre a finalidade das penas alternativas, seus objetivos e efeitos e que elas são de suma importância na recuperação do preso, portanto, melhores que a prisão; no entanto, para os infratores de pequena e média gravidade.

Na verdade, não concordamos com a impunidade e nem tampouco com a pena de prisão para os delitos leves, de menor gravidade. Concordamos sim, com a substituição das penas detentivas de curta duração por penas alternativas; pois as mesmas não deixam no condenado o estigma de ex-presidiário, talvez o maior mal que o Estado possa causar à pessoa; valorizam os condenados, dando-lhes oportunidades, por meio de trabalho honesto, demonstrarem suas aptidões profissionais, artísticas e culturais.

Com efeito, observamos na nossa pesquisa que as penas alternativas ajudam na ressocialização do ser humano, resgatando a sua cidadania, contribuindo na elevação de sua auto-estima, ao sentir-se útil à sociedade e contribuindo para a redução do índice populacional dos presídios. A pena de prisão além de não ter demonstrado eficácia na diminuição da violência e da delinqüência, é bastante dispendiosa e não ajuda na recuperação do condenado, principalmente quando ele fica em uma cela na companhia de detentos de diferentes costumes, de diferentes classes sociais, de diferentes níveis culturais e de alta periculosidade. Deveria então, ser destinada apenas a criminosos violentos, perniciosos e que constituem risco ou ameaça para a sociedade.

Devemos, pois, estimular a aplicação das penas alternativas não só no Brasil, como também nas diferentes Nações que estejam procurando alternativas para diminuir a criminalidade, a violência, pelo menos a um grau considerado aceitável; sem esquecer da pena de prisão, que para os criminosos perigosos é necessária que seja aplicada; porém de forma justa e humana. Evidentemente que, algumas pessoas muitas vezes não entendem o sentido da lei, seus objetivos e características; acham que estas penas representam formas de impunidades, de absolvições generosas.

Acreditamos na ressocialização do ser humano; no entanto para que isto ocorra, a sociedade deve contribuir, oferecendo-lhe oportunidade para ressarcir e corrigir seu erro; educando-o; livrando-o das más companhias e influências que a prisão pode lhe proporcionar e contribuindo, através de um trabalho lícito, para a construção de uma sociedade justa. O Estado Moderno garante direitos, protege o indivíduo e a sociedade cria deveres.

Todavia, não podemos deixar de lembrar que as penas e medidas alternativas poderão ser revogadas, isto é, poderão ser convertidas em pena privativa de liberdade quando o condenado descumprir a restrição imposta ou, quando sobrevier condenação à pena privativa de liberdade. Na primeira hipótese, a conversão é obrigatória, na segunda a conversão é facultativa.

Esperamos que as penas alternativas sejam mais utilizadas para criminosos que cometeram delitos de pouca gravidade, não só no Brasil, cujo percentual gira apenas atualmente em torno de 10%, mas também em outras Nações, por serem, sem a menor sombra de dúvida, um meio mais justo de penalizar um delinqüente de baixa periculosidade. Aplicadas de forma correta constituem um meio mais eficiente de controlar a criminalidade; como também apresentam um custo menor e são mais humanas. É importante termos uma visão mais humanista, encarcerando apenas os indivíduos que ofereçam riscos à integridade das pessoas ou que representam problemas para a sociedade. Pesquisas demonstram que o índice de reincidência do beneficiário do programa de penas alternativas em geral, é bem menor do que o que cumpre pena em presídio comum. Todavia, o monitoramento é necessário e garante que o crime não fique impune. Dessa forma, o bom funcionamento desta modalidade de pena depende de uma coordenação ou de uma Vara de Penas Alternativas, que monitore, fiscalize e avalie o desenvolvimento do beneficiário, de forma criteriosa.

Por sua vez, em vários casos entendemos que as prisões são um mal necessário porque existem pessoas que não têm condições para viverem em sociedade segundo as regras por ela impostas, com relação aos princípios da cidadania, de respeito ao próximo, que sem dúvida, são necessários e essenciais para a estabilidade e segurança da vida comunitária. O direito penal visa a proteção dos bens jurídicos e reintegrar o indivíduo na sociedade. O sistema penitenciário tem que está adaptado para exercer esta função.

É necessário o envolvimento do Poder Público; políticas públicas eficazes, no sentido de atacar o problema desde a sua origem; estimular o fortalecimento das relações sócio-familiares; orientar para a prevenção e redução dos danos causados pelo uso de drogas, que sem dúvida é a responsável por muitos delitos; lutar pela implementação de ações que contemplem a educação, o trabalho, a profissionalização e por fim, procurar meios para acabar com a ociosidade dos presos, que pode ensejar problemas como o homossexualismo, a violência, as fugas, as rebeliões, dentre vários outros. Ressaltamos ainda que o estudo além de dar direito a remição, livramento condicional ajuda na auto-estima do preso.

A integração do condenado só surtirá efeito se as instituições prisionais proporcionarem condições satisfatórias ao trabalho de regeneração; amenizarem o problema da superlotação carcerária, que são estímulos para a violência; investirem em programas visando a recuperação, reeducação e ressocialização do condenado; como cursos profissionalizantes por exemplo, segundo suas afinidades e habilidades. A prisão deve continuar para os delinqüentes que apresentem riscos e grave ameaça para a sociedade. Não deve, entretanto, ser defendida como um meio único de combater ou combater a criminalidade, vez que não tem demonstrado o cumprimento de suas finalidades.

REFERÊNCIAS BIBLIOGRÁFICAS

AGÊNCIA LUSA. *Governo alarga penas alternativas à prisão e agrava violência doméstica.* Disponível em: http://rtp.pt/index.php?article=233693visual %20=16. Acesso em 09/04/2007.

ALBERGARIA, Jason. *Das penas e da execução penal.* 3.ª ed. Belo Horizonte: Del Rey, 1996.

ALBUQUERQUE, Paulo Pinto de. *Direito Prisional Português e Europeu.* Coimbra: Coimbra Editora, 2006.

ALMEIDA, Carlota Pizarro de Almeida. *Modelos de Inimputabilidade: da teoria à prática.* Lisboa: Almedina, 2000.

ALMEIDA, Carlos Alberto Simões de. *Medidas cautelares e de polícia do processo penal, em direito comparado.* Coimbra: Almedina, 2006.

ANDRADE, Vera Regina Pereira de. Sistema penal máximo X cidadania mínima: códigos da violência na era da globalização. Porto Alegre: Livraria do Advogado, 2003.

————. A ilusão de segurança jurídica: do controle da violência à violência do controle penal. 2.ª ed. Porto Alegre: Livraria do Advogado, 2003.

ANDREUCCI, Ricardo Antônio. *Curso de Direito Penal: parte geral.* Vol. 1, 2.ª ed., São Paulo: Juarez de Oliveira, 2001.

ANTUNES, Paulo José Rodrigues. *Responsabilidade de pessoa colectiva em processo de contra-ordenação. Negligência. Factos.* Disponível em:
http://www.pgdlisboa.pt/pgdl/interv/pec_ficha.php?nid_peca=898&lista_resultados =1334,1333,1329,1330,1326&exacta. Acesso em 23/05/2009.

APOLINÁRIO, Marcelo Nunes. *As penas alternativas entre o direito penal mínimo e máximo.* Disponível em http://www.eumed.net/cursecon/ecolat/br/07/ mna.htm. Acesso em 20.10.2007.

AQUINO, Carlos Pessoa. *Teoria e prática da execução penal.* São Paulo: Quartier Latin, 2003.

ARRUDA, José Jobson de A.; PILETTI, Nelson. *Toda a História. História Geral e História do Brasil.* 9.ª ed. São Paulo: Ática, 1999.

ASSIS, Rafael Damasceno de. *Evolução histórica dos regimes e do Sistema Penitenciário.* Jus Vigilantibus, Vitória, 30 abr.2007. Disponível em: http://jusvi.com/ doutrinas_e_pecas/ver/24894.Acesso em 20. nov.2007.

AZEVEDO, David Teixeira de. *Dosimetria da pena: causas de aumento e de diminuição.* São Paulo: Malheiros, 2002.

BACELAR, Helder. Penas Alternativas: 'Contribuindo para a Ressocialização do Delinquente Penal'. Disponível em: http://www.webartigos.com/articles/10775/1/penas-alternativas-contribuindo-para-a-ressocializacao-do-delinquente-penal/pagina1.html. Acesso em 06 de maio de 2009.

BANDEIRA DE MELLO, Celso Antônio. *Curso de Direito Administrativo.* 26.ª ed. São Paulo: Malheiros Editores, 2009.

BARATA, Alessandro. *Criminologia crítica e crítica do direito penal: introdução à sociologia do direito penal.* Tradução Juarez Cirino dos Santos. 2.ª ed. Rio de Janeiro: Freitas Bastos: Instituto de Criminologia, 1999.

BARBOSA, Licínio Leal. *Direito Penal e Direito de Execução Penal.* Brasília: Zamenhof, 1993.

BARROS, Carmen Silvia de Moraes. *A individualização da pena na execução penal.* São Paulo: RT, 2001.

BATISTA, Nilo. *Introdução Crítica ao Direito Penal Brasileiro.* Rio de Janeiro: Revan, 1990.

BATISTA, Nilo. *Introdução Crítica ao Direito Penal Brasileiro.* 4.ª ed. Rio de Janeiro: Editora Revan, 1999.

BECCARIA, Cesare Bonesana. *Dos delitos e das penas.* Tradução: Vicente Sabino Júnior. São Paulo: CD, 2002.

BERISTAIN, Antônio. *Nova Criminologia à luz do direito penal e da vitimologia.* Brasília: Editora Universidade de Brasília, 2000.

BITENCOURT, Cezar Roberto. *Tratado de direito penal: parte especial.* Vol. 2. 8.ª ed. ver. e ampl., São Paulo: Saraiva, 2003.

———. *Falência da pena de prisão: causas e alternativas.* 3.ª ed. São Paulo: Saraiva, 2004.

BOBBIO, Norberto. *A era dos direitos*. Tradução de Carlos Nelson Coutinho; apresentação de Celso Lafer. Nova ed. Rio de Janeiro: Elsevier, 2004.

BRANDÃO, Cláudio. *Introdução ao direito penal*. Rio de Janeiro: Forense, 2002.

———. *Teoria Jurídica do Crime.* Rio de Janeiro: Forense, 2003.

BRASIL. Constituição (1988). **Constituição** *da República Federativa do Brasil.* Brasília, DF: Senado, 1988.

BRASIL. *Código Penal; Código de Processo Penal; Constituição Federal*/obra coletiva de autoria da Editora Saraiva com a colaboração de Antônio Luiz de Toledo Pinto, Márcia Cristina Vaz dos Santos e Lívia Céspedes. 2.ª ed. São Paulo: Saraiva, 2006.

BRASIL, *Código Civil e Constituição Federal.* 2.ª ed. reform. e atual. São Paulo: Edições Vértice, 2006.

BREGA FILHO, Vladimir. *A Reparação do dano no direito penal brasileiro – perspectivas*. Disponível em: http:// www.advogado.adv.br/artigos/2004/vladimir filho/reparação.htm. Acesso em 05/07/07.

BRUNO, Aníbal. *Direito penal* – vol. I. 2. ed., Rio de Janeiro: Forense, 1967.

Capela, Fábio Bergamin. *Pseudo-evolução do Direito Penal. Jus Navigandi*, Teresina, ano 6, n. 55, mar. 2002. Disponível em: <http://jus2.uol.com.br/doutrina/texto.asp?id=2795>. Acesso em: 15 ago. 2003.

Canto, Dilton Ávila. *Regime inicial de cumprimento da pena reclusiva ao reincidente*. Jus Navigandi, Teresina, a. 3, n. 35, out. 1999. Disponível em: <http://www1.jus.com.br/doutrina/texto.asp?id=1099>. Acesso em: 09 jul. 2005

Capez, Fernando. *Curso de direito penal: parte geral*. Vol. 1, 4.ª ed. ver. e atual., São Paulo: Saraiva, 2002.

————. *Execução Penal*. 8.ª ed. São Paulo: Paloma, 2001.

Cappi, Carlos Criscrim Baiocchi. *As regras de Tóquio e as medidas alternativas*. Jus Navigandi, Teresina, ano 6, n. 58, ago.2002. Disponível em: http://jus2.uol.com.br/doutrina/texto.asp: id= 3118>Acesso em 15 de março de 2007.

Cardoso, Franciele Silva. *Penas e medidas alternativas: análise da efetividade de sua aplicação*. São Paulo: Método, 2004.

Carneiro, Paulo Cezar Pinheiro. *Acesso à Justiça*. 2. ed., Rio de Janeiro: Forense, 2002.

Carnelutti, Francesco. *As misérias do processo penal*. Tradução de Luis Fernando Lobão de Morais. Campinas: Edicamp, 2002.

Cipriani, Mário Luiz Lírio. *Das penas: suas teorias e funções no moderno direito penal*. Canoas: Ed. Ulbra, 2005.

Claus Roxin apud Marcão, Renato. *Rediscutindo os fins da pena*. Disponível em http://trinolex.com/artigos-view.asp?icaso= artigo & id=386. Acesso em 04/07/2007.

Código Penal Español. Aprobado por Ley Orgánica 10/1995, de 23 de noviembre. Modificado por las lays orgánicas. http://www.ruidos.org/Normas/Codigo_Penal.htm

Código Penal Português. Redação resultante das alterações introduzidas pela Lei 59/2007, de 04/09. Disponível em http://www.verbojuridico.net/ Acesso em 02/12/2007.

Código Penal Português – Parte Geral e Preâmbulo. Disponível em http://homepage.oninet.pt/806bx/penal/legis/cpgeralpre.htm. Acesso em 30/03/07.

Código Penal Português. Decreto-Lei N.º 400/82 de 23 de Setembro. Disponível em: Ministério da Justiça http://www.igf.min-financas.pt/inflegal/bd_igf/bd_legis_geral/leg_geral_docs/DL_400_82_COD_PENAL.htmAcesso em 31/05/08.

Código Penal de 1995. Ministério da Justiça.Decreto-Lei n.º 48/95 de 15 de Março. http://cc.msnscache.com/cache.aspx?q=73451661103043&mkt=pt-BR&setlang=pt-BR&w=5301bfc4,68ab2964&FORM=CVRE3. Acesso em 31/05/08.

Código de Processo Penal Português. Redação resultante das alterações introduzidas pela Lei 48/2007, de 29 de agosto. Disponível em http://www.verbo juridico.net/ Acesso em 02/12/2007.

Código de Processo Penal. Disponível em http://www.portolegal.com/CPPen.htm. Acesso em 04 de julho de 2007.

Código Visigótico. http://pt.wikipedia.org/wiki/Direito_visig%C3%B3tico. Acesso em 06/06/08.

Código Visigótico (654). In *Infopédia* [Em linha]. Porto: Porto Editora, 2003--2008. [Consult. 2008-05-03].Disponível na www: <URL: http://www.infopedia.pt/$codigo-visigotico-(654)>.

COLNAGO, Rodrigo. *Direito Penal: parte geral.* 2.ª ed. São Paulo: Saraiva, 2008.

Constituição da República Portuguesa. Disponível em: http://www.portugal.gov.pt/Portal/PT/Portugal/Sistema_Politico/Constituicao/constituicaop03.htm. Acesso em 15/06/08.

CORDEIRO, Grecianny Carvalho. *Penas Alternativas: uma abordagem prática.* Rio de Janeiro: Freitas Bastos, 2003.

CORREIA, Eduardo. *Direito Criminal, volume I.* Coimbra-Portugal: Almedina, 2004.

———. *Direito Criminal, volume II.* Coimbra-Portugal: Almedina, 2004.

COSTA, Cláudia Pinheiro da. *Sanção Penal: sua gênese e tendências modernas.* Rio de Janeiro: Lúmen Júris, 2001.

COSTA, José Armando da. *Estrutura Jurídica da liberdade provisória.* São Paulo: Saraiva, 1989.

COSTA, Mário Júlio de Almeida. *História do Direito Português.* 3.ª ed. (reimpressão). Coimbra: Almedina, 2005.

COSTA, Álvaro Mayrink da. *Direito Penal – Parte Geral.* Rio de Janeiro, editora Forense, 1992, v. 1, t. II, p. 263.

COSTA NETO, Nicolao Dino de Castro e; BELLO FILHO, Ney de Barros; COSTA, Flávio Dino de Castro. *Crimes e Infrações Administrativas Ambientais: comentários à Lei nº. 9.605/98.* 2.ª ed. Brasília: Brasília Jurídica, 2001.

CRUZ, Walter Rodrigues da. *As Penas Alternativas no Direito Pátrio.* São Paulo: LED, 2000.

CUNHA, Paulo Ferreira da. *A Constituição do Crime. Da Substancial Constitucionalidade do Direito Penal.* Coimbra: Coimbra Editora, 1998.

D'ALMEIDA, Luis Duarte. *O concurso de normas e direito penal.* Lisboa: Almedina, 2004.

———. *Direito Penal e Direito Comunitário.* Lisboa: Almedina, 2001.

DAVIN, João. *A Criminalidade Organizada Transacional.* Lisboa: Almedina, 2004.

Decreto-Lei nº. 265/79. Disponível em http: / www.sncgp.com/265-anotado.pdf. Acesso em 05/07/07.

DELEUZE, Gilles. *A Filosofia crítica de Kant.* Lisboa: Edições 70, LDA. 2000.

DELMANTO, Celso et al. *Código Penal Comentado.* 6 ed. atual. e amp., Rio de Janeiro: Renovar, 2002.

DEPARTAMENTO PENITENCIÁRIO NACIONAL, *Sistema Integrado de Informações Penitenciárias no Brasil.* Disponível em: http://www.mj.gov.br/depen/ sistema/ pesquisa (dez/2006). Acesso em 08/04/2007.

DEPARTAMENTO PENITENCIÁRIO NACIONAL. *Brasil discute ampliação de panas alternativas.* Disponível em: http://www.mj.gov.r/depen. Acesso em 08/04/07.

DEPARTAMENTO PENITENCIÁRIO NACIONAL *Coordenação Geral do Programa de Fomento às Penas e Medidas Alternativas.* Disponível em: http://www.mj.gov.br/depen/reintegração/penas /relatório. Acesso em 08/04/07;

DIAS, Jorge de Figueiredo. *Direito Penal. Questões Fundamentais. A Doutrina Geral do Crime.* 2.ª ed. Coimbra: Coimbra Editora, 2005.

———. *Direito Penal. Questões Fundamentais. A Doutrina Geral do Crime.* 2.ª ed. Coimbra: Coimbra Editora, 2007.

———. *Direito Penal Português.* Parte Geral II. As conseqüências jurídicas do crime. Coimbra: Coimbra Editora, 2005.

Direito Penal contemporâneo: estudos em homenagem ao Professor José Cerejo Mir/ coordenação Luiz Regis Prado. São Paulo: Editora Revista dos Tribunais, 2007.

DOTTI, René Ariel. *A crise do sistema penitenciário.* Disponível em: http://www.mj.gov./depen/publicações/re-dotti-pdf. Acesso em 04/07/07.

———. *Bases e alternativas para o sistema de penas.* 2.ª ed., São Paulo: RT, 1998.

DOTTI, Orlando. *História da Doutrina Social da Igreja e Introdução Geral do Compêndio da Doutrina Social da Igreja.* Disponível em: http://www.catedral decaxias.org.br/textos. Acesso em 08.11.07.

Direito Civil no Brasil. Disponível em: http://br.geocities.com/dunivap/ramosdodireito/dircivil.htm. Acesso em 03/05/08.

DUARTE, Maércio Falcão. *Evolução histórica do Direito Penal. Jus Navigandi,* Teresina, ano 3, n. 34, ago. 1999. Disponível em: <http://jus2.uol.com.br/doutrina/texto.asp?id=932>. Acesso em: 15/05/2007.

FALCONI, Romeu. *Sistema presidial: reinserção social?* São Paulo: Ícone, 1998.

———. *Reabilitação Criminal.* São Paulo: Ícone, 1995.

FARIA JÚNIOR. João. *Manual de Criminologia.* Curitiba. 2.ª ed. Juruá, 1966.

FERNANDES, António José. *Direitos Humanos e Cidadania Européia.* Coimbra: Almedina, 2004.

FERNANDES, Newton. *A falência do sistema prisional brasileiro.* São Paulo: RG Editores, 2000.

FERRAJOLI apud MONTEIRO, Marcelo Valdir. *Penas Restritivas de Direito.* Campinas: Impactus, 2006.

FERREIRA, Gilberto. *Aplicação da Pena.* Rio de Janeiro: Forense, 2004.

FIGUEIRA, Divalte Garcia. *História. Série Novo Ensino Médio.* São Paulo: Ática, 2002.

FOULCAULT, Michel. *Vigiar e Punir.* Tradução de Lígia Ponde Vassalo. Petrópolis, RJ: Vozes, 1977.

FRAGOSO Fernando et al. *Direitos dos Presos.* Rio de Janeiro: Forense, 1980.

Fragoso, Heleno Cláudio. *Lições de direito penal: parte geral.* 2.ª ed. rev. por Fernando Fragoso. Rio de Janeiro: Forense, 2003.

———. *Lições de Direito Penal – Parte Geral.* Rio de Janeiro: Forense, 1994.

Garcia, Basileu. *Instituições de Direito Penal*, vol. I, tomo II, 4.ª ed., 39.ª tiragem, São Paulo: Editora de Livros de Direito, 1977.

Garcez José, António Filipe. *Apontamentos sem fronteiras.* Disponível em: http://cogitoergosun4.no.sapo.pt/DP.doc. Acesso em 15/11/07

Gomes, Flávio Luiz. *Penas e medidas alternativas à prisão.* 2.ª ed. revista, atualizada e ampliada, São Paulo: RT, 2000.

Gomes, Luiz Flávio. *Funções da pena no Direito Penal brasileiro. Jus Navigandi*, Teresina, ano 10, n. 1037, 4 maio 2006. Disponível em: <http://jus2.uol.com.br/doutrina/texto.asp?id=8334>. Acesso em: 11 maio 2007.

———. *A vitimologia e o modelo consensual de justiça consensual.* In RT/ Fasc. V.745, p. 423/430, nov. 1997.

Giordani, Mário Curtis. *História do Direito Penal. Entre os Povos Antigos do Oriente Próximo.* Rio de Janeiro: Lúmen Júris Editora, 2004.

Gonçalves, Victor Eduardo Rios. *Direito Penal: parte geral.* 9.ª ed. São Paulo: Saraiva, 2004.

Greco, Rogério. *Curso de direito Penal – Parte Geral.* 2.ª ed., Rio de Janeiro: Impetus, 2003.

———. *Curso de Direito Penal.* 6.ª ed. Rio de Janeiro: Impetus, 2006.

———. *Curso de Direito Penal. Parte Geral.* 10.ª ed. Rio de Janeiro: Impetus, 2008.

Guimarães, Cláudio Alberto Gabriel. *A função neutralizadora como fonte de legitimação da pena privativa de liberdade. Revista Jurídica,* Ano 50, N.º 292, fev./2002.

Hassemer, Winfried. *Direito Penal Libertário.* Tradução de Regina Greve; coordenação e supervisão de Luiz Moreira. Belo Horizonte: Del Rey, 2007.

———. *História das idéias penais na Alemanha do Pós-guerra. A Segurança Pública no Estado de Direito.* Lisboa: Associação Acadêmica da Faculdade de Direito de Lisboa, 1995.

Hungria, Nélson. *Novas questões jurídico-penais.* Rio de Janeiro: Jacintho, 1940.

Jardim, Maria Amélia Vera. Instituto da Reinserção Social. *Trabalho a favor da comunidade: a punição em mudança.* Coimbra: Almedina, 1998.

Jescheck, Hans-Heinrich; Weigend, Thomas. *Tratado de Derecho Penal, Parte General.* trad. da 5.ª ed. por Miguel Olmedo Cardenete. Granada: Comares Editorial, 2002.

Jesus, Damásio Evangelista de. *Penas alternativas: anotações à lei nº. 9.715, de 25 de novembro de 1998.* São Paulo: Saraiva, 1999.

———. *Código penal anotado.* 9.ª edição, revista e atualizada, São Paulo: Saraiva, 1999.

———. *O novo sistema penal.* São Paulo: Saraiva, 1977.

———. *Direito penal: parte geral.* Vol. 01, São Paulo: Saraiva, 1999.

Jesus, Damásio de. *Penas alternativas.* São Paulo: Complexo Jurídico Damásio de Jesus, abr.1999. Disponível em: www.damásio.com.br/novo/html/ novo.htm>Acesso em 18 de agosto de 2005.

Juizado especial criminal estadual/ Carlos Roberto Barreto [Coord.]; colab. Arnaldo Hossepian Júnior... [et al.]. São Paulo: Editora Juarez de Oliveira, 2002.

Koshiba, Luiz. *História: origens, estruturas e processos.* São Paulo: Atual, 2000.

Kuehne, Maurício. *Teoria e Prática da Aplicação da Pena.* 3.ª ed. Curitiba: Juruá, 2002.

Junqueira, Gustavo Octaviano Diniz. *Finalidades da pena.* Barueri, São Paulo: Manole, 2004.

Lazarini Neto, Pedro. *Código Penal Comentado* e *Leis Penais Especiais Comentadas.* São Paulo: Editora Primeira Impressão, 2007.

Lei n.º 11.464, de 28 de março de 2007. http://200.181.15.9/ccivil_03/_Ato2007-2010/2007/Lei/L11464.htm#art1. Acesso em 20 de junho de 2007.

Lei n.º 11.313, de 28 de junho de 2006. Disponível em: http://www.planalto.gov.br/ ccivil_03/_Ato2004-2006/2006/Lei/L11313.htm#art2. Acesso em 23/09/ 2008.

Lins e Silva, Técio. *Penas Alternativas: uma nova visão no direito penal.* Disponível em <http://www.lagosnet.com.br/oab-macae> Acesso em: 30 mar. 2004.

Lins e Silva, Evandro. De Beccaria a Filippo Gramática. In: Araújo Júnior, João Marcelo. *Sistema penal para o terceiro milênio.* 2.ª ed., Rio de Janeiro: Revan, 1991.

Liszt, Franz Von. *Tratado de Direito Penal.* Traduzido por José Higino Duarte Pereira. Campinas, SP: Russell, 2003.

Lopes, Jr., Aury. *Sistemas de Investigação Preliminar no Processo Penal.* Rio de Janeiro: Lúmen Júris, 2001.

Luz, Orandyr Teixeira. *Aplicação de penas alternativas.* 2.ª ed. Goiânia: AB, 2003.

Magalhães, José Luiz Quadros de. *O constitucionalismo inglês. Jus Navigandi,* Teresina, ano 8, n. 452, 2 out. 2004. Disponível em: <http://jus2.uol.com.br/ doutrina/texto.asp?id=5768>. Acesso em: 06 jul. 2007.

Manual de Monitoramento das Penas e Medidas Alternativas. Brasília, 2002.

Marcão, Renato Flavio. *Rediscutindo os fins da pena.* Disponível em http:// trinolex.com/artigos-view.asp?icaso= artigo & id=386. Acesso em 04/07/ /2007

Marques, Oswaldo Henrique Duek. *Fundamentos da pena.* São Paulo: Juarez de Oliveira, 2000.

Mayrink da Costa, Álvaro. *Direito Penal: Volume I – parte geral.* 7.ª ed. Rio de Janeiro: Forense, 2005.

Mello, Leonel Itaussu; Costa, Luís César Amad. *História Antiga e Medieval. Da Comunidade Primitiva ao Estado Moderno.* 4.ª ed. São Paulo: Scipione, 1999.

MESQUITA JÚNIOR, Sídio Rosa de. *Manual de execução penal: teoria e prática.* 2.ª ed., São Paulo: Atlas, 2002.

MINISTÉRIO DA JUSTIÇA. Departamento Penitenciário Nacional. Convênio MJ/N.º 003/2007.

MIRABETE, Julio Fabbrini. Execução *penal: comentários à lei nº. 7.210, de 11.07.84.* 9.ª ed. rev. e atual., São Paulo: Atlas, 2000.

———. *Manual de direito penal.* São Paulo: Atlas, 1998.

MONTEIRO, Marcelo Valdir. *Penas Restritivas de Direito.* Campinas: Impactus, 2006.

MOREIRA, Felipe Kern. A ciência do direito em Hans Kelsen: Abordagem filosófico--crítica. In: Âmbito Jurídico, nov./2001. Disponível em http:// www.ambito filosófico.com. br/aj/fil006.htm. Acesso em 02/07/07.

MOREIRA FILHO, Guaracy. *Vitimologia: o papel da gênese do delito.* 2.ª ed. São Paulo: Editora Jurídica Brasileira, 2004.

NOGUEIRA, Sandro D'Amato. *Vitimologia.* Brasília: Brasília Jurídica, 2006,

NORONHA, E. Magalhães. *Direito Penal.* Vol. 1 – São Paulo: Saraiva, 1997.

NUCCI, Guilherme de Souza. *Código penal comentado.* 6.ª ed. rev. atual. e ampl. São Paulo: Editora Revista dos Tribunais, 2006.

———. *Manual de direito penal: parte geral: parte especial.* São Paulo: Editora Revista dos Tribunais, 2005.

OLIVEIRA, Francisco da Costa. *A defesa e a investigação do crime.* Lisboa: Almedina, 2004.

OLIVEIRA, Cláudio Márcio de. *O fundamento de punir e os fins da pena. Jus Navigandi,* Teresina, ano 5, n. 51, out. 2001. Disponível em: <http://jus2. uol.com.br/doutrina/texto.asp?id=2069>. Acesso em: 11/05/2007.

Ordenações. Disponível em: http://pt.wikipedia.org/wiki/Ordena%C3%A7% C3%B5es. Acesso em 03/05/08.

Ordenações Manuelinas. Disponível em: http://mobilnyportal.pl/pt/wiki/ Manuel_I_de_Portugal.html. Acesso em 03/05/08.

Ordenações Filipinas. Disponível em: http://pt.wikipedia.org/wiki/Ordena% C3%A7%C3%B5es. Acesso em 03/05/08.

Ordenações Filipinas. In Infopédia [Em linha]. Porto: Porto Editora 2003-2008. [Consult. 2008-05-03]. Disponível na WWW: <URL: http://www.infopedia.pt/ $ordenacoes-filipinas>.

PAGLIUCA, Marcelo de Camargo, MILANI, Walter Pinto da Fonseca Filho. *Direito Penal Moderno.* São Paulo: Juarez de Oliveira, 2002.

PASCHOAL, Janaina Conceição. *Constituição, criminalização e direito penal mínimo.* São Paulo: Editora Revista dos Tribunais, 2003.

PASSOS, Paulo Roberto da Silva. *Da prisão e da liberdade provisória* – aspectos polêmicos: doutrina e jurisprudência. Bauru, SP: Edipro, 2000.

PAZZINATO, Alceu Luiz; SENISE, Maria Helena Valente. *História Moderna e Contemporânea.* 6.ª ed. São Paulo. Ática, 1997.

PENTEADO FILHO, Nestor Sampaio. *Manual de Direitos Humanos.* São Paulo: Editora Método, 2006.

PIERONI, Geraldo. *A pena do degredo nas Ordenações do Reino. Jus Navigandi*, Teresina, ano 5, n. 51, out. 2001. Disponível em: <http://jus2.uol.com.br/doutrina/texto.asp?id=2125>. Acesso em: 21 jun. 2007.

PIMENTEL, Manoel Pedro. *O crime e a pena na atualidade.* São Paulo: RT, 1983.

PINHO, David Valente Borges de Pinho. *Dos Recursos Penais.* Braga: Almedina, 2005.

PRADO, Regis Luiz. *Curso de Direito Penal: parte geral.* Vol. 1, 3.ª ed. revista, atualizada e ampliada, São Paulo: RT, 2002.

PRADO, Luiz Regis. *Bem jurídico-penal e Constituição.* São Paulo: RT, 1996.

Presidência da República. Casa Civil. Subchefia para Assuntos Jurídicos. Disponível em http://www.planalto.gov.br/CCIVIL/_Ato2004-2006/2006/Lei/L11343.htm. Acesso em 02/12/2007.

REALE JÚNIOR, Miguel. *Direito penal aplicado.* São Paulo: RT, 1990.

Relatório Final da Comissão de Estudo e Debate da Reforma do Sistema Prisional; de 12/02/2004. Disponível em http://www.dgpj.mj.pt/sections/politica - legislativa/projectos-concluidos/comissao-de-estudo-/downloadFile/attachedFile_f0/RelatorioCEDERSP.pdf? nocache=1170954736.1. Acesso em 03/03/2008.

ROCHA, Fernando A.N. Galvão da. *Direito Penal. Curso Completo/Parte Geral.* 2.ªed.rev.atual.e amp.Belo Horizonte: Del Rey, 2007.

ROCHA, João Luís de Moraes. *Ordem Pública e Liberdade Individual: um estudo sobre a prisão preventiva.* Coimbra: Almedina, 2005.

———. *Entre a reclusão e a liberdade. Estudos Penitenciários. Volume I.* Coimbra: Almedina, 2005.

RODRIGUES, Anabela Rodrigues. *Novo olhar sobre a questão penitenciária.* 2.ª ed. Coimbra: Coimbra Editora, 2002.

ROSA, José Miguel Feu. *Direito Penal.* São Paulo: RT, 1995.

ROXIN, Claus. *Derecho Penal – Parte General*, Tomo I, trad. da 2.ª ed. alemã e notas por Diego-Manuel Luzón Pena, Miguel Díaz y García Conlledo e Javier de Vicente Remesal, Madrid: Editorial Civitas S. A., 1997.

SALDANHA, Nelson. *Sociologia do direito.* 4.ª ed. rev. e aum. Rio de Janeiro: Renovar, 2003.

SANTANA, Selma Pereira de. *A reparação como sanção autônoma e o Direito Penal Secundário.* Disponível em: http://www.ibjr.justicarestaurativa.nom.br/pdfs/A_reparacao.pdf. Acesso em 26/05/2009

SILVA, Fernando. *Direito Penal Especial: Os Crimes Contra a Pessoa.* Lisboa: Quid Júris, 2005.

SILVA, José Geraldo da. *Direito Penal Brasileiro.* Vol. I, São Paulo: de Direito, 1996.

SILVA, Germano Marques da. *Direito Penal Português. Parte Geral, III. Teoria das Penas e das Medidas de Segurança.* 1.ª ed. Lisboa: Editorial Verbo, 1999.

———. *Direito Penal Português. Parte Geral, I. Introdução e Teoria da Lei Penal.* 2.ª ed. Lisboa: Editorial Verbo, 2001.

SOUSA, Alfredo José de. *A criminalidade transnacional na União Européia. Um Ministério Público Europeu?* Coimbra: Almedina, 2005.

TEIXEIRA, Valfredo Alves. *Princípios do Processo Penal.* Disponível em: http://www.valfredo.alves.nom.br/hoje1/aulas.ppt. Acesso em 24/05/2009.

TELES, Ney Moura. *Direito Penal: parte geral.* Vol. I, São Paulo: Saraiva, 1996.

THOMPSON, Augusto. *A Questão Penitenciária.* Rio de Janeiro. 4.ª ed. Forense, 1998.

TOLEDO, Francisco de Assis. *Princípios básicos de direito penal.* 5.ª ed., São Paulo: Saraiva, 1994.

TORRE, Maria Benedita Lima Della. *O homem e a sociedade.* 5.ª ed. São Paulo: Editora Nacional, 1976.

TOURINHO FILHO, Fernando da Costa. *Manual de processo penal.* 8.ª ed. ver. e atual. São Paulo: Saraiva, 2006.

VADE MECUM ACADÊMICO DE DIREITO/ Organização Anne Joyce Angher. 3.ª ed. São Paulo: Rideel, 2006. (Coleção de leis Rideel).

VEIGA, Catarina. *Considerações sobre a relevância dos antecedentes criminais do argüido no processo penal.* Coimbra: Almedina, 2000.

VIEIRA, Oscar Vilhena. *Neoliberalismo e Estado de Direito.* Revista Brasileira de Ciências Criminais, Ano 04, N.º 14, abr./jun., 1996.

VICENTINO, Cláudio. *História geral.* São Paulo: Scipione, 1997.

ZAFFARONI, Eugenio Raul et al. *Direito Penal Brasileiro,* I. Rio de Janeiro: Revan, 2003.

ZAFFARONI, Eugenio Raúl. *Em busca das penas perdidas: a perda de legitimidade do sistema penal.* Traduzido por Vânia Romano Pedrosa e Amir Lopes da Conceição. Rio de Janeiro: Revan, 2001.

ZAFFARONI, Eugenio Raúl; PIERANGELI, José Henrique. *Manual de Direito Penal Brasileiro* – parte geral. São Paulo: RT, 1999.

———. *Falência da pena de prisão – causas e alternativas.* São Paulo: RT, 1993.